新版 全国演出经纪人员资格认定考试教材

思想政治
与法律基础

全国演出经纪人员资格认定专家编写组◎编

中国旅游出版社

出版说明

根据《营业性演出管理条例》及人力资源和社会保障部关于公布《国家职业资格目录》的相关公告，自 2021 年起，全国演出经纪人员资格认定考试由文化和旅游部组织。为了广大考生及相关专业院校学生提高应试能力、掌握专业知识，中国旅游出版社作为文化和旅游部唯一直属的出版社，积极组织专家，组成“全国演出经纪人员资格认定专家编写组”，根据文化和旅游部颁布的《2022 年全国演出经纪人员资格认定考试大纲》，编写了科目一《思想政治与法律基础》和科目二《演出市场政策与经纪实务》的考试辅导教材。

教材紧扣考纲，涵盖了从事演出经纪职业的人员应具备的基本素养、基础知识和基本技能。并以国内演出经纪行业发展的实际需要为主导，突出实用性，兼顾前瞻性。

科目一《思想政治与法律基础》内容主要由思想政治和法律知识两大部分组成，思想政治部分包括基础知识、党史和国情、文化工作方针政策三章内容；法律知识部分包括宪法及宪法相关法、《民法典》、税收法律制度、卫生法律制度、安全法律制度、知识产权法律制度、外国人在中国就业法律制度、未成年人保护法律制度、其他相关法律制度等九章内容。

科目二《演出市场政策与经纪实务》分演出市场政策与演出经纪实务两部分。演出市场政策包括《营业性演出管理条例》及《营业性演出管理条例实施细则》、规范性文件两章；演出经纪实务包括演出经纪人员、演出经纪业务、演出经纪行为、演出安全与应急、文学艺术基础知识和演出市场概况等五章内容。

教材深挖考纲，将考纲中“了解、熟悉和掌握”的内容通过“一般考点、考点、重要考点”三个层级分别呈现，以便考生通过阅读教材能够基本把握考试大纲的范围和深度。

教材内容编排合理，理论阐述清晰，技能训练贴近岗位作业实际，具有很强的实践性和操作性，体现了产教融合、课证融通的鲜明特色。教材的编写广泛吸收了演出行业最新理论研究成果和行业实践经验，教材理论知识的选取紧紧围绕应试考试和学历教育的需要来进行，体现了教考结合、理论实践一体化的编写思路，呈现了演出相关专业的核心课程教学改革的最新成果。目的在于使教材更好地符合我国演出经纪职业发展的现状，在方便应试者复习备考的同时，还可作为职业院校、本科院校相关专业学生的教材，并为对演出经纪感兴趣的普通大众提供参考。

为了提高读者的学习效率，中国旅游出版社还组织全国演出经纪人员资格认定专家编写组编写了《全国演出经纪人员资格认定应试指南》。《全国演出经纪人员资格认定应试指南》中的练习题答案、模拟试卷及科目一《思想政治与法律基础》、科目二《演出市场政策与经纪实务》所涉及的法律法规、规章制度等内容，读者可通过扫码关注“中国演出经纪人辅导中心”公众号免费获得，通过“中国演出经纪人辅导中心”公众号，读者还能及时了解考试及行业最新资讯。

“中国演出经纪人辅导中心”公众号

2022 年 6 月

目　录

上篇　思想政治

下篇　法律基础

上篇

思想政治

考试笔记

第一章　基础知识

第一节　党的十九大及十九届历次全会精神

考点1

党的十九大精神

党的十九大回顾和总结了党的十八大以来党和国家事业的历史性变革和历史性成就，作出中国特色社会主义进入了新时代、我国社会主要矛盾已经转化等重大政治判断，深刻阐述了新时代中国共产党的历史使命，确定了新时代的奋斗目标和战略安排，对新时代推进中国特色社会主义伟大事业和党的建设新的伟大工程作出全面部署。

不忘初心　牢记使命

党的十九大是一次不忘初心、牢记使命、高举旗帜、团结奋进的历史性盛会，极大地鼓舞了全党全国人民为实现中华民族伟大复兴的中国梦而奋斗的信心和力量，具有极其重大的历史意义。

“秉纲而目自张，执本而末自从。”学习贯彻党的十九大精神，最根本的是学习贯彻习近平新时代中国特色社会主义思想。要深刻领会这一重要思想的历史地位、精神实质和丰富内涵，充分认识党的十九大把习近平新时代中国特色社会主义思想确立为党必须长期坚持的指导思想的重大政治意义、理论意义、实践意义和深远历史意义，牢牢把握“八个明确”的主要内容和“十四个坚持”的基本方略，以此武装头脑、指导实践，坚定不移把新时代中国特色社会主义推向前进。

考试笔记

以习近平新时代中国特色社会主义思想为行动指南

时代是思想之母，实践是理论之源。党的十九大取得的一个重要理论成果和重大历史贡献，就是将习近平新时代中国特色社会主义思想写入党章，将其确立为党必须长期坚持的指导思想，实现了党的指导思想与时俱进。学习贯彻党的十九大精神，就要牢牢把握习近平新时代中国特色社会主义思想这一主线和灵魂，深刻领会其精神实质和丰富内涵，把这一重要思想贯彻到社会主义现代化建设全过程、体现到党的建设各方面。

马克思、恩格斯曾指出，一切划时代的体系的真正的内容都是由于产生这些体系的那个时期的需要而形成起来的。党的十八大以来，以习近平同志为核心的党中央带领全党紧密结合新的时代条件和实践要求，以全新的视野深化对共产党执政规律、社会主义建设规律、人类社会发展规律的认识，从理论和实践结合上系统回答了新时代坚持和发展什么样的中国特色社会主义、怎样坚持和发展中国特色社会主义这个重大时代课题，创立了习近平新时代中国特色社会主义思想。过去 5 年，党和国家事业之所以发生历史性变革、取得历史性成就，最根本的原因，就是以习近平同志为核心的党中央的坚强领导、习近平新时代中国特色社会主义思想的科学指引。

深刻把握新时代的历史方位

明确方位才能找准方向，把握大势才能赢得未来。“中国特色社会主义进入了新时代，这是我国发展新的历史方位”。党的十九大在承前启后、继往开来的关键节点上，对我国发展所处历史方位作出新的重大政治论断，为制定党和国家大政方针提供了理论依据，进一步指明了党和国家事业的前进方向，具有重大现实意义和深远历史意义。学习贯彻党的十九大精神，一个重要方面就是深刻领会“新时代”的丰富内涵，准确把握我国发展新的历史方位，更好地肩负起新时代的历史使命。

新时代的到来，是长期奋斗的结果。改革开放之初，我们党发出

考试笔记

了走自己的路、建设中国特色社会主义的伟大号召。从那时以来，我们党团结带领全国各族人民开拓进取，不断把中国特色社会主义事业推向前进。党的十八大以来，在以习近平同志为核心的党中央坚强领导下，全党全国各族人民共同奋斗，推动党和国家事业取得历史性成就、发生历史性变革。五年来的成就是全方位的、开创性的，五年来的变革是深层次的、根本性的，这是中国特色社会主义进入新时代的实践基础和现实依据。

深刻认识主要矛盾的历史性变化

正确认识和把握我国在不同发展阶段的社会主要矛盾，是科学判明发展形势、正确制定大政方针的重要前提，事关党和国家事业发展全局。“中国特色社会主义进入新时代，我国社会主要矛盾已经转化为人民日益增长的美好生活需要和不平衡不充分的发展之间的矛盾。”党的十九大对我国社会主要矛盾发生历史性变化的重大政治论断，深刻揭示我国经济社会发展的阶段性特征，为我们准确把握新时代的发展新要求提供了重要依据和实践遵循。

正确判断和处理社会主要矛盾，是辩证唯物主义和历史唯物主义的基本要求。毛泽东同志曾指出：“捉住了这个主要矛盾，一切问题就迎刃而解了。”这是我们党在长期奋斗中形成的重要经验。革命时期，我们党正确把握中国社会主要矛盾，据此制定正确的纲领、路线、方针、政策，取得了新民主主义革命的伟大胜利。新中国成立以来，党的八大指出国内的主要矛盾是人民对于经济文化迅速发展的需要同当前经济文化不能满足人民需要的状况之间的矛盾；党的十一届六中全会指出我国所要解决的主要矛盾是人民日益增长的物质文化需要同落后的社会生产之间的矛盾。实践深刻昭示，只有立足实际、实事求是，准确判断社会主要矛盾，才能制定正确政策，采取正确行动，推动党和国家事业沿着正确轨道向前发展。

聚焦新目标　开启新征程

“决胜全面建成小康社会，开启全面建设社会主义现代化国家新征程”。党的十九大在对决胜全面建成小康社会作出部署的同时，明

考试笔记

确了从2020年到本世纪中叶分两步走全面建设社会主义现代化国家的新的奋斗目标。学习贯彻党的十九大精神，要深刻领会这一目标规划和新时代中国特色社会主义发展战略安排，聚焦新目标新使命真抓实干，续写社会主义现代化建设新篇章。

根据发展阶段制定发展战略，一届接着一届办、一代接着一代干，是我们党治国理政的一条重要经验。中国特色社会主义进入新时代，党的十九大根据新的发展形势和时代要求，既明确要全面建成小康社会、实现第一个百年奋斗目标，又提出乘势而上开启全面建设社会主义现代化国家新征程，向第二个百年奋斗目标进军。“以不息为体，以日新为道。”这一具有连续性和前瞻性的战略安排深刻把握发展大势，展现了党和国家事业发展的生机活力和光明前景，是引领新时代中国特色社会主义发展的指路明灯，必将汇聚起13亿多中国人民团结奋斗的磅礴力量。

奋力推进新时代中国特色社会主义事业

党的十九大按照中国特色社会主义事业“五位一体”总体布局，对经济建设、政治建设、文化建设、社会建设、生态文明建设等作出新的全面部署，为我们在新时代推进中国特色社会主义伟大事业提供了实践遵循。学习贯彻党的十九大精神，就要以习近平新时代中国特色社会主义思想为指引，深刻把握党的十九大作出的重大决策部署，以实际行动推动各项事业发展迈上新台阶。

党的十八大以来，以习近平同志为核心的党中央，面对世界经济复苏乏力、局部冲突和动荡频发、全球性问题加剧的外部环境，面对我国经济发展进入新常态等一系列深刻变化，在经济建设、政治建设、文化建设、社会建设、生态文明建设等方面提出一系列新理念新思想新战略，形成了习近平新时代中国特色社会主义思想。在这一重要思想指引下，我国经济保持中高速增长，对世界经济增长贡献率超过30%；社会主义民主不断发展，中国特色社会主义法治体系日益完善；思想文化建设取得重大进展；人民生活不断改善，人民获得感显著增强；生态环境治理明显加强，环境状况得到改善。实践充分证明，习近平新时代中国特色社会主义思想是党和国家各项事业蓬勃发

考试笔记

展的行动指南，是我们在新时代进行伟大斗争、建设伟大工程、推进伟大事业、实现伟大梦想的强大思想武器。

全面贯彻习近平强军思想

中国梦引领强军梦，强军梦支撑中国梦。党的十九大着眼于国家安全和发展战略全局，确立了习近平强军思想在国防和军队建设中的指导地位，明确党在新时代的强军目标是建设一支听党指挥、能打胜仗、作风优良的人民军队，实现了党的军事理论体系和指导思想的与时俱进，为新时代推进强军事业提供了行动指南。学习贯彻十九大精神，要全面贯彻新时代党的强军思想，坚持政治建军、改革强军、科技兴军、依法治军，全面推进国防和军队现代化，把人民军队建设成为世界一流军队，为实现“两个一百年”奋斗目标、实现中华民族伟大复兴的中国梦提供坚强战略支撑。

90 年来，人民军队之所以不断发展壮大，归根到底在于始终坚持党对军队的绝对领导，始终坚持先进军事理论的指导。党的十八大以来，强军兴军开创了新局面，国防和军队改革取得历史性突破，人民军队实现体制一新、结构一新、格局一新、面貌一新，最根本的是有以习近平同志为核心的党中央坚强领导，有习主席掌舵领航，有习近平强军思想的科学指引。

与世界携手构建人类命运共同体

“世界的另一边，真正具有历史意义的事情刚刚发生”。党的十九大胜利闭幕之际，来自国外媒体的感叹，折射出国际社会对这一“全球性会议”的高度关注。进入新时代，中国日益走近世界舞台中央，不断为人类做出更大贡献。中国的发展，不仅关乎 13 亿多人民的福祉，也将深刻影响世界的未来。

“中国共产党是为中国人民谋幸福的政党，也是为人类进步事业而奋斗的政党。”在党的十九大报告中，习近平总书记高举和平、发展、合作、共赢的旗帜，统筹国内国际两个大局，明确中国特色大国外交要推动构建新型国际关系，推动构建人类命运共同体，对新时代外交工作进一步指明方向、作出部署，彰显了我们党对人类前途命运

考试笔记

的思考、对世界和平与发展事业的担当。

新时代，中国外交如鲲鹏展翅，在大发展大变革大调整的世界格局中乘风翱翔。从“人类命运共同体”理念激荡全球，到“一带一路”建设风生水起，再到主场外交精彩纷呈，中国特色大国外交全面推进，我国国际影响力、感召力、塑造力进一步提高。事实证明，中国不仅拓展了发展中国家走向现代化的途径，也为解决人类问题贡献了中国智慧和中国方案。站在新的历史起点上，中国特色大国外交面临新的时代要求，需要在实践中不断展现新作为、开辟新境界。

扎实践行新时代党的建设总要求

办好中国的事情，关键在党。党的十九大立足党和国家事业发展全局，提出了新时代党的建设总要求，对推进全面从严治党作出重大部署。迈向新征程，我们要毫不动摇坚持和完善党的领导，毫不动摇把党建设得更加坚强有力，使我们党成为始终走在时代前列、人民衷心拥护、勇于自我革命、经得起各种风浪考验、朝气蓬勃的马克思主义执政党。

党的十八大以来，以习近平同志为核心的党中央全面加强党的领导和党的建设，坚决改变管党治党宽松软状况，正风肃纪驰而不息，坚定不移“打虎”“拍蝇”“猎狐”，形成并巩固发展反腐败斗争压倒性态势，取得全面从严治党的卓著成效，极大振奋了党心军心民心。同时，也应清醒看到，党内存在的突出问题尚未得到根本解决，党面临的“四大考验”具有长期性和复杂性，党面临的“四种危险”具有尖锐性和严峻性。全面从严治党永远在路上。必须持之以恒、善作善成，扎实践行新时代党的建设总要求，不断推进党的建设新的伟大工程。

考试笔记

考点2

十九届历次全会精神

十九届一中全会

中国共产党第十九届中央委员会第一次全体会议，于2017年10月25日在北京举行。

总书记在讲话中指出，这次中央全会已经完成了选举产生新一届中央领导机构的任务。党和人民把历史重任交给我们，是对我们的高度信任和殷切期望。我们要不忘初心、牢记使命，恪尽职守，勤勉工作，以身许党许国、报党报国，为决胜全面建成小康社会、夺取新时代中国特色社会主义伟大胜利而奋斗。

总书记说：这次全会选举我继续担任中央委员会总书记，我衷心感谢同志们的信任。我深感自己责任重大，决心同新一届中央领导集体一道，紧紧依靠全党同志，紧紧依靠全国各族人民，尽心尽力、夙夜在公，决不辜负全党同志的信任和期待。

十九届二中全会

中国共产党第十九届中央委员会第二次全体会议，于2018年1月18日至19日在北京举行。

全会审议通过了《中共中央关于修改宪法部分内容的建议》。

全会号召，全党同志要更加紧密地团结在以习近平同志为核心的党中央周围，以习近平新时代中国特色社会主义思想为指导，全面深入贯彻党的十九大精神和本次全会精神，牢固树立政治意识、大局意识、核心意识、看齐意识，坚定不移走中国特色社会主义法治道路，自觉维护宪法权威、保证宪法实施，为新时代推进全面依法治国、建设社会主义法治国家而努力奋斗。

十九届三中全会

中国共产党第十九届中央委员会第三次全体会议，于2018年2

月 26 日至 28 日在北京举行。

全会听取和讨论了习近平受中央政治局委托作的工作报告。全会审议通过了中央政治局在广泛征求党内外意见、反复酝酿协商的基础上提出的拟向十三届全国人大一次会议推荐的国家机构领导人员人选建议名单和拟向全国政协十三届一次会议推荐的全国政协领导人员人选建议名单，决定将这两个建议名单分别向十三届全国人大一次会议主席团和全国政协十三届一次会议主席团推荐。全会审议通过了《中共中央关于深化党和国家机构改革的决定》和《深化党和国家机构改革方案》，同意把《深化党和国家机构改革方案》的部分内容按照法定程序提交十三届全国人大一次会议审议。

全会号召，全党全国各族人民要紧密团结在以习近平同志为核心的党中央周围，统一思想，统一行动，锐意改革，确保完成深化党和国家机构改革的各项任务，不断构建系统完备、科学规范、运行高效的党和国家机构职能体系，为决胜全面建成小康社会、加快推进社会主义现代化、实现中华民族伟大复兴的中国梦而奋斗。

十九届四中全会

中国共产党第十九届中央委员会第四次全体会议，于 2019 年 10 月 28 日至 31 日在北京举行。

全会听取和讨论了习近平受中央政治局委托作的工作报告，审议通过了《中共中央关于坚持和完善中国特色社会主义制度、推进国家治理体系和治理能力现代化若干重大问题的决定》。习近平就《决定（讨论稿）》向全会作了说明。

全会号召，全党全国各族人民要更加紧密地团结在以习近平同志为核心的党中央周围，坚定信心，保持定力，锐意进取，开拓创新，为坚持和完善中国特色社会主义制度、推进国家治理体系和治理能力现代化，实现“两个一百年”奋斗目标、实现中华民族伟大复兴的中国梦而努力奋斗。

习近平总书记在党的十九届四中全会第二次全体会议上讲话的主要部分以《坚持和完善中国特色社会主义制度推进国家治理体系和治理能力现代化》为题载于 2020 年第 1 期《求是》。

考试笔记

十九届五中全会

中国共产党第十九届中央委员会第五次全体会议，于 2020 年 10 月 26 日至 29 日在北京举行。

全会听取和讨论了习近平受中央政治局委托作的工作报告，审议通过了《中共中央关于制定国民经济和社会发展第十四个五年规划和二〇三五年远景目标的建议》。习近平就《建议（讨论稿）》向全会作了说明。

全会一致认为，面对错综复杂的国际形势、艰巨繁重的国内改革发展稳定任务特别是新冠肺炎疫情严重冲击，以习近平同志为核心的党中央不忘初心、牢记使命，团结带领全党全国各族人民砥砺前行、开拓创新，奋发有为推进党和国家各项事业，战胜各种风险挑战，中国特色社会主义的航船继续乘风破浪、坚毅前行。实践再次证明，有习近平同志作为党中央的核心、全党的核心领航掌舵，有全党全国各族人民团结一心、顽强奋斗，我们就一定能够战胜前进道路上出现的各种艰难险阻，一定能够在新时代把中国特色社会主义更加有力地推向前进。

十九届六中全会

中国共产党第十九届中央委员会第六次全体会议，于 2021 年 11 月 8 日至 11 日在北京召开。

全会审议通过了《中共中央关于党的百年奋斗重大成就和历史经验的决议》，审议通过了《关于召开党的第二十次全国代表大会的决议》。

全会对中国共产党一百年的奋斗历程做了系统回顾，对历史经验做了科学总结。全会提出，中国共产党自一九二一年成立以来，始终把为中国人民谋幸福、为中华民族谋复兴作为自己的初心使命，始终坚持共产主义理想和社会主义信念，团结带领全国各族人民为争取民族独立、人民解放和实现国家富强、人民幸福而不懈奋斗，已经走过一百年光辉历程。党和人民百年奋斗，书写了中华民族几千年历史上最恢宏的史诗。

考试笔记

第二节 习近平新时代中国特色社会主义思想

重要考点1

核心要义（“十个明确”）

习近平新时代中国特色社会主义思想内涵十分丰富，涵盖了经济、政治、法治、科技、文化、教育、民生、民族、宗教、社会、生态文明、国家安全、国防和军队、“一国两制”和祖国统一、统一战线、外交、党的建设等各方面。其中最重要、最核心的内容就是在党的十九大报告的基础上，党的十九届六中全会提出的“十个明确”[1]。这“十个明确”具体为：

明确中国特色社会主义最本质的特征是中国共产党领导，中国特色社会主义制度的最大优势是中国共产党领导，中国共产党是最高政治领导力量，全党必须增强“四个意识”、坚定“四个自信”、做到“两个维护”；

明确坚持和发展中国特色社会主义，总任务是实现社会主义现代化和中华民族伟大复兴，在全面建成小康社会的基础上，分两步走在本世纪中叶建成富强民主文明和谐美丽的社会主义现代化强国，以中国式现代化推进中华民族伟大复兴；

明确新时代我国社会主要矛盾是人民日益增长的美好生活需要和不平衡不充分的发展之间的矛盾，必须坚持以人民为中心的发展思想，发展全过程人民民主，推动人的全面发展、全体人民共同富裕取得更为明显的实质性进展；

明确中国特色社会主义事业总体布局是经济建设、政治建设、文化建设、社会建设、生态文明建设五位一体，战略布局是全面建设社

1 2021年11月8日至11日，中国共产党第十九届中央委员会第六次全体会议在北京召开，这次会议审议通过了《中共中央关于党的百年奋斗重大成就和历史经验的决议》。

考试笔记

会主义现代化国家、全面深化改革、全面依法治国、全面从严治党四个全面；

明确全面深化改革总目标是完善和发展中国特色社会主义制度、推进国家治理体系和治理能力现代化；

明确全面推进依法治国总目标是建设中国特色社会主义法治体系、建设社会主义法治国家；

明确必须坚持和完善社会主义基本经济制度，使市场在资源配置中起决定性作用，更好发挥政府作用，把握新发展阶段，贯彻创新、协调、绿色、开放、共享的新发展理念，加快构建以国内大循环为主体、国内国际双循环相互促进的新发展格局，推动高质量发展，统筹发展和安全；

明确党在新时代的强军目标是建设一支听党指挥、能打胜仗、作风优良的人民军队，把人民军队建设成为世界一流军队；

明确中国特色大国外交要服务民族复兴、促进人类进步，推动建设新型国际关系，推动构建人类命运共同体；

明确全面从严治党的战略方针，提出新时代党的建设总要求，全面推进党的政治建设、思想建设、组织建设、作风建设、纪律建设，把制度建设贯穿其中，深入推进反腐败斗争，落实管党治党政治责任，以伟大自我革命引领伟大社会革命。

其中，第一个明确中的“四个意识”是指政治意识、大局意识、核心意识、看齐意识；“四个自信”是指道路自信、理论自信、制度自信、文化自信；“两个维护”是指坚决维护习近平总书记党中央的核心、全党的核心地位，坚决维护以习近平同志为核心的党中央权威和集中统一领导。

第二个明确中包含了“两个一百年”奋斗目标的基本内容，即第一个百年奋斗目标为在中国共产党建党一百年时，全面建成小康社会。这个目标已经实现[1]。第二个百年奋斗目标为到新中国成立一百年时，全面建成社会主义现代化强国。

1　习近平同志在庆祝中国共产党成立 100 周年大会上的讲话中明确指出：“经过全党全国各族人民持续奋斗，我们实现了第一个百年奋斗目标，在中华大地上全面建成了小康社会，历史性地解决了绝对贫困问题，正在意气风发向着全面建成社会主义现代化强国的第二个百年奋斗目标迈进。”这一宣言，标志着党的第一个百年奋斗目标已经实现。

考试笔记

第七个明确包含了习近平经济思想的主要内容，即坚持创新、协调、绿色、开放、共享的新发展理念，加快构建以国内大循环为主体、国内国际双循环相互促进的新发展格局。公有制为主体、多种所有制经济共同发展，按劳分配为主体、多种分配方式并存，社会主义市场经济体制等社会主义基本经济制度，既体现了社会主义制度优越性，又同我国社会主义初级阶段社会生产力发展水平相适应，是党和人民的伟大创造。

第九个明确包括了习近平同志关于构建人类命运共同体、弘扬人类共同价值的重要论述。基本观点有：世界正处于大发展大变革大调整时期，和平与发展仍然是时代主题；没有哪个国家能够独自应对人类面临的各种挑战，也没有哪个国家能够退回到自我封闭的孤岛；各国人民应同心协力，构建人类命运共同体，建设持久和平、普遍安全、共同繁荣、开放包容、清洁美丽的世界；各国要同舟共济，促进贸易和投资自由化便利化，推动经济全球化朝着更加开放、包容、普惠、平衡、共赢的方向发展；中国无论发展到什么程度，永远不称霸，永远不搞扩张。“一带一路”是“丝绸之路经济带”和“21 世纪海上丝绸之路”的简称，是我国高举和平发展的旗帜，构建人类命运共同体的重要载体。推进“一带一路”建设，关键是要加强“五通”，即政策沟通、设施联通、贸易畅通、资金融通、民心相通。

党的十九届六中全会提出的“十个明确”，高度凝练、提纲挈领地点明了习近平新时代中国特色社会主义思想的核心要义，构成了系统完备、逻辑严密、内在统一的科学体系。

重要考点2

“两个确立”的决定性意义

百年奋斗波澜壮阔，百年大党意气风发。一百年来，中国共产党团结带领中国人民创造了新民主主义革命的伟大成就、社会主义革命

考试笔记

和建设的伟大成就、改革开放和社会主义现代化建设的伟大成就、新时代中国特色社会主义的伟大成就，推动中华民族迎来了从站起来、富起来到强起来的伟大飞跃。党的十九届六中全会通过的《中共中央关于党的百年奋斗重大成就和历史经验的决议》深刻指出：“党确立习近平同志党中央的核心、全党的核心地位，确立习近平新时代中国特色社会主义思想的指导地位，反映了全党全军全国各族人民共同心愿，对新时代党和国家事业发展、对推进中华民族伟大复兴历史进程具有决定性意义。”我们必须深刻理解“两个确立”的决定性意义，更加紧密地团结在以习近平同志为核心的党中央周围，全面贯彻习近平新时代中国特色社会主义思想，为新时代新征程再添胜利荣光。

重要考点3

重要历史地位

习近平新时代中国特色社会主义思想是当代中国马克思主义、二十一世纪马克思主义

党的十八大以来，以习近平同志为核心的党中央，以伟大的历史主动精神、巨大的政治勇气、强烈的责任担当，统筹国内国际两个大局，带领全党全国人民自信自强、守正创新，创造了新时代中国特色社会主义的伟大成就，迎来了中华民族从站起来、富起来到强起来的伟大飞跃。在此过程中，习近平总书记深刻回答了新时代的重大时代课题，提出了一系列原创性的治国理政新理念新思想新战略，作为主要创立者创立了习近平新时代中国特色社会主义思想，把马克思主义中国化推进到新的历史高度，实现了马克思主义中国化新的飞跃，开辟了当代中国马克思主义发展新境界。

在实现一系列理论的原创性贡献中丰富发展了二十一世纪中国的马克思主义。以习近平同志为主要代表的中国共产党人坚持解放思想，实事求是，一切从实际出发，在实践中检验和发展真理，高度凝练了新时代中国特色社会主义事业发展的丰富实践经验，深刻回答了新时代坚持和发展中国特色社会主义的最本质特征和最大优势、总目标、总任务、总体布局、战略布局等一系列重大基本问题，形成了以“十个明确”为核心内容的科学理论体系。

习近平新时代中国特色社会主义是中华文化和中国精神的时代精华，实现了马克思主义中国化新的飞跃

在新的历史条件下，以习近平同志为主要代表的中国共产党人坚持把马克思主义基本原理同中国具体实际相结合、同中华优秀传统文化相结合，立足新时代的历史方位，统筹把握中华民族伟大复兴战略全局和世界百年未有之大变局，深刻总结并充分运用建党百年的历史经验，对关系新时代党和国家事业发展的一系列重大理论和实践问题进行深邃思考和科学判断，系统回答了新时代坚持和发展什么样的中国特色社会主义、怎样坚持和发展中国特色社会主义，建设什么样的社会主义现代化强国、怎样建设社会主义现代化强国，建设什么样的长期执政的马克思主义政党、怎样建设长期执政的马克思主义政党等重大时代课题，创立了习近平新时代中国特色社会主义思想，实现了对中国特色社会主义建设规律认识的新突破，指明了中国式现代化道路的新图景，开辟了管党治党、兴党强党的新境界。习近平新时代中国特色社会主义思想正是在立足于新时代去解决特定的时代问题中，实现了马克思主义中国化新的飞跃，使得马克思主义的科学性和真理性在当代中国得到充分检验，使得马克思主义的人民性和实践性在当代中国得到充分贯彻，使得马克思主义的开放性和时代性在当代中国得到充分彰显。

党确立习近平同志党中央的核心、全党的核心地位，确立习近平新时代中国特色社会主义思想的指导地位，反映了全党全军全国各族人民共同心愿，对新时代党和国家事业发展、对推进中华民族伟大复兴历史进程具有决定性意义

改革开放以后，党和国家事业取得重大成就，为新时代发展中国特色社会主义事业奠定了坚实基础、创造了有利条件。同时，党清醒认识到，外部环境变化带来许多新的风险挑战，国内改革发展稳定面

考试笔记

临不少长期没有解决的深层次矛盾和问题以及新出现的一些矛盾和问题，管党治党一度宽松软带来党内消极腐败现象蔓延、政治生态出现严重问题，党群干群关系受到损害，党的创造力、凝聚力、战斗力受到削弱，党治国理政面临重大考验。

以习近平同志为核心的党中央，以伟大的历史主动精神、巨大的政治勇气、强烈的责任担当，统筹国内国际两个大局，贯彻党的基本理论、基本路线、基本方略，统揽伟大斗争、伟大工程、伟大事业、伟大梦想，坚持稳中求进工作总基调，出台一系列重大方针政策，推出一系列重大举措，推进一系列重大工作，战胜一系列重大风险挑战，解决了许多长期想解决而没有解决的难题，办成了许多过去想办而没有办成的大事，推动党和国家事业取得历史性成就、发生历史性变革。

第三节　新时代坚持和发展中国特色社会主义的基本方略

重要考点1

党的十九大报告关于新时代坚持和发展中国特色社会主义的基本方略（“十四个坚持”）

党的十九大报告深刻阐明了习近平新时代中国特色社会主义思想和基本方略，并且强调指出：作为习近平新时代中国特色社会主义思想精神实质和丰富内涵的“十四个坚持”，构成新时代坚持和发展中国特色社会主义的基本方略。要求全党同志必须全面贯彻党的基本理论、基本路线、基本方略，以更好地引领党和人民事业发展。“十四个坚持”的具体内容如下：

1. 坚持党对一切工作的领导

党政军民学，东西南北中，党是领导一切的。必须增强政治意识、大局意识、核心意识、看齐意识，自觉维护党中央权威和集中统一领

考试笔记

导，自觉在思想上政治上行动上同党中央保持高度一致，完善坚持党的领导的体制机制，坚持稳中求进工作总基调，统筹推进“五位一体”总体布局，协调推进“四个全面”战略布局，提高党把方向、谋大局、定政策、促改革的能力和定力，确保党始终总揽全局、协调各方。

2. 坚持以人民为中心

人民是历史的创造者，是决定党和国家前途命运的根本力量。必须坚持人民主体地位，坚持立党为公、执政为民，践行全心全意为人民服务的根本宗旨，把党的群众路线贯彻到治国理政全部活动之中，把人民对美好生活的向往作为奋斗目标，依靠人民创造历史伟业。

3. 坚持全面深化改革

只有社会主义才能救中国，只有改革开放才能发展中国、发展社会主义、发展马克思主义。必须坚持和完善中国特色社会主义制度，不断推进国家治理体系和治理能力现代化，坚决破除一切不合时宜的思想观念和体制机制弊端，突破利益固化的藩篱，吸收人类文明有益成果，构建系统完备、科学规范、运行有效的制度体系，充分发挥我国社会主义制度优越性。

4. 坚持新发展理念[1]

发展是解决我国一切问题的基础和关键，发展必须是科学发展，必须坚定不移贯彻创新、协调、绿色、开放、共享的发展理念。必须坚持和完善我国社会主义基本经济制度和分配制度，毫不动摇巩固和发展公有制经济，毫不动摇鼓励、支持、引导非公有制经济发展，使市场在资源配置中起决定性作用，更好发挥政府作用，推动新型工业化、信息化、城镇化、农业现代化同步发展，主动参与和推动经济全球化进程，发展更高层次的开放型经济，不断壮大我国经济实力和综合国力。

5. 坚持人民当家做主

坚持党的领导、人民当家做主、依法治国有机统一是社会主义政治发展的必然要求。必须坚持中国特色社会主义政治发展道路，坚持和完善人民代表大会制度、中国共产党领导的多党合作和政治协商制度、民

1 五大新发展理念最早由习近平同志在党的十八届五中全会上提出，是习近平经济思想的主要内容。

考试笔记

族区域自治制度、基层群众自治制度，巩固和发展最广泛的爱国统一战线，发展社会主义协商民主，健全民主制度，丰富民主形式，拓宽民主渠道，保证人民当家做主落实到国家政治生活和社会生活之中。

6. 坚持全面依法治国

全面依法治国是中国特色社会主义的本质要求和重要保障。必须把党的领导贯彻落实到依法治国全过程和各方面，坚定不移走中国特色社会主义法治道路，完善以宪法为核心的中国特色社会主义法律体系，建设中国特色社会主义法治体系，建设社会主义法治国家，发展中国特色社会主义法治理论，坚持依法治国、依法执政、依法行政共同推进，坚持法治国家、法治政府、法治社会一体建设，坚持依法治国和以德治国相结合，依法治国和依规治党有机统一，深化司法体制改革，提高全民族法治素养和道德素质。

7. 坚持社会主义核心价值体系

文化自信是一个国家、一个民族发展中更基本、更深沉、更持久的力量。必须坚持马克思主义，牢固树立共产主义远大理想和中国特色社会主义共同理想，培育和践行社会主义核心价值观，不断增强意识形态领域主导权和话语权，推动中华优秀传统文化创造性转化、创新性发展，继承革命文化，发展社会主义先进文化，不忘本来、吸收外来、面向未来，更好构筑中国精神、中国价值、中国力量，为人民提供精神指引。社会主义核心价值观的基本内容是：富强、民主、文明、和谐、自由、平等、公正、法治、爱国、敬业、诚信、友善。

8. 坚持在发展中保障和改善民生

增进民生福祉是发展的根本目的。必须多谋民生之利、多解民生之忧，在发展中补齐民生短板、促进社会公平正义，在幼有所育、学有所教、劳有所得、病有所医、老有所养、住有所居、弱有所扶上不断取得新进展，深入开展脱贫攻坚，保证全体人民在共建共享发展中有更多获得感，不断促进人的全面发展、全体人民共同富裕。建设平安中国，加强和创新社会治理，维护社会和谐稳定，确保国家长治久安、人民安居乐业。

9. 坚持人与自然和谐共生

建设生态文明是中华民族永续发展的千年大计。必须树立和践行绿水青山就是金山银山的理念，坚持节约资源和保护环境的基本国策，像对待生命一样对待生态环境，统筹山水林田湖草系统治理，实行最严格的生态环境保护制度，形成绿色发展方式和生活方式，坚定走生产发展、生活富裕、生态良好的文明发展道路，建设美丽中国，为人民创造良好生产生活环境，为全球生态安全做出贡献。

10. 坚持总体国家安全观

统筹发展和安全，增强忧患意识，做到居安思危，是我们党治国理政的一个重大原则。必须坚持国家利益至上，以人民安全为宗旨，以政治安全为根本，统筹外部安全和内部安全、国土安全和国民安全、传统安全和非传统安全、自身安全和共同安全，完善国家安全制度体系，加强国家安全能力建设，坚决维护国家主权、安全、发展利益。

11. 坚持党对人民军队的绝对领导

建设一支听党指挥、能打胜仗、作风优良的人民军队，是实现“两个一百年”奋斗目标、实现中华民族伟大复兴的战略支撑。必须全面贯彻党领导人民军队的一系列根本原则和制度，确立新时代党的强军思想在国防和军队建设中的指导地位，坚持政治建军、改革强军、科技兴军、依法治军，更加注重聚焦实战，更加注重创新驱动，更加注重体系建设，更加注重集约高效，更加注重军民融合，实现党在新时代的强军目标。

12. 坚持“一国两制”和推进祖国统一

保持香港、澳门长期繁荣稳定，实现祖国完全统一，是实现中华民族伟大复兴的必然要求。必须把维护中央对香港、澳门特别行政区全面管治权和保障特别行政区高度自治权有机结合起来，确保“一国两制”方针不会变、不动摇，确保“一国两制”实践不变形、不走样。必须坚持一个中国原则，坚持“九二共识”，推动两岸关系和平发展，深化两岸经济合作和文化往来，推动两岸同胞共同反对一切分裂国家的活动，共同为实现中华民族伟大复兴而奋斗。

13. 坚持推动构建人类命运共同体

中国人民的梦想同各国人民的梦想息息相通，实现中国梦离不开和平的国际环境和稳定的国际秩序。必须统筹国内国际两个大局，始终不渝走和平发展道路、奉行互利共赢的开放战略，坚持正确义利

考试笔记

观，树立共同、综合、合作、可持续的新安全观，谋求开放创新、包容互惠的发展前景，促进和而不同、兼收并蓄的文明交流，构筑尊崇自然、绿色发展的生态体系，始终做世界和平的建设者、全球发展的贡献者、国际秩序的维护者。

14. 坚持全面从严治党

勇于自我革命，从严管党治党，是我们党最鲜明的品格。必须以党章为根本遵循，把党的政治建设摆在首位，思想建党和制度治党同向发力，统筹推进党的各项建设，抓住“关键少数”，坚持“三严三实”，坚持民主集中制，严肃党内政治生活，严明党的纪律，强化党内监督，发展积极健康的党内政治文化，全面净化党内政治生态，坚决纠正各种不正之风，以零容忍态度惩治腐败，不断增强党自我净化、自我完善、自我革新、自我提高的能力，始终保持党同人民群众的血肉联系。

按照党的十九大报告和党的十九大通过的新党章要求，在中国特色社会主义新时代，坚持和发展共产党执政规律、社会主义建设规律、人类社会发展规律的新时代中国特色社会主义基本方略，对全面贯彻落实习近平新时代中国特色社会主义思想，确保我们党始终成为中国特色社会主义事业坚强领导核心，确保我们党始终走在时代前列，确保承载着中国人民伟大梦想的中国特色社会主义航船始终破浪前进、胜利驶向光辉彼岸，确保更好实现人民对美好生活的向往，具有决定性作用。

重要考点2

我国社会主要矛盾的论述

中国特色社会主义进入新时代，我国社会主要矛盾已经转化为人民日益增长的美好生活需要和不平衡不充分的发展之间的矛盾。我国稳定解决了十几亿人的温饱问题，总体上实现小康，不久将全面建成小康社会，人民美好生活需要日益广泛，不仅对物质文化生活提出了更高要求，而且在民主、法治、公平、正义、安全、环境等方面的要求日益增长。同时，我国社会生产力水平总体上显著提高，社会生产能力在很多方面进入世界前列，更加突出的问题是发展不平衡不充分，这已经成为满足人民日益增长的美好生活需要的主要制约因素。

必须认识到，我国社会主要矛盾的变化是关系全局的历史性变化，对党和国家工作提出了许多新要求。我们要在继续推动发展的基础上，着力解决好发展不平衡不充分问题，大力提升发展质量和效益，更好满足人民在经济、政治、文化、社会、生态等方面日益增长的需要，更好推动人的全面发展、社会全面进步。

必须认识到，我国社会主要矛盾的变化，没有改变我们对我国社会主义所处历史阶段的判断，我国仍处于并将长期处于社会主义初级阶段的基本国情没有变，我国是世界最大发展中国家的国际地位没有变。全党要牢牢把握社会主义初级阶段这个基本国情，牢牢立足社会主义初级阶段这个最大实际，牢牢坚持党的基本路线这个党和国家的生命线、人民的幸福线，领导和团结全国各族人民，以经济建设为中心，坚持四项基本原则，坚持改革开放，自力更生，艰苦创业，为把我国建设成为富强民主文明和谐美丽的社会主义现代化强国而奋斗。

第四节　四个意识、四个自信、两个维护

重要考点1

增强“四个意识”的基本内容和重要意义

“四个意识”是指全体党员要有政治意识、大局意识、核心意识、看齐意识。它是习近平总书记在 2016 年 1 月 29 日的中共中央政治局会议上正式提出的。政治意识要求从政治上看待、分析和处理问题；大局意识要求从大局上看问题，做到正确认识大局、自觉服从大局、

考试笔记

坚决维护大局；核心意识要求在思想上认同核心、在政治上围绕核心、在组织上服从核心、在行动上紧跟核心；看齐意识要求向党中央看齐，向党的理论和路线方针政策看齐，向党中央决策部署看齐。

“四个意识”集中体现了根本的政治方向、政治立场、政治要求，是检验党员、干部政治素养的基本标准。牢固树立“四个意识”，对于全党团结一心，对于保证党和国家兴旺发达、长治久安，具有十分重大的意义。

2016 年 1 月 29 日，习近平总书记在中共中央政治局会议上指出，只有增强政治意识、大局意识、核心意识、看齐意识，自觉在思想上政治上行动上同党中央保持高度一致，才能使我们党更加团结统一、坚强有力，始终成为中国特色社会主义事业的坚强领导核心。在庆祝中国共产党成立 95 周年大会上，他再次强调，全党同志要增强政治意识、大局意识、核心意识、看齐意识，切实做到对党忠诚、为党分忧、为党担责、为党尽责。

为了从制度上维护党的集中统一领导，在对党的十八大后全面从严治党经验总结的基础上，2016 年 10 月 27 日，党的十八届六中全会通过了《关于新形势下党内政治生活的若干准则》，特别强调要坚决维护党中央权威，规定全党必须牢固树立政治意识、大局意识、核心意识、看齐意识，自觉在思想上政治上行动上同党中央保持高度一致。这就将增强“四个意识”作为对全体党员的要求，写进了党内法规，成为必须遵守的准则。

重要考点2

坚定“四个自信”的基本内容和重要意义

习近平总书记在庆祝中国共产党成立 95 周年大会上的讲话中指出，坚持不忘初心、继续前进，就要坚持中国特色社会主义道路自信、理论自信、制度自信、文化自信，坚持党的基本路线不动摇，不断把中国特色社会主义伟大事业推向前进。

方向决定道路，道路决定命运。中国特色社会主义不是从天上掉下来的，是党和人民历尽千辛万苦、付出巨大代价取得的根本成就。中国特色社会主义，既是我们必须不断推进的伟大事业，又是我们开辟未来的根本保证。

全党要坚定道路自信、理论自信、制度自信、文化自信。当今世界，要说哪个政党、哪个国家、哪个民族能够自信的话，那中国共产党、中华人民共和国、中华民族是最有理由自信的。有了“自信人生二百年，会当水击三千里”的勇气，我们就能毫无畏惧面对一切困难和挑战，就能坚定不移开辟新天地、创造新奇迹。

我们要坚信，中国特色社会主义道路是实现社会主义现代化的必由之路，是创造人民美好生活的必由之路。我们要坚信，中国特色社会主义理论体系是指导党和人民沿着中国特色社会主义道路实现中华民族伟大复兴的正确理论，是立于时代前沿、与时俱进的科学理论。我们要坚信，中国特色社会主义制度是当代中国发展进步的根本制度保障，是具有鲜明中国特色、明显制度优势、强大自我完善能力的先进制度。

文化自信，是更基础、更广泛、更深厚的自信。在5000多年文明发展中孕育的中华优秀传统文化，在党和人民伟大斗争中孕育的革命文化和社会主义先进文化，积淀着中华民族最深层的精神追求，代表着中华民族独特的精神标识。我们要弘扬社会主义核心价值观，弘扬以爱国主义为核心的民族精神和以改革创新为核心的时代精神，不断增强全党全国各族人民的精神力量。

全党同志必须牢记，我们要建设的是中国特色社会主义，而不是其他什么主义。历史没有终结，也不可能被终结。中国特色社会主义是不是好，要看事实，要看中国人民的判断，而不是看那些戴着有色眼镜的人的主观臆断。中国共产党人和中国人民完全有信心为人类对更好社会制度的探索提供中国方案。

邓小平同志曾经语重心长地说：“基本路线要管一百年，动摇不得。只有坚持这条路线，人民才会相信你，拥护你。谁要改变三中全会以来的路线、方针、政策，老百姓不答应，谁就会被打倒。”党的基本路线是国家的生命线、人民的幸福线，我们要坚持把以经济建设为中心作为兴国之要、把四项基本原则作为立国之本、把改革开放作

考试笔记

为强国之路，不能有丝毫动摇。

重要考点3

做到“两个维护”的基本内容和重要意义

2018 年修订的《中国共产党纪律处分条例》增写了“两个维护”的内容，即“坚决维护习近平总书记党中央的核心、全党的核心地位，坚决维护党中央权威和集中统一领导”。

以党内基础性法规的形式明确“两个维护”，不仅是对党员思想认识上的强化，更是在政治上、纪律上的明确要求。做到“两个维护”，就是要把坚决维护以习近平同志为核心的党中央权威和集中统一领导作为出发点和落脚点，作为根本的政治纪律和政治规矩，推动各级党组织和党员、干部始终在政治立场、政治方向、政治原则、政治道路上同党中央保持高度一致，确保全党令行禁止。

历史和实践反复证明，有没有一个成熟稳定的领导核心，能否确保党中央权威和集中统一领导，关乎党的事业成败，关系党的前途命运。

第五节　社会主义核心价值观

重要考点

社会主义核心价值观的基本内容

党的十八大提出，倡导富强、民主、文明、和谐，倡导自由、平等、公正、法治，倡导爱国、敬业、诚信、友善，积极培育和践行社会主义核心价值观。富强、民主、文明、和谐是国家层面的价值目标，自由、

考试笔记

平等、公正、法治是社会层面的价值取向，爱国、敬业、诚信、友善是公民个人层面的价值准则，这24个字是社会主义核心价值观的基本内容。

“富强、民主、文明、和谐”，是我国社会主义现代化国家的建设目标，也是从价值目标层面对社会主义核心价值观基本理念的凝练，在社会主义核心价值观中居于最高层次，对其他层次的价值理念具有统领作用。富强即国富民强，是社会主义现代化国家经济建设的应然状态，是中华民族梦寐以求的美好夙愿，也是国家繁荣昌盛、人民幸福安康的物质基础。民主是人类社会的美好诉求。我们追求的民主是人民民主，其实质和核心是人民当家做主。它是社会主义的生命，也是创造人民美好幸福生活的政治保障。文明是社会进步的重要标志，也是社会主义现代化国家的重要特征。它是社会主义现代化国家文化建设的应有状态，是对面向现代化、面向世界、面向未来的，民族的科学的大众的社会主义文化的概括，是实现中华民族伟大复兴的重要支撑。和谐是中国传统文化的基本理念，集中体现了学有所教、劳有所得、病有所医、老有所养、住有所居的生动局面。它是社会主义现代化国家在社会建设领域的价值诉求，是经济社会和谐稳定、持续健康发展的重要保证。

“自由、平等、公正、法治”，是对美好社会的生动表述，也是从社会层面对社会主义核心价值观基本理念的凝练。它反映了中国特色社会主义的基本属性，是我们党矢志不渝、长期实践的核心价值理念。自由是指人的意志自由、存在和发展的自由，是人类社会的美好向往，也是马克思主义追求的社会价值目标。平等指的是公民在法律面前的一律平等，其价值取向是不断实现实质平等。它要求尊重和保障人权，人人依法享有平等参与、平等发展的权利。公正即社会公平和正义，它以人的解放、人的自由平等权利的获得为前提，是国家、社会应然的根本价值理念。法治是治国理政的基本方式，依法治国是社会主义民主政治的基本要求。它通过法制建设来维护和保障公民的根本利益，是实现自由平等、公平正义的制度保证。

“爱国、敬业、诚信、友善”，是公民基本道德规范，是从个人行为层面对社会主义核心价值观基本理念的凝练。它覆盖社会道德生活的各个领域，是公民必须恪守的基本道德准则，也是评价公民道德行

考试笔记

为选择的基本价值标准。爱国是基于个人对自己祖国依赖关系的深厚情感，也是调节个人与祖国关系的行为准则。它同社会主义紧密结合在一起，要求人们以振兴中华为己任，促进民族团结、维护祖国统一、自觉报效祖国。敬业是对公民职业行为准则的价值评价，要求公民忠于职守，克己奉公，服务人民，服务社会，充分体现了社会主义职业精神。诚信即诚实守信，是人类社会千百年传承下来的道德传统，也是社会主义道德建设的重点内容，它强调诚实劳动、信守承诺、诚恳待人。友善强调公民之间应互相尊重、互相关心、互相帮助，和睦友好，努力形成社会主义的新型人际关系。

第六节　坚持新发展理念和构建新发展格局

重要考点1

坚持新发展理念的基本内容

新发展理念是指创新、协调、绿色、开放、共享的发展理念，是管全局、管根本、管长远的导向，具有战略性、纲领性、引领性。新发展理念，指明了新时代我国的发展思路、发展方向和发展着力点，要深入理解、准确把握其科学内涵和实践要求。

创新发展注重的是解决发展动力问题。我国创新能力不强，科技发展水平总体不高，科技对经济社会发展的支撑能力不足，科技对经济增长的贡献率远低于发达国家水平，这是我国这个经济大个头的“阿喀琉斯之踵”。

协调发展注重的是解决发展不平衡问题。我国发展不协调是一个长期存在的问题，突出表现在区域、城乡、经济和社会、物质文明和精神文明、经济建设和国防建设等关系上。在经济发展水平落后的情况下，一段时间的主要任务是要跑得快，但跑过一定路程后，就要注意调整关系，注重发展的整体效能，否则“木桶”效应就会愈加显现，一系列社会矛盾会不断加深。

考试笔记

绿色发展注重的是解决人与自然和谐问题。我国资源约束趋紧、环境污染严重、生态系统退化的问题十分严峻，人民群众对清新空气、干净饮水、安全食品、优美环境的要求越来越强烈。

开放发展注重的是解决发展内外联动问题。现在的问题不是要不要对外开放，而是如何提高对外开放的质量和发展的内外联动性。我国对外开放水平总体上还不够高，用好国际国内两个市场、两种资源的能力还不够强，应对国际经贸摩擦、争取国际经济话语权的能力还比较弱，运用国际经贸规则的本领也不够强，需要加快弥补。

共享发展注重的是解决社会公平正义问题。我国经济发展的“蛋糕”不断做大，但分配不公问题比较突出，收入差距、城乡区域公共服务水平差距较大。在共享改革发展成果上，无论是实际情况还是制度设计，都还有不完善的地方。

重要考点2

构建新发展格局的基本内容

党的十九届五中全会通过的《中共中央关于制定国民经济和社会发展第十四个五年规划和二〇三五年远景目标的建议》提出，要加快构建以国内大循环为主体、国内国际双循环相互促进的新发展格局。

“十四五”时期经济社会发展，要以推动高质量发展为主题，以深化供给侧结构性改革为主线，以改革创新为根本动力，加快构建新发展格局。构建新发展格局，关键在于实现经济循环流转和产业关联畅通。根本要求是提升供给体系的创新力和关联性，解决各类“卡脖子”和瓶颈问题，畅通国民经济循环。而做到这一点，必须深化改革、扩大开放、推动科技创新和产业结构升级。要以实现国民经济体系高水平的完整性为目标，突出重点，抓住主要矛盾，着力打通堵点，贯通生产、分配、流通、消费各环节，实现供求动态均衡。

第七节 “两个一百年”奋斗目标

考试笔记

重要考点

“两个一百年”奋斗目标的基本内容

“两个一百年”是中共十五大最早提出的奋斗目标，即到建党一百年时，使国民经济更加发展，各项制度更加完善；到本世纪中叶新中国成立一百年时，基本实现现代化，建成富强民主文明的社会主义国家。中共十八大对此进一步强调，到中国共产党成立一百年时，全面建成小康社会，同时基本实现工业化；到新中国成立一百年时，建成富强民主文明和谐的社会主义现代化国家，实现中华民族伟大复兴。中共十九大则明确对实现“两个一百年”奋斗目标作出全面部署，并对第二个百年奋斗目标设定了两个具体的发展阶段，即第一个阶段，从 2020 到 2035 年，在全面建成小康社会的基础上，再奋斗十五年，基本实现社会主义现代化；第二个阶段，从 2035 年到本世纪中叶，在基本实现现代化的基础上，再奋斗十五年，把我国建成富强民主文明和谐美丽的社会主义现代化强国。实现“两个一百年”奋斗目标，把我国建设成为社会主义现代化强国，既是近代以来中华民族演进的历史趋势和中国特色社会主义发展的内在逻辑，也是新时代中国共产党的历史使命。

实现现代化承载着中华民族的百年夙愿，是中国共产党人的历史担当。中国共产党从成立之日起一直把实现中华民族伟大复兴作为自己的历史责任。近代以来，中国逐渐成为半殖民地半封建社会，中华民族遭受了前所未有的苦难。从那时起，实现国家独立和民族解放、实现国家富强和人民富裕成为中国的两大历史任务。中国共产党发挥中流砥柱作用，勇敢担当起实现中华民族伟大复兴的历史使命，团结带领中国人民经过 28 年浴血奋战，建立了中华人民共和国。新中国的建立为中国共产党确立“两个一百年”奋斗目标提供了根本的政治前提，标志着经过百年的曲折斗争，中国式现代化以社会主义与现代化有机结合的实践形式开始呈现在历史舞台。

第八节　构建人类命运共同体　弘扬人类共同价值

考试笔记

重要考点1

习近平总书记关于构建人类命运共同体的重要论述

2017 年 1 月 18 日，国家主席习近平在瑞士日内瓦万国宫出席“共商共筑人类命运共同体”高级别会议，并发表题为《共同构建人类命运共同体》的主旨演讲。

习近平总书记在党的十九大报告中明确提出：“坚持和平发展道路，推动构建人类命运共同体”是对中国优秀传统文化的创造性转化和创新性发展，是对马克思列宁主义的继承、创新和发展，是对新中国成立以来我国外交经验的科学总结和理论提升。人是一种社会存在物，自人类从动物中走出来那一刻起，就过着一种共同体的生活。人只有在共同体中才能生存和发展。当今世界正处在大发展大变革大调整时期，和平与发展仍然是时代主题，同时世界也存在诸多不稳定性不确定性。在这样的大背景下，习近平总书记科学把握当今世界发展的总趋势，深刻揭示当今国际关系发展的特征和规律，顺应和平、发展、合作、共赢的时代潮流，高瞻远瞩地提出构建人类命运共同体的重要理念，为促进世界和平与发展、解决人类社会共同面临的问题贡献了中国智慧和中国方案，为各国抓住机遇共同发展，为解决世界向何处去等问题提供了全新选择，符合世界各国人民的共同利益、整体利益和长远利益。

一、习近平关于构建人类命运共同体理念的深刻内涵

构建人类命运共同体理念作为一个全新的人类社会发展理念，有着自身独特的内涵，其核心就是党的十九大报告所指出的，“建设持久和平、普遍安全、共同繁荣、开放包容、清洁美丽的世界”。这充分说明，我们要着重从政治、安全、经济、文化、生态五个方面推动

考试笔记

构建人类命运共同体。

（一）在政治上

要互相尊重、平等协商，坚决摒弃冷战思维和强权政治，走对话而不对抗、结伴而不结盟的国与国交往新路。习近平主席明确指出，构建人类命运共同体，就是希望各国都要建立平等相待、互商互谅的伙伴关系，能够基于自愿自觉形成一种自然聚合。中国主张“结伴而不结盟”在发展与别国的双边关系时，主张建立具有中国外交特色的以合作共赢为核心的新型国际关系。在这种新型交往观念的指导下，我国已经同诸多国家和地区组织建立了不同形式的伙伴关系，基本形成覆盖全球的伙伴关系网络。中国的崛起是和平的崛起，不搞唯我独尊、恃强凌弱的霸道，不会成为国际冲突的制造者，中国这只醒来的巨狮是一只文明、和平、可亲的狮子。

（二）在安全上

要坚持对话解决争端、以协商化解分歧，统筹应对传统和非传统安全威胁，反对一切形式的恐怖主义。习近平主席早在博鳌亚洲论坛2013年年会上的主旨演讲中指出：“国家不论大小、强弱、贫富，都应该做和平的维护者和促进者。国际社会应该倡导综合安全、共同安全、合作安全的理念，使我们的地球村成为共谋发展的大舞台，而不是相互角力的竞技场，更不能为一己之私把一个地区乃至世界搞乱。”他还在《俄罗斯报》发表的署名文章中指出：“第二次世界大战的惨痛教训告诉人们，弱肉强食、丛林法则不是人类共存之道，穷兵黩武、强权独霸不是人类和平之策，赢者通吃、零和博弈不是人类发展之路。和平而不是战争，合作而不是对抗，共赢而不是零和，才是人类社会和平、进步、发展的永恒主题。要恪守尊重主权、独立和领土完整、互不干涉内政等国际关系基本准则，统筹维护传统和非传统安全。各国都有平等参与地区安全事务的权力，也都有维护地区安全的责任，要以对话协商、互利合作的方式解决安全问题”。

（三）在经济上

同舟共济，促进贸易和投资自由化便利化，推动经济全球化朝着更加开放、包容、普惠、平衡、共赢的方向发展。中国同一大批国家联动发展，使全球经济发展更加平衡。中国不仅以推动“一带一路”倡议赢得了国际社会对中国“大国责任与担当”的积极响应，还作为东道国分别成功举办了 APEC 峰会、G20 峰会、金砖国家峰会这样的大型多边合作会议。此外，中国在 2014 年成功挂牌“丝路基金”，2015 年参与筹建的“金砖国家新开发银行”开业，2016 年主持“亚洲基础设施投资银行”开业，这些都是中国在推动世界经济发展、拉动全球及区域合作方面交出的优质答卷。2017 年年底，“中国共产党与世界政党高层对话会”开幕式上，习近平在中共十九大后举办的首场主场多边外交活动中向世界各国政党表明：将通过推动中国发展给世界创造更多机遇。着眼推进开放、包容、普惠、平衡、共赢的经济全球化和构建开放型世界经济，为推动全球贸易发展和促进世界经济增长建言献策。各国要共同维护世界和平，以和平促进发展，以发展巩固和平。许多国家都是国际生产链中的一个环节，是生产、贸易、金融、互联网密切相接的一部分。一个国家的订单影响着另一个国家的就业，一个国家的投资促进着另一个国家的基础设施建设的发展，而一个国家的经济出问题也会形成连锁反应，很难有国家能独善其身。自扫门前雪、不管他人瓦上霜的做法最后会误人误己，只有同舟共济，才能共克时艰。要加强全球经济治理，解决南北之间和地区内部发展失衡问题，让发展成果更多惠及全体人民，为世界经济全面可持续增长提供新动力。

（四）在文化上

要尊重世界文明多样性，以文明交流超越文明隔阂、文明互鉴超越文明冲突、文明共存超越文明优越。中国人的思维方式是一种包含、包容、溶化的思维方式，西方人则是超越、取代、取消的思维方式。中华文化博大精深的奥妙之一就是宽容与融合，具有海纳百川的气魄。充分尊重世界文化的多样性，以“海纳百川、有容乃大、和而不同、兼容并蓄”的理念加强文明对话，促进文化和谐。“万物并育而不相害，道并行而不相悖”。尊重文明多样性，推动不同文明交流对话、和平共处、和协共生、不唯我独尊、贬低其他文明和民族。人类文明的多样性是世界的基本特征，也是人类进步的源泉，多样带来交流，交流孕育融合，融合产生进步。不同文明凝聚着不同民族的智慧和贡献，没有高低之别，更无优劣之分。文明差异不应该成为世界冲突的根源，而应该成为人类文明进步的动力。要促进和而不同，兼收并蓄的文明

考试笔记

交流对话，在竞争比较中取长补短，在交流互鉴中共同发展，使文明交流互鉴成为增进各国人民友谊的桥梁、推动人类社会进步的动力。

（五）在生态上

要坚持环境友好，合作应对气候变化，保护好人类赖以生存的地球家园。建设生态文明关乎人类未来。要解决好工业文明带来的矛盾，以人与自然和谐相处为目的，实现世界的可持续发展和人的全面发展。要牢固树立尊重自然、顺应自然、保护自然的意识，绿水青山，就是金山银山。要坚持走绿色、低碳、循环、可持续发展之路，平衡推进2030年可持续发展议程，采取行动应对气候变化等新挑战，不断开拓生产发展、生活富裕、生态良好的文明发展道路，构筑尊崇自然、绿色发展的全球生态体系。

我们只有一个地球，如果它被破坏了，我们别无去处。如果地球上的各种资源都枯竭了，我们很难从别的地方得到补充。我们要精心地保护地球，保护地球的生态环境。让地球更好地造福于子孙后代。

二、习近平关于构建人类命运共同体理念的新时代意义

构建人类命运共同体理念顺应了历史潮流，回应了时代要求，凝聚了各国共识，为人类社会实现共同发展、持续繁荣、长治久安绘制了蓝图，对中国的和平发展、世界的繁荣进步都有着重大和深远的新时代意义。

（一）彰显了中国的大国责任

人类命运共同体理念的提出是以习近平同志为核心的党中央准确把握时代发展大势的产物，是为未来世界发展提供的中国方案，同时让中国作为一个负责任的大国，在兼顾世界各国正当利益的前提下，用不同于西方传统国强必霸、殖民扩张的思想，构想了具有中国特色、中国气派的新型世界秩序，彰显了中国的大国责任。大国之所以为大，在于国际影响力之大，而这种国际影响力来源于一个国家的国际威信，而非用强权使他国屈服，而这种威信源自于一个国家为世界所作的贡献和其所积极履行的责任。中国以世界和人类的和平发展为己任，通过推动当代世界政治、经济新秩序及新型国际关系的构建，履行了促进世界繁荣稳定、和平发展的责任。此外，习近平主席在国际交往的

多种场合将中国的国际特殊责任诠释为“世界梦”。他说：“中国梦是和平、发展、合作、共赢的梦，是奉献世界的梦，与世界各国人民的美好梦想相通。”为了这个梦，中国正通过一个务实行动为世界人民筑就这个梦想。世界人民有目共睹。2013 年习近平主席分别倡导建立了“21 世纪丝绸之路经济带”和“21 世纪海上丝绸之路”，提出打造“一带一路”命运共同体，并为此投资 400 亿美元成立丝绸之路基金，出资近 300 亿美元发起成立亚洲基础设施投资银行，推动互联互通建设，支持沿线国家互利合作。这些举措印证了中国构建人类命运共同体的决心，彰显了中国推动人类发展的大国责任。

（二）适应了新时代中国与世界关系的历史性变化

中国与世界的关系正站在新的历史起点上。首先，中国越来越离不开世界，世界也越来越离不开中国。2021 年，中国对世界经济增长的贡献率保持在 30% 左右，进出口总额达到 6.05 万亿美元，我国已经成为名副其实的贸易大国。事实证明，只有世界好，中国才能发展好，反过来只有中国发展好，世界才能变得更好。在日内瓦的演讲中，习近平以“三个决心”向国际社会回答了中国未来的政策走向：中国维护世界和平的决心不会改变、中国促进共同发展的决心不会改变、中国打造伙伴关系的决心不会改变。其次，中国的改革开放取得重大成就离不开世界的支持合作，而日益崛起的中国有责任也有能力同各国分享发展机遇。中国发展得越来越好就越有能力塑造和影响世界，为国际社会做出更大贡献。构建人类命运共同体理念就是我们为全球治理贡献的中国智慧、中国方案。

（三）有利于改进全球治理

当今全球面临的挑战极为严峻，任何政府、企业和个人都不可能独自应对，无论国际、地区还是行业问题，都不可能孤立地得到解决，而是需要制定“系统性方案”。

2017 年 1 月 17—18 日，习近平主席访问瑞士的日内瓦和达沃斯时“闪耀全场”的两场演讲，给出的正是“系统性方案”、是全球治理的指南针。习近平系统、全面地提出构建人类命运共同体的“五个坚持”，即坚持对话协商，建设一个持久和平的世界；坚持共建共享，建设一个普遍安全的世界；坚持合作共赢，建设一个共同繁荣的世界；

考试笔记

坚持交流互鉴，建设一个开放包容的世界；坚持绿色低碳，建设一个清洁美丽的世界。清晰勾勒了中国方案和行动路径，为走向不确定的世界指明了和平发展的方向。

之后，人类命运共同体理念屡屡在国际场合获得认同。2017 年 2 月 10 日，联合国社会发展委员会第 55 届会议一致通过“非洲发展新伙伴关系的社会层面决议”，构建人类命运共同体理念首次被写入联合国决议中。同年 3 月 17 日，联合国安理会通过关于阿富汗问题的第 2344 号决议，构建人类命运共同体理念首次载入安理会决议。3 月 23 日，联合国人权理事会第 34 次会议通过关于“经济、社会、文化权利”和“粮食权”两个决议，构建人类命运共同体理念首次载入联合国人权理事会决议。11 月 2 日，中国关于构建人类命运共同体的理念又写入联大“防止外空军备竞赛进一步切实措施”和“不首先在外空放置武器”两份安全决议——从理念到共识，彰显了中国方案对全球治理的巨大贡献。从中国的提倡到世界的相和，凸显了人类命运共同体理念的智慧闪光。

（四）有利于促进世界共赢

在人类命运共同体理念的指导下，中国将与各国命运休戚与共的决心，中国发展得益于国际社会，中国也为全球发展做出了贡献。中国将继续奉行互利共赢的开放战略，将自身发展机遇同世界各国分享。事实上，已经有不少国家搭上中国经济腾飞的“快车”，构建人类命运共同体的生动实践不断向世界释放合作共赢的红利。

截至 2022 年 3 月底，中国已与 149 个国家、32 个国际组织签署 200 多份共建“一带一路”合作文件，涵盖互联互通、投资、贸易、金融、科技、社会、人文、民生、海洋等领域。世界银行研究报告显示，共建“一带一路”倡议将使相关国家 760 万人摆脱极端贫困、3200 万人摆脱中度贫困，将使全球收入增加 0.7%~2.9%。

（五）有利于推动世界和平发展

自 2013 年中国首次在国际场合提出构建人类命运共同体倡议以来，习近平在不同场合多次深刻阐释这一理念。

首先，在二十国集团领导人汉堡峰会上，习近平强调，二十国集团要坚持建设开放型世界经济大方向，为世界经济增长发掘新动力，

考试笔记

使世界经济增长更加包容，完善全球经济治理，推动联动增长，促进共同繁荣，向着构建人类命运共同体的目标迈进。其次，在越南岘港举行的亚太经合组织工商领导人峰会中，习近平提出果敢应对世界经济深刻转变的四点主张——继续坚持建设开放型经济，努力实现互利共赢；继续谋求创新增长，挖掘发展新动能；继续加强互联互通，实现联动发展；继续增强经济发展包容性，让民众共享发展成果。再次，习近平在中国共产党与世界政党高层对话会上提出，构建人类命运共同体是一个历史过程，不可能一蹴而就，也不可能一帆风顺，需要付出长期艰苦的努力。为了构建人类命运共同体，我们应该锲而不舍、驰而不息进行努力，不能因现实复杂而放弃梦想，也不能因理想遥远而放弃追求。另外，在金砖国家工商论坛开幕式上，习近平呼吁，各国人民同心协力，构建人类命运共同体，建设持久和平、普遍安全、共同繁荣、开放包容、清洁美丽的世界。

中国的长期稳健发展给世界源源不断地注入了正能量，国际社会期盼分享中国经验、中国方案。对中国快速发展成果的惊叹令各国掀起学习中国先进发展和治理经验的热潮。《习近平治国理政》系列书籍在世界多地热销。

总之，“国家和，则世界安，国家斗，则世界乱。”构建人类命运共同体理念是中国智慧的结晶，承载着中国对建设美好世界的崇高理想和不懈追求，更是习近平送给全人类的一份厚礼，也是全人类共同的目标，只要牢固树立人类命运共同体理念，携手努力，共同担当，同舟共济、共渡难关，就一定能够让世界更美好、让人民更幸福。

重要考点2

习近平总书记关于弘扬人类共同价值的重要论述

2015 年 9 月 28 日，中国国家主席习近平出席第 70 届联合国大会一般性辩论并发表重要讲话，郑重提出“和平、发展、公平、正义、民主、自由，是全人类的共同价值”。

考试笔记

在庆祝中国共产党成立100周年大会上，习近平总书记向全世界庄严宣告："中国共产党将继续同一切爱好和平的国家和人民一道，弘扬和平、发展、公平、正义、民主、自由的全人类共同价值"。这是在中国共产党百年华诞的重大历史时刻，习近平总书记立足中华民族伟大复兴战略全局和世界百年未有之大变局，发出解答时代之问、引领时代之路的时代强音。

全人类共同价值凝聚了人类不同文明的价值共识，反映了世界各国人民普遍认同的价值理念的最大公约数，超越了意识形态、社会制度和发展水平差异，顺应历史潮流，契合时代需要，是习近平新时代中国特色社会主义思想的又一重大理论成果。我们梳理了习近平总书记关于全人类共同价值的重要论述，一起学习！

目标远未完成，我们仍须努力

"大道之行也，天下为公。"和平、发展、公平、正义、民主、自由，是全人类的共同价值，也是联合国的崇高目标。目标远未完成，我们仍须努力。当今世界，各国相互依存、休戚与共。我们要继承和弘扬联合国宪章的宗旨和原则，构建以合作共赢为核心的新型国际关系，打造人类命运共同体。

——2015年9月28日，在第70届联合国大会一般性辩论时的讲话

推动形成更加公正、合理、包容的全球人权治理

中国人民愿同各国人民一道，秉持和平、发展、公平、正义、民主、自由的人类共同价值，维护人的尊严和权利，推动形成更加公正、合理、包容的全球人权治理，共同构建人类命运共同体，开创世界美好未来。

——2018年12月10日，致纪念《世界人权宣言》发表70周年座谈会的贺信

我们必须作出无愧于人民、无愧于历史的抉择

历史接力棒已经传到我们这一代人手中，我们必须作出无愧于人民、无愧于历史的抉择。让我们团结起来，坚守和平、发展、公平、正义、民主、自由的全人类共同价值，推动构建新型国际关系，推动

构建人类命运共同体，共同创造世界更加美好的未来！

——2020 年 9 月 22 日，在第 75 届联合国大会一般性辩论时的讲话

考试笔记

坚定不移走和平发展、开放发展、合作发展、共同发展道路

作为负责任大国，中国坚守和平、发展、公平、正义、民主、自由的全人类共同价值，坚持共商共建共享的全球治理观，坚定不移走和平发展、开放发展、合作发展、共同发展道路。只要坚持走和平发展道路，同各国人民一道推动构建人类命运共同体，就一定能够迎来人类和平与发展的美好未来！

——2020 年 10 月 23 日，在纪念中国人民志愿军抗美援朝出国作战 70 周年大会上的讲话

中华民族传承和追求的是和平和睦和谐理念

中华民族传承和追求的是和平和睦和谐理念。我们过去没有，今后也不会侵略、欺负他人，不会称王称霸。中国始终是世界和平的建设者、全球发展的贡献者、国际秩序的维护者、公共产品的提供者，将继续以中国的新发展为世界提供新机遇。

——2021 年 9 月 21 日，习近平在第 76 届联合国大会一般性辩论时的讲话

坚持胸怀天下，始终关注人类前途命运

中国共产党百年奋斗的一条重要历史经验就是坚持胸怀天下，始终关注人类前途命运。中国支持多边主义的决心不会改变，将坚定维护多边主义的核心价值和基本原则，坚持互利共赢，坚持求同存异，坚持公平正义，坚持合作发展，为人类文明进步贡献智慧和力量。

——2021 年 12 月 5 日，习近平向“2021 从都国际论坛”开幕式发表视频致辞

第九节 “一带一路”倡议

考试笔记

重要考点

“一带一路”倡议的基本内容

2015 年 3 月，《推动共建丝绸之路经济带和 21 世纪海上丝绸之路的愿景与行动》(以下简称《愿景》) 颁布。《愿景》提出了“一带一路”国家合作的主要内容，包括政策沟通、设施联通、贸易畅通、资金融通、民心相通在内的“五通”，将成为未来沿线国家间合作的重点领域。其中，加强政策沟通是“一带一路”建设的重要保障；基础设施互联互通是“一带一路”建设的优先领域。

一、“一带一路”倡议的主要内容

（一）加强各国间政策沟通

加强政府间合作，积极构建多层次政府间宏观政策沟通交流机制，深化利益融合，促进政治互信，达成合作新共识。沿线各国可以就经济发展战略和对策进行充分交流对接，共同制定推进区域合作的规划和措施，协商解决合作中的问题，共同为务实合作及大型项目实施提供政策支持。

“一带一路”倡议将加强各国间政策沟通作为主要内容之一，就是要为改善略显疲态的国际政策沟通机制做出贡献和示范。在政治互信的基础上，针对宏观政策、发展战略和区域规划三方面，形成更务实合作、协调有效的政策支持机制。

（二）实现国家间设施联通

第一，抓住交通基础设施的关键通道、关键节点和重点工程，优先打通缺失路段，畅通瓶颈路段，配套完善道路安全防护设施和交通管理设施设备，提升道路通达水平。推进建立统一的全程运输协调机制，促进国际通关、换装、多式联运有机衔接，逐步形成兼容规范的运输规则，实现国际运输便利化。推动口岸基础设施建设，畅通陆水

联运通道，推进港口合作建设，增加海上航线和班次，加强海上物流信息化合作。拓展建立民航全面合作的平台和机制，加快提升航空基础设施水平。

第二，加强能源基础设施互联互通合作，共同维护输油、输气管道等运输通道安全，推进跨境电力与输电通道建设，积极开展区域电网升级改造合作。

第三，共同推进跨境光缆等通信干线网络建设，提高国际通信互联互通水平，畅通信息丝绸之路。加快推进双边跨境光缆等建设，规划建设洲际海底光缆项目，完善空中（卫星）信息通道，扩大信息交流与合作。

（三）实现各国间贸易畅通

第一，努力促成沿线国家宜加强信息互换、监管互认、执法互助的海关合作，以及检验检疫、认证认可、标准计量、统计信息等方面的双多边合作，推动世界贸易组织《贸易便利化协定》生效和实施。改善边境口岸通关设施条件，加快边境口岸“单一窗口”建设，降低通关成本，提升通关能力。加强供应链安全与便利化合作，推进跨境监管程序协调，推动检验检疫证书国际互联网核查，开展“经认证的经营者”（AEO）互认。降低非关税壁垒，共同提高技术性贸易措施透明度，提高贸易自由化便利化水平。

第二，拓宽贸易领域，优化贸易结构，发展跨境电子商务等新的商业业态。建立健全服务贸易促进体系，巩固和扩大传统贸易，大力发展现代服务贸易。把投资和贸易有机结合起来，以投资带动贸易发展。

第三，加快投资便利化进程，消除投资壁垒。加强双边投资保护协定、避免双重征税协定磋商，保护投资者的合法权益。

第四，拓展相互投资领域，开展农林牧渔业、农机及农产品生产加工等领域深度合作，积极推进海水养殖、海洋工程技术、环保产业和海上旅游等领域合作。加大煤炭、油气、金属矿产等传统能源资源勘探开发合作，积极推动水电、核电、风电、太阳能等清洁、可再生能源合作，推进能源资源就地就近加工转化合作，形成能源资源合作上下游一体化产业链。加强能源资源深加工技术、装备与工程服务合作。

第五，推动新兴产业合作，按照优势互补、互利共赢的原则，促

考试笔记

进沿线国家加强在新一代信息技术、生物、新能源、新材料等新兴产业领域的合作，推动建立创业投资合作机制。

第六，优化产业链分工布局，推动上下游产业链和关联产业协同发展，鼓励建立研发、生产和营销体系，提升区域产业配套能力和综合竞争力。扩大服务业相互开放，推动区域服务业加快发展。

（四）积极探索资金融通

扩大沿线国家双边本币互换、结算的范围和规模。推动亚洲债券市场的开放和发展。共同推进亚洲基础设施投资银行、金砖国家开发银行筹建，有关各方就建立上海合作组织融资机构开展磋商。加快丝路基金组建运营。深化中国—东盟银行联合体、上合组织银行联合体务实合作，以银团贷款、银行授信等方式开展多边金融合作。支持沿线国家政府和信用等级较高的企业以及金融机构在中国境内发行人民币债券。符合条件的中国境内金融机构和企业可以在境外发行人民币债券和外币债券，鼓励在沿线国家使用所筹资金。

同时，各国间加强金融监管合作，推动签署双边监管合作谅解备忘录，逐步在区域内建立高效监管协调机制。完善风险应对和危机处置制度安排，构建区域性金融风险预警系统，形成应对跨境风险和危机处置的交流合作机制。加强征信管理部门、征信机构和评级机构之间的跨境交流与合作。充分发挥丝路基金以及各国主权基金作用，引导商业性股权投资基金和社会资金共同参与"一带一路"重点项目建设。

（五）促进各国间民心相通

第一，扩大相互间留学生规模，开展合作办学，中国每年向沿线国家提供 1 万个政府奖学金名额。沿线国家间互办文化年、艺术节、电影节、电视周和图书展等活动，合作开展广播影视剧精品创作及翻译，联合申请世界文化遗产，共同开展世界遗产的联合保护工作。深化沿线国家间人才交流合作。

第二，加强旅游合作，扩大旅游规模，互办旅游推广周、宣传月等活动，联合打造具有丝绸之路特色的国际精品旅游线路和旅游产品，提高沿线各国游客签证便利化水平。推动 21 世纪海上丝绸之路邮轮旅游合作。积极开展体育交流活动，支持沿线国家申办重大国际体育赛事。

第三，强化与周边国家在传染病疫情信息沟通、防治技术交流、专业人才培养等方面的合作，提高合作处理突发公共卫生事件的能力。加强科技合作，共建联合实验室（研究中心）、国际技术转移中心、海上合作中心，促进科技人员交流，合作开展重大科技攻关，共同提升科技创新能力。

第四，充分发挥政党、议会交往的桥梁作用，加强沿线国家之间立法机构、主要党派和政治组织的友好往来。加强沿线国家民间组织的交流合作，重点面向基层民众，广泛开展教育医疗、减贫开发、生物多样性和生态环保等各类公益慈善活动，促进沿线贫困地区生产生活条件改善。加强文化传媒的国际交流合作，积极利用网络平台，运用新媒体工具，塑造和谐友好的文化生态和舆论环境。

二、“一带一路”倡议中的六大经济走廊

（一）中巴经济走廊

中巴经济走廊主要涉及中国和巴基斯坦两个国家，主要路线为中国新疆乌鲁木齐—喀什—红其拉甫—巴基斯坦苏斯特—洪扎—吉尔吉特—白沙瓦—伊斯兰堡—卡拉奇—瓜达尔港，全长4625公里。

目前，双方同意以中巴经济走廊为引领，以瓜达尔港、能源、交通基础设施和产业合作为重点，形成“1+4”经济合作布局。中巴两国政府初步制定了修建新疆喀什市到巴方西南港口瓜达尔港的公路、铁路、油气管道及光缆覆盖“四位一体”通道的远景规划。其间，中巴签订51项合作协议和备忘录，其中超过30项涉及中巴经济走廊。

（二）孟中印缅经济走廊

孟中印缅经济走廊主要涉及孟加拉、中国、印度和缅甸四国，主要路线是从中国西南地区出发，连接印度东部、缅甸，最终连接孟加拉。孟中印缅经济走廊将成为连接太平洋与印度洋的一座梁桥，打造“经济走廊”能够通过四国，延伸带动亚洲经济最重要三块区域。经济走廊覆盖的地区大多为四个国家的经济欠发达地区，但是那里资源丰富。如果能够借经济走廊建设发展这个地区的铁路、公路、通信等基础设施建设，将有利于地区乃至整个亚洲的经济大繁荣，也有利于沿线各国人民生活水平的提高。

考试笔记

（三）新亚欧大陆桥

新亚欧大陆桥又名“第二亚欧大陆桥”，是从江苏省连云港市到荷兰鹿特丹港的国际化铁路交通干线，国内由陇海铁路和兰新铁路组成。大陆桥途经江苏、安徽、河南、陕西、甘肃、青海、新疆 7 个省区，到中哈边界的阿拉山口出国境。出国境后可经 3 条线路抵达荷兰的鹿特丹港。中线与俄罗斯铁路友谊站接轨，进入俄罗斯铁路网，途经斯摩棱斯克、布列斯特、华沙、柏林达荷兰的鹿特丹港，全长 10900 公里，辐射世界 30 多个国家和地区。

新亚欧大陆桥是连接亚欧两大制造中心距离最短的陆路物流通道，它比西伯利亚大桥缩短了路上运距 2000~5000 公里，比海运距离里缩短了上万公里。同时，新亚欧大陆桥还具有贸易驱动优势。东北亚、中亚、中北欧不断推进的产业分工合作为新亚欧大陆桥带来了巨大的贸易驱动力。因此，新亚欧大力桥将形成具有战略意义的经济走廊。

（四）中蒙俄经济走廊

中蒙俄经济走廊分为两条线路：一是从华北京津冀到呼和浩特，再到蒙古和俄罗斯；二是东北地区从大连、沈阳、长春、哈尔滨到满洲里和俄罗斯的赤塔。两条走廊互动互补形成一个新的开放开发经济带，统称为中蒙俄经济走廊。中蒙俄经济走廊东北通道连接东三省，向东可以抵达海参崴出海口，向西到俄罗斯赤塔进入亚欧大陆桥。现已开通“津满欧”“苏满欧”“粤满欧”“沈满欧”等“中俄欧”铁路国际货物班列，并基本实现常态化运营。

它将东北地区实力强的城市连接在一起，其中包括辽宁沈大经济带，吉林长吉图先导区和黑龙江哈大齐工业走廊。中蒙俄经济走廊受益最大的是黑龙江。龙江丝路带是物流带、产业带，开放带“三带合一”，将形成一个大开放大贸易的新格局，拉动黑龙江经济大发展。对于辽宁来说，中蒙俄经济走廊作用更大，但由于与俄蒙距离较远，它主要的联系在于为其他地区进入这个经济走廊提供陆海通道，并加强与京津冀地区的联系。

（五）中国—中南半岛经济走廊

中南半岛是亚洲南部三大半岛之一，旧称印度支那半岛，又称中印半岛。它位于中国和南亚次大陆之间，西临孟加拉湾、安达曼海和马六甲海峡，东临太平洋的南海，为东亚与群岛之间的桥梁。

中国—中南半岛经济走廊东起珠三角经济区，沿南广高速公路、桂广高速铁路，经南宁、凭祥、河内至新加坡，将以沿线中心城市为依托，以铁路、公路为载体和纽带，以人流、物流、资金流、信息流为基础，加快形成优势互补、区域分工、联动开发、共同发展的区域经济体，开拓新的战略通道和战略空间。

（六）中国—中亚—西亚经济走廊

中国—中亚—西亚经济走廊从新疆出发，抵达波斯湾、地中海沿岸和阿拉伯半岛，主要涉及中亚五国（哈萨克斯坦、吉尔吉斯斯坦、塔吉克斯坦、乌兹别克斯坦、土库曼斯坦）、伊朗、土耳其等国。

建设中国—中亚—西亚经济走廊，将中国同这两大战略要地连接起来，一方面能够发挥中国在多个方面的禀赋优势，另一方面也将拓展我国未来的能源来源。加强中国、中亚、西亚的经贸往来，既是经济发展的需要，也是维护地区稳定、维护和平发展国际氛围的需要。

总体来看，“一带一路”倡议在各国的积极配合下，正在从一个美好愿景落地生根，逐步开始发挥真正的经济带动作用。政策沟通、设施联通、贸易畅通、资金融通和民心相通代表了国家间经贸往来、合作的主要方向，特别是基础设施互联互通将成为打造“一带一路”战略的主要抓手。在《愿景》的指引下，以中巴经济走廊为代表的六大经济走廊将成为贯彻倡议意图的主要工程。这六大经济走廊对未来区域安全、国家间和平共处以及经济繁荣都具有重要意义。

考试笔记

考试笔记

第二章　党史和国情

第一节　国内外时政大事

一般考点

2021 年 7 月以来国内外时政大事

隆重庆祝中国共产党成立100周年

2021 年 7 月 1 日，庆祝中国共产党成立 100 周年大会在北京天安门广场隆重举行，各界代表 7 万余人以盛大仪式欢庆中国共产党百年华诞。习近平总书记发表重要讲话，回顾了中国共产党百年奋斗的光辉历程，高度评价一百年来中国共产党团结带领中国人民创造的伟大成就，精辟概括伟大建党精神，号召全体中国共产党员以史为鉴、开创未来，在新的赶考之路上努力为党和人民争取更大光荣。庆祝大会前夕，习近平总书记向“七一勋章”获得者颁授勋章，中国共产党历史展览馆落成开馆，文艺演出《伟大征程》盛大举行。

我国全面建成小康社会

2021 年 7 月 1 日，庆祝中国共产党成立 100 周年大会上，习近平总书记代表党和人民庄严宣告，经过全党全国各族人民持续奋斗，我们实现了第一个百年奋斗目标，在中华大地上全面建成了小康社会，历史性地解决了绝对贫困问题。党中央把脱贫攻坚作为全面建成小康社会的底线任务，2 月 25 日召开的全国脱贫攻坚总结表彰大会上，习近平总书记宣布，我国脱贫攻坚战取得了全面胜利，现行标准下 9899 万农村贫困人口全部脱贫。

考试笔记

三孩生育政策发布实施

2021 年 7 月 20 日，《中共中央国务院关于优化生育政策促进人口长期均衡发展的决定》对外发布，提出优化生育政策，实施一对夫妻可以生育三个子女政策，配套实施积极生育支持措施。这是我国人口与生育政策的又一次历史性调整，有利于改善我国人口结构、保持我国人力资源禀赋优势、平缓总和生育率下降趋势、巩固全面建成小康社会成果。8 月 20 日，十三届全国人大常委会第三十次会议表决通过关于修改人口与计划生育法的决定，围绕实施三孩生育政策、取消社会抚养费等制约措施、配套实施积极生育支持措施等进行修改。

六中全会总结党的百年奋斗

2021 年 11 月 8 日至 11 日，党的十九届六中全会在北京召开。全会审议通过的《中共中央关于党的百年奋斗重大成就和历史经验的决议》，聚焦总结党的百年奋斗重大成就和历史经验，突出中国特色社会主义新时代这个重点，体现了党中央对党的百年奋斗的新认识，是一篇光辉的马克思主义纲领性文献，是新时代中国共产党人牢记初心使命、坚持和发展中国特色社会主义的政治宣言，是以史为鉴、开创未来、实现中华民族伟大复兴的行动指南。全会决定，中国共产党第二十次全国代表大会于 2022 年下半年在北京召开。

中美、中俄元首举行视频会晤

2021 年 11 月 16 日，国家主席习近平同美国总统拜登举行视频会晤，为中美关系发展把舵引航。12 月 15 日，习近平主席同俄罗斯总统普京举行年内第二次视频会晤。今年以来，在疫情背景下，习近平主席还以视频方式出席中国共产党与世界政党领导人峰会、金砖峰会、上合峰会、联合国大会一般性辩论、《生物多样性公约》第十五次缔约方大会、二十国集团峰会、亚太经合组织领导人非正式会议等

考试笔记

一系列重大活动，通过“云外交”同国际社会密切互动，针对共同挑战提出中国方案、凝聚全球共识，有力促进国际抗疫合作和全球共同发展，弘扬全人类共同价值，推动构建人类命运共同体。

载人航天等取得新突破

2021 年 12 月 27 日 0 时 55 分，经过约 6 小时，神舟十三号航天员乘组圆满完成年内第二次出舱全部既定任务，航天员翟志刚、叶光富安全返回天和核心舱，出舱活动取得圆满成功。一年来，从中国空间站天和核心舱成功发射到“天问一号”“祝融号”成功探测火星，从神舟十二号圆满完成任务到神舟十三号成功发射，我国科技实力正在从量的积累迈向质的飞跃、从点的突破迈向系统能力提升，科技创新取得新的历史性成就。

“十四五”实现良好开局

2021 年是党和国家历史上具有里程碑意义的一年，以习近平同志为核心的党中央带领全体人民，开启向第二个百年奋斗目标进军新征程，沉着应对百年变局和世纪疫情，构建新发展格局迈出新步伐，高质量发展取得新成效，我国经济发展和疫情防控保持全球领先地位，国家战略科技力量加快壮大，产业链韧性得到提升，改革开放向纵深推进，民生保障有力有效，生态文明建设持续推进，实现了“十四五”良好开局。

北京冬季奥运会

第 24 届冬季奥林匹克运动会，即 2022 年北京冬季奥运会，于 2022 年 2 月 4 日开幕，2 月 20 日闭幕。北京冬季奥运会设 7 个大项，15 个分项，109 个小项。北京赛区承办所有的冰上项目；延庆赛区承办雪车、雪橇及高山滑雪项目；张家口赛区的崇礼区承办除雪车、雪橇及高山滑雪之外的所有雪上项目。这也是中国人民自 2008 年北京奥运会后迎来的又一届奥运盛会，中国队以 9 金 4 银 2 铜的历史最好成绩排名第三。

考试笔记

中国共产主义青年团成立一百周年

2022 年是中国共产主义青年团成立 100 周年。1922 年 5 月 5 日至 5 月 10 日，中国社会主义青年团第一次全国代表大会在广州东园隆重举行。由此，中国青年团组织正式诞生了，这是中国青年运动发展史上的一个里程碑。习近平总书记曾寄语青年："对想做、爱做的事要敢试敢为，努力从无到有、从小到大，把理想变为现实。要敢于做先锋，而不做过客、当看客，让创新成为青春远航的动力，让创业成为青春搏击的能量，让青春年华在为国家、为人民的奉献中焕发出绚丽光彩。"正所谓，长江后浪推前浪，一代更比一代强。

成都世界大学生夏季运动会

第 31 届世界大学生夏季运动会于 2022 年 6 月 26 日至 7 月 7 日在成都举办，这也是中国大陆第三次举办世界大学生夏季运动会，是中国第一个百年奋斗目标"全面建成小康社会"实现后举办的第一个世界综合性运动会。共设篮球、排球、田径、游泳等 18 个体育项目。届时将有来自约 170 个国家和地区的 1 万余名运动员及官员赴蓉参加。

香港回归25周年

2021 年，香港顺利完成了两场重要的选举。2022 年 5 月 8 日，新一届香港特区行政长官选举举行，李家超当选第六任行政长官人选。2022 年也适逢香港回归 25 周年，25 年来香港虽然经历风浪，但随着香港国安法实施以及完善选举制度、落实"爱国者治港"原则，香港由乱转治，踏入由治及兴的新发展局面。特区政府也正筹备一系列活动庆祝香港回归 25 周年："砥砺奋进廿五载 携手再上新征程"！

庆祝中国人民解放军建军95周年

1927 年 8 月 1 日，南昌城头一声枪响，一支新型的人民军队登上历史舞台。九十多年浴血荣光，九十多年红旗漫卷。中华民族走出苦难、中国人民实现解放，有赖于一支英雄的人民军队；中华民族实现伟大复兴，中国人民实现更加美好生活，必须加快把人民军队建设成为世界一流军队。

考试笔记

杭州2022年亚运会

第19届亚运会将于2022年9月10日至25日在中国浙江杭州举行。在保持40个大项不变的前提下，增设电子竞技、霹雳舞两个项目。杭州亚运会主题口号的最大亮点是互联网符号“@”，它既代表了万物互联，也契合了杭州互联网之城的特征。杭州亚运会的开闭幕式将在杭州奥体中心主体育场举行，因其外形由28片大花瓣和27片小花瓣构成，酷似一朵莲花，因此也被市民称为“大莲花”。

第二节　中国共产党领导中国革命、建设、改革和开创中国特色社会主义新时代历程中的重大事件、重要会议、重要人物

考点

中国共产党领导中国革命、建设、改革和开创中国特色社会主义新时代历程中的重大事件、重要会议、重要人物

1919年5月4日，由于中国在巴黎和会上的外交失败，北京学生3000余人到天安门前集会，游行示威，掀起彻底反帝反封建的爱国革命运动（五四运动）。6月5日起，上海工人罢工声援学生，随后罢工、罢课、罢市迅速扩展到20多个省区、100多个城市。中国工人阶级开始以独立的姿态登上政治舞台。迫于人民群众的压力，中国代表没有出席6月28日的巴黎和约签字仪式。五四运动后，传播马克思主义的文章、图书大量出现。李大钊、陈独秀、李达、李汉俊、毛泽东、何叔衡、董必武、陈潭秋、邓中夏、何孟雄、高君宇、王尽美、邓恩铭等具有初步共产主义思想的先进分子开始在工人群众中宣传马克思主义。五四运动是近代中国革命史上具有划时代意义的事件，标志着新民主主义革命的伟大开端。五四运动以彻底反帝反封

建的革命性、追求救国强国真理的进步性、各族各界群众积极参与的广泛性，推动了中国社会进步，促进了马克思主义在中国的广泛传播，促进了马克思主义同中国工人运动的结合，为中国共产党成立做了思想上干部上的准备，在近代以来中华民族追求民族独立和发展进步的历史进程中具有里程碑意义。五四运动孕育了以爱国、进步、民主、科学为主要内容的伟大五四精神，其核心是爱国主义精神。

1920 年 3 月，李大钊在北京大学组织成立马克思学说研究会。5 月，陈独秀在上海发起组织马克思主义研究会。上海、北京的研究会同湖北、湖南、浙江、山东、广东、天津等地及海外的先进分子逐步建立联系，进一步促进了马克思主义的传播。8 月，陈独秀等在上海成立共产党早期组织。这实际上是中国共产党的发起组织，是各地共产主义者进行建党活动的联络中心。同月，陈望道翻译的《共产党宣言》中文全译本出版。10 月，李大钊等在北京成立共产党早期组织。到 1921 年春，武汉、长沙、济南、广州等地及旅日、旅法华人中陆续成立共产党早期组织。

1921年

7 月 23 日，中国共产党第一次全国代表大会在上海法租界望志路 106 号（今兴业路 76 号）开幕。最后一天的会议转移到浙江嘉兴南湖的游船上举行。参加大会的代表有：上海的李达、李汉俊，北京的张国焘、刘仁静，长沙的毛泽东、何叔衡，武汉的董必武、陈潭秋，济南的王尽美、邓恩铭，广州的陈公博，旅日的周佛海；包惠僧受陈独秀派遣，出席了大会，他们代表全国 50 多名党员。共产国际代表马林和尼克尔斯基出席了大会，陈独秀和李大钊因事务繁忙未出席大会。大会确定党的名称为“中国共产党”，通过中国共产党的第一个纲领和决议。大会选举产生中央局，陈独秀为中央局书记。党的一大宣告中国共产党正式成立。中国共产党的成立，是近代中国历史发展的必然产物，是中国人民在救亡图存斗争中顽强求索的必然产物，是实现中华民族伟大复兴的必然产物。中国共产党作为中国最先进的阶级——工人阶级的政党，不仅代表着工人阶级的利益，而且代表着整个中国人民和中华民族的利益。它从一开始就坚持以马克思主

考试笔记

义为行动指南，始终把为中国人民谋幸福、为中华民族谋复兴作为初心和使命。中国共产党的成立，是中华民族发展史上开天辟地的大事变，具有伟大而深远的意义。中国共产党的成立，充分展现了开天辟地、敢为人先的首创精神，坚定理想、百折不挠的奋斗精神，立党为公、忠诚为民的奉献精神。这是中国革命精神之源、精神之基、精神之本。1941 年 6 月，《中央关于中国共产党诞生二十周年、抗战四周年纪念指示》将 7 月 1 日作为中国共产党成立纪念日。

8 月 11 日，中国劳动组合书记部在上海成立。这是中国共产党领导工人运动的第一个公开机构。

9 月 27 日，在中国共产党领导下，浙江萧山衙前村农民大会召开，中国第一个新型农民组织宣告成立。1922 年 7 月，彭湃在广东海丰成立第一个秘密农会。到 1923 年 5 月，海丰、陆丰、惠阳三县很多地方成立了农会，会员达到 20 多万人；9 月，湖南衡山白果地区农民成立岳北农工会。

1922年

1 月，香港海员举行罢工。以此为起点，1923 年 2 月京汉铁路工人罢工为终点，中国共产党领导工人运动掀起第一次高潮。其间，全国发生大小罢工 100 多次，参加人数达 30 万以上。

5 月 5—10 日，中国社会主义青年团第一次全国代表大会在广州召开，中国社会主义青年团成立。

6 月 15 日，中共中央发表《中国共产党对于时局的主张》，指出解决时局的关键，是用革命手段打倒帝国主义和封建军阀，建立民主政治。这是中国共产党第一次向社会各界公开自己的政治主张。

7 月 16—23 日，中国共产党第二次全国代表大会在上海举行。出席大会的代表 12 人，代表全国 195 名党员。大会第一次提出明确的反帝反封建的民主革命纲领，区分了最高纲领和最低纲领。大会通过第一个党章，并通过决议案，决定中国共产党加入共产国际。大会选举产生中央执行委员会，中央执行委员会推选陈独秀为委员长。

9 月 13 日，中共中央机关报《向导》周报创刊。党的创建和大革命时期，中共中央还创办了《新青年》《前锋》《中国共产党党报》

考试笔记

等刊物。

9月14—18日，安源路矿工人在毛泽东、李立三、刘少奇等组织领导下，举行罢工斗争，取得胜利。罢工之前成立的安源路矿工人俱乐部得到巩固和发展。

1923年

2月4—9日，在中国共产党领导下，京汉铁路工人2万余人举行总罢工，成为工人运动第一次高潮的顶点。7日，反动军阀进行血腥镇压，造成二七惨案。

6月12—20日，中国共产党第三次全国代表大会在广州举行。出席大会的代表30多人，代表全国420名党员。大会决定共产党员以个人身份加入国民党，以实现国共合作。大会规定共产党员加入国民党时，党必须在政治上、思想上、组织上保持自己的独立性。大会选举产生中央执行委员会，中央执行委员会选举组成中央局，陈独秀为委员长。大会以后，国共合作步伐大大加快。共产党的各级组织动员党员和革命青年加入国民党，在全国范围内积极推进国民革命运动。

1924年

1月20—30日，在孙中山主持下，中国国民党在广州召开第一次全国代表大会，通过共产党人参加起草的以反帝反封建为主要内容的宣言，事实上确立了联俄、联共、扶助农工的三大革命政策。大会选举产生中国国民党中央执行委员会，共产党员李大钊、谭平山、毛泽东等10人当选为中央执行委员或候补执行委员。大会的召开标志着第一次国共合作正式形成。

5月，为造就革命武装的骨干力量，国共合作创办的国民党陆军军官学校（黄埔军校）开学。6月16日，军校举行开学典礼。孙中山任军校总理，蒋介石任校长，廖仲恺任党代表。中国共产党从各地选派许多党、团员和革命青年到军校学习。11月，周恩来出任军校政治部主任，健全政治工作制度。周恩来主持的中共广东区委从军校第一期毕业生中抽调部分党、团员作为骨干，把大元帅大本营的铁甲车队改组为一支实际受共产党指挥的革命武装。

考试笔记

7月3日，国共合作举办的农民运动讲习所在广州正式开学。到1926年9月，在共产党人彭湃、毛泽东等相继主持下，广州农民运动讲习所连续举办六届，培训700多名农民运动骨干。

1925年

1月11—22日，中国共产党第四次全国代表大会在上海举行。出席大会的代表20人，代表全国994名党员。大会提出无产阶级在民主革命中的领导权问题和工农联盟问题，对民主革命的内容作了更加完整的规定。这是中国共产党在总结建党以来尤其是国共合作一年来实践经验基础上，对中国革命问题认识的重大进展。大会决定在全国范围内加强党的组织建设，规定以支部作为党的基本组织。大会选举产生中央执行委员会，中央执行委员会选举组成中央局，陈独秀为总书记。

5月1—7日，第二次全国劳动大会在广州召开，中华全国总工会成立。

5月30日，中国共产党领导的反对帝国主义暴行的五卅运动在上海爆发，并迅速席卷全国，约1700万各阶层群众直接参加斗争，标志着大革命高潮的到来。6月至1926年10月，广州、香港爆发省港大罢工。这是中国工人运动史上持续时间最长的一次政治大罢工。

7月1日，中华民国国民政府在广州成立。其所属部队随后改编为国民革命军六个军。周恩来等共产党员分别在第一、第二、第三、第四、第六军中担任副党代表兼政治部主任等职务。

10月，中央执行委员会扩大会议在北京召开。会议发布告农民书，提出解除农民困苦的根本办法是实行“耕地农有”。会议强调北方地区工作的重要性，决定加强对北方革命的领导。会后，中共北方区执行委员会成立，李大钊任书记。

12月1日，毛泽东发表《中国社会各阶级的分析》。

1926年

3月20日，蒋介石制造中山舰事件，从此加紧限制共产党的活动。5月，在国民党二届二中全会上提出《整理党务案》，从国民党

考试笔记

领导机构中排挤共产党人，由此逐步控制了国民党、国民政府和国民革命军的大权。

7 月 9 日，国民革命军在广州誓师北伐。到 11 月，基本消灭军阀吴佩孚、孙传芳的势力。在北伐战争中，以共产党员、共青团员为骨干的叶挺独立团屡破强敌。随着北伐的胜利进军，共产党领导的湘鄂赣等省工农运动蓬勃发展。

8 月 4 日，中共中央发出关于坚决清洗贪污腐化分子的通告。这是党的历史上第一个惩治贪污腐败的文件。

10 月至翌年 3 月，中共中央和上海区委组织上海工人连续举行三次武装起义。1927 年 3 月 21 日，第三次武装起义在陈独秀、罗亦农、赵世炎、周恩来等组成的特别委员会直接领导下（周恩来任起义总指挥）取得胜利。22 日，成立上海特别市临时市政府。

1927年

3 月，毛泽东发表《湖南农民运动考察报告》。

4 月 6 日，李大钊在北京被奉系军阀逮捕。28 日，英勇就义。

4 月 12 日，蒋介石在上海发动四一二反革命政变。这是大革命从高潮走向失败的转折点。在此前后，四川、江苏、浙江、安徽、福建、广西、广东等省相继以“清党”为名，大规模捕杀共产党员和革命群众。杨闇公、陈延年、赵世炎、萧楚女、熊雄等共产党人被杀害。

4 月 27 日—5 月 9 日，中国共产党第五次全国代表大会在武汉举行。出席大会的代表 82 人，代表全国 57967 名党员。大会选举产生中央委员会和党的历史上第一个中央纪律检查监督机构——中央监察委员会。根据大会要求，会后，中央政治局会议通过修改党章的决议，正式提出党内实行民主集中制的组织原则。

5 月 10 日，中共五届一中全会选举产生中央政治局和中央政治局常务委员会，陈独秀为中央委员会总书记。

7 月 15 日，汪精卫召开国民党中央常务委员会扩大会议，以“分共”的名义，正式同共产党决裂，对共产党员和革命群众实行大逮捕、大屠杀。国共合作全面破裂，国共两党合作发动的大革命宣告失败。据不完全统计，从 1927 年 3 月至 1928 年上半年，被杀害的共产

考试笔记

党员和革命群众达31万多人。

8月1日，在以周恩来为书记的中共中央前敌委员会领导下，贺龙、叶挺、朱德、刘伯承等率领党所掌握和影响的军队两万余人，在江西南昌打响武装反抗国民党反动派的第一枪。南昌起义标志着中国共产党独立领导革命战争、创建人民军队和武装夺取政权的开端，开启了中国革命新纪元。1933年6月30日，中华苏维埃共和国中央革命军事委员会决定以发动南昌起义的8月1日为中国工农红军成立纪念日。7月11日，中华苏维埃共和国临时中央政府予以批准。此后，8月1日成为人民军队建军纪念日。

8月7日，中共中央在湖北汉口召开紧急会议（八七会议）。会议着重批评了大革命后期以陈独秀为首的中央所犯的右倾机会主义错误，确定了土地革命和武装反抗国民党反动派的总方针。这是由大革命失败到土地革命战争兴起的历史性转变。会议选出以瞿秋白为首的中央临时政治局。

8月，中共中央成立南方局，重新成立北方局。土地革命战争时期，中共中央还成立了长江局、苏区中央局、苏区中央分局、湘鄂西中央分局、鄂豫皖中央分局、上海中央局、西北局。

9月9日，以毛泽东为书记的中共湖南省委前敌委员会，领导工农革命军第一师发动湘赣边界秋收起义。29日，起义军到达江西永新三湾村时进行改编，将党的支部建在连上，从组织上确立了党对军队的领导，这是建设无产阶级领导的新型人民军队的重要开端。10月，起义军到达井冈山，开始创建农村革命根据地的斗争。

9月19日，中央临时政治局会议通过《关于“左派国民党”及苏维埃口号问题决议案》，决定不再打国民党的旗帜并成立苏维埃。

9月至翌年春，中共琼崖特委在定安、琼山等地，中共广东地方组织在海丰、陆丰等地，中共黄麻特委在湖北黄安、麻城，中共赣西特委、赣南特委分别在江西吉安、万安、赣县等地，领导发动武装起义。

10月，中共中央机关刊物《布尔塞维克》创刊。土地革命战争时期，中共中央还创办了《红旗》《斗争》《解放》等报刊。

11月9—10日，中央临时政治局在上海召开扩大会议，提出以城市为中心举行全国武装暴动的策略。在实际工作中造成许多损失。

1928 年 4 月，停止执行。

12 月 11 日，中共广东省委书记张太雷和叶挺、叶剑英等领导发动广州起义，成立广州苏维埃政府。但终因敌众我寡而失败，张太雷等牺牲。

考试笔记

1928年

1—7 月，方志敏等在江西弋阳、横峰，朱德、陈毅等在湘南地区，贺龙、周逸群等在湖北洪湖和湘西桑植地区，刘志丹等在陕西渭南、华县，彭德怀、滕代远、黄公略等在湖南平江，领导发动武装起义。

2 月，毛泽东率部打破江西国民党军队对井冈山地区的进攻。至此，井冈山革命根据地初步建立。4 月下旬，朱德、陈毅率领南昌起义保留下来的部队和湘南起义农军到达井冈山，与毛泽东领导的部队会师，成立工农革命军第四军（后改称工农红军第四军），朱德任军长，毛泽东任党代表和军委书记。在创建和发展井冈山革命根据地的过程中，形成了坚定信念、艰苦奋斗，实事求是、敢闯新路，依靠群众、勇于胜利的井冈山精神。

4 月，毛泽东总结部队做群众工作的经验，规定部队必须执行三大纪律、六项注意。以后六项注意又发展成八项注意。

6 月 18 日—7 月 11 日，中国共产党第六次全国代表大会在苏联莫斯科近郊举行。出席大会的代表 142 人，其中有选举权的正式代表 84 人。大会指出，中国仍然是一个半殖民地半封建的国家，中国革命现阶段的性质是资产阶级民主革命；当前中国的政治形势是处于两个革命高潮之间；党的总路线是争取群众。大会选举产生新的中央委员会并选举产生中央审查委员会。

7 月 19 日，中共六届一中全会选举产生中央政治局和中央政治局常务委员会。20 日，政治局会议选举向忠发为中央政治局主席和中央政治局常务委员会主席，周恩来为常务委员会秘书长。

10 月 5 日，湘赣边界党的第二次代表大会通过由毛泽东起草的决议案，提出工农武装割据的思想。1930 年 1 月，毛泽东在给林彪的复信（后改为《星星之火，可以燎原》）中，提出把党的工作重心由城市转到农村，开始形成农村包围城市、武装夺取政权的思想。

考试笔记

12 月至翌年 4 月，毛泽东先后主持制定井冈山《土地法》、兴国《土地法》。

1929年

1 月 14 日，毛泽东、朱德、陈毅率领红四军主力离开井冈山，进军赣南。相继开辟赣南、闽西革命根据地。后来这两块根据地连成一片，以其为中心发展为中央革命根据地（中央苏区）。到 1931 年 11 月，全国已形成中央、湘鄂西、鄂豫皖、琼崖、赣东北（后发展为闽浙赣）、湘鄂赣、湘赣、右江等革命根据地。后来又建立了川陕、陕甘、湘鄂川黔、鄂豫陕、闽东等革命根据地。在革命根据地的创建和发展中，形成了以坚定信念、求真务实、一心为民、清正廉洁、艰苦奋斗、争创一流、无私奉献等为主要内涵的苏区精神。

5 月至翌年 2 月，中共商（城）罗（田）麻（城）特区委员会在河南商城，中共六安县委在安徽六安、霍山，中央代表邓小平等在广西百色、龙州，先后领导发动武装起义，建立红军，逐步开辟豫东南、皖西、左右江革命根据地。

12 月 28—29 日，红四军党的第九次代表大会（古田会议）在福建上杭古田召开。毛泽东当选为中共红四军前敌委员会书记。会议根据中央九月来信精神，通过毛泽东起草的古田会议决议，其中最重要的是关于纠正党内的错误思想的决议案，确立了思想建党、政治建军的原则。古田会议决议是中国共产党和红军建设的纲领性文献，是党和人民军队建设史上的重要里程碑。古田会议奠基的军队政治工作对军队生存发展起到了决定性作用。

1930年

3 月，在中国共产党领导和推动下，中国左翼作家联盟在上海成立。随后中国社会科学家、戏剧家、美术家、教育家联盟以及电影、音乐小组等左翼文化团体相继成立。10 月，各左翼文化团体组成中国左翼文化总同盟。共产党领导的左翼文化运动在国民党统治区兴起。

5 月，毛泽东撰写《调查工作》（后改为《反对本本主义》），提

考试笔记

出“没有调查，没有发言权”。

6月11日，中央政治局会议通过李立三起草的《新的革命高潮与一省或几省首先胜利》决议，形成系统的“左”倾冒险主张。不久，又制订全国总暴动和集中全国红军进攻中心城市的计划，使各地革命力量遭到不同程度的损失。9月，中共扩大的六届三中全会停止了这一冒险行动。

6月，红军第一军团成立，朱德任总指挥，毛泽东任政治委员兼前委书记。同月，红军第三军团成立，彭德怀任总指挥兼前委书记，滕代远任政治委员。7月，红军第二军团成立，贺龙任总指挥，周逸群任政治委员兼前委书记。

8月23日，红军第一方面军成立，朱德任总司令，毛泽东任总前委书记兼总政治委员。

1930年冬季至翌年秋，中央革命根据地军民在毛泽东、朱德指挥下，连续粉碎国民党军的三次“围剿”，巩固和扩大了根据地。鄂豫皖、湘鄂西等革命根据地也相继取得反“围剿”的胜利。到1932年春前后，各革命根据地共歼敌20余万人，主力红军发展到约15万人。

1931年

1月7日，中共扩大的六届四中全会在上海召开。王明（陈绍禹）实际掌握了中共中央的领导权。以王明为代表的“左”倾教条主义错误在党的领导机关内开始了长达四年的统治。9月，王明到莫斯科担任中共驻共产国际代表，临时中央在上海成立，由博古（秦邦宪）负总责。1933年1月，临时中央被迫由上海迁至中央革命根据地的瑞金。

9月18日，日本帝国主义制造九一八事变，开始大举侵占中国东北。东北各阶层人民和爱国官兵纷纷组织抗日义勇军等各种形式的抗日队伍。中国共产党在抗日义勇军中积极开展工作，并组织党领导下的抗日武装。从1932年起，党先后组织了由汉、满、朝鲜、蒙古、回等民族爱国志士参加的十余支抗日游击队，逐渐成为东北抗日游击战争的主力，并发展为东北人民革命军、东北抗日同盟军等武装。九一八事变后，中国人民奋起抵抗，成为中国人民抗日战争的起点，同时揭开了世界反法西斯战争的序幕。

考试笔记

11 月 7 日，红军第四方面军成立，徐向前任总指挥，陈昌浩任政治委员。

11 月 7—20 日，中华苏维埃第一次全国代表大会在江西瑞金召开，宣布成立中华苏维埃共和国临时中央政府。25 日，中华苏维埃共和国中央革命军事委员会成立，朱德任主席。27 日，毛泽东当选为中华苏维埃共和国中央执行委员会主席和中央执行委员会人民委员会主席。中华苏维埃共和国是中国历史上第一个全国性的工农民主政权，是中国共产党在局部地区执政的重要尝试。其他根据地也相继召开各级工农兵代表大会，选举产生各级苏维埃政府。

11 月，红色中华通讯社成立。1937 年 1 月，改名为新华社。

12 月 14 日，国民党第二十六路军 1.7 万余人在赵博生、董振堂、季振同、黄中岳率领下，于江西宁都起义。随后改编为红军第五军团，季振同任总指挥，萧劲光任政治委员。

12 月，中华苏维埃共和国临时中央政府机关报《红色中华》创刊。

经过三年多实践，党的土地革命路线基本形成，即依靠贫农、雇农，联合中农，限制富农，消灭地主阶级，变封建土地所有制为农民土地所有制。

1932年

12 月，刘志丹、谢子长、习仲勋等领导的陕甘游击队改编为红军。1933 年 3 月后，创建先后以照金、南梁为中心的陕甘边革命根据地。1934 年 11 月，正式成立陕甘边区苏维埃政府和革命军事委员会，习仲勋当选为苏维埃政府主席，刘志丹任革命军事委员会主席。

1932 年年底至翌年 3 月，在周恩来、朱德指挥下，中央革命根据地取得第四次反“围剿”的胜利。

1933年

1—2 月，红四方面军主力开辟以四川通（江）、南（江）、巴（中）为中心的川陕革命根据地。此前，红四方面军主力于 1932 年 10 月撤离鄂豫皖革命根据地。

考试笔记

5月8日，中国工农红军总司令部成立，朱德任中国工农红军总司令，周恩来任总政治委员。

6月中旬，红军第六军团组建。1934年8月，红六军团军政委员会正式成立，中央代表任弼时任军政委员会主席，萧克任军团长，王震任政治委员。

9月，蒋介石调集100万兵力对革命根据地发动第五次“围剿”，其中50万兵力用于进攻中央革命根据地。临时中央负责人博古和共产国际军事顾问李德在反“围剿”中推行单纯防御的军事路线，使红军和革命根据地遭受重大损失。

1934年

7月，寻淮洲、乐少华、粟裕等领导的红七军团改编为北上抗日先遣队，开赴闽浙皖赣边区活动。11月，同方志敏领导的红十军会合后组成红十军团，成立以方志敏为主席的军政委员会。

8月7日，红六军团从湘赣革命根据地突围西征。10月，与红三军会师。红三军恢复红二军团番号，贺龙任军团长，任弼时任政治委员。随后，逐步开创湘鄂川黔革命根据地。

10月中旬，中共中央、中革军委率中央红军主力等进行战略转移，开始长征。11月中旬至1935年11月中旬，红二十五军，红四方面军，红二、红六军团也相继撤出鄂豫皖、川陕、湘鄂川黔等革命根据地，进行战略转移。

10月下旬至12月初，中央红军连续突破国民党军三道封锁线，在突破第四道封锁线的湘江战役中遭受重大损失。渡过湘江后，中央红军从长征出发时的8.6万余人锐减到3万余人。

10月，中央红军主力长征后，中共中央决定成立以项英为首的苏区中央分局和中央军区、以陈毅为主任的中华苏维埃共和国中央政府办事处，领导留在南方根据地的红军和游击队坚持斗争。南方游击战争历时三年，地域范围包括八省十几个地区，有力配合了主力红军的战略转移，保留了革命力量。其间，瞿秋白等牺牲。

12月18日，中央政治局在贵州黎平召开会议，根据毛泽东的建议，通过决议，放弃到湘西北同红二、红六军团会合的计划，改向贵

考试笔记

州北部进军。此前，中共中央负责人在湖南通道召开紧急会议，讨论转兵问题。

1935年

1月15—17日，中央政治局在贵州遵义召开扩大会议，集中解决当时具有决定意义的军事和组织问题。会议增选毛泽东为中央政治局常委，委托张闻天起草《中央关于反对敌人五次“围剿”的总结的决议》，取消长征前成立的“三人团”。会后不久，在向云南扎西地区转进途中，中央政治局常委决定由张闻天代替博古负总的责任，毛泽东为周恩来在军事指挥上的帮助者，后成立由毛泽东、周恩来、王稼祥组成的三人小组，负责全军的军事行动。遵义会议是党的历史上一个生死攸关的转折点。这次会议在红军第五次反“围剿”失败和长征初期严重受挫的历史关头召开，事实上确立了毛泽东在党中央和红军的领导地位，开始确立了以毛泽东为主要代表的马克思主义正确路线在党中央的领导地位，开始形成以毛泽东为核心的第一代中央领导集体，开启了党独立自主解决中国革命实际问题的新阶段，在最危急关头挽救了党、挽救了红军、挽救了中国革命。

1月下旬—5月上旬，中央红军四渡赤水，南渡乌江，佯攻贵阳，威逼昆明，巧渡金沙江，摆脱了数十万敌军的围追堵截。随后顺利通过四川凉山彝族地区，强渡大渡河，飞夺泸定桥，继续北上。

5—7月，陕北红军在刘志丹等指挥下，粉碎敌人军事“围剿”，使陕甘边和陕北两块根据地连成一片，形成陕甘革命根据地（又称西北革命根据地）。陕甘革命根据地是土地革命战争后期全国硕果仅存的完整革命根据地，为党中央和各路红军长征提供了落脚点，为全民族抗日战争爆发后由红军改编的八路军主力奔赴抗日前线提供了出发点。

6月中旬，中央红军翻越终年积雪的夹金山，与红四方面军在四川懋功会师。中共中央根据会师后的形势，确定北上建立川陕甘革命根据地的战略方针。9月9日，张国焘拒绝执行北上方针，命令右路军南下。12日，中央政治局召开扩大会议，通过关于张国焘错误的决定。10月，反对北上、坚持南下的张国焘另立“中央”。红四方面军南下后遭受严重损失。1936年6月，张国焘被迫取消另立的“中央”。

考试笔记

8月1日，中共驻共产国际代表团草拟《中国苏维埃政府、中国共产党中央为抗日救国告全体同胞书》（八一宣言）。宣言主张停止内战，组织国防政府和抗日联军，对日作战。

9月中旬，红二十五军到达陕甘革命根据地，同当地的红二十六、红二十七军会师，合编为红十五军团，徐海东任军团长，程子华任政治委员。

9月，红一、红三军和军委纵队北上到达甘肃哈达铺，正式改编为陕甘支队，彭德怀任司令员，毛泽东任政治委员。10月19日，抵达陕北吴起镇。中央红军主力胜利结束长征。11月3日，恢复红一方面军番号，彭德怀任司令员，毛泽东任政治委员，下辖红一军团（由陕甘支队改编）、红十五军团。

12月9日，由于日本加紧侵略华北，中国共产党领导北平学生掀起声势浩大的抗日救亡运动（一二·九运动），并迅速波及全国，形成抗日救国的新高潮。

12月17—25日，中央政治局在陕北瓦窑堡召开扩大会议，确定抗日民族统一战线的策略方针。会后，毛泽东作报告，系统阐述这一方针。

1936年

2月，东北各抗日武装统编为东北抗日联军。到1937年秋，建立11个军，共3万余人。东北抗日联军相继分编为第一、第二、第三路军，分别由杨靖宇、周保中、李兆麟等率领。

2—7月，红一方面军先后向山西、绥远等地和陕、甘、宁三省边界地区发起东征战役和西征战役。

6月下旬—7月初，红二、红六军团长征抵达四川甘孜地区，与红四方面军会合。7月5日，红军第二方面军成立，贺龙任总指挥，任弼时任政治委员。在中共中央积极争取及广大指战员斗争和要求下，红四、红二方面军共同北上。

10月9日，红一、红四方面军在甘肃会宁会师。22日，红一、红二方面军在甘肃隆德将台堡（今属宁夏西吉）会师。至此，三大主力红军胜利会师。长征是人类历史上的伟大壮举，是一次理想信念、

考试笔记

检验真理、唤醒民众、开创新局的伟大远征。长征的胜利，是中国革命转危为安的关键。长征铸就了伟大的长征精神，这就是：把全国人民和中华民族的根本利益看得高于一切，坚定革命的理想和信念，坚信正义事业必然胜利的精神；为了救国救民，不怕任何艰难险阻，不惜付出一切牺牲的精神；坚持独立自主、实事求是，一切从实际出发的精神；顾全大局、严守纪律、紧密团结的精神；紧紧依靠人民群众，同人民群众生死相依、患难与共、艰苦奋斗的精神。

10 月下旬，为打通苏联援助的道路，红四方面军一部奉中革军委命令，西渡黄河准备执行宁夏战役计划。11 月 11 日，渡河部队根据中央决定称西路军。深入河西走廊的西路军将士以不畏艰险、浴血奋战的英雄主义气概，在极端困难的条件下坚持战斗四个月，终因寡不敌众，于 1937 年 3 月惨烈失败。

12 月 12 日，张学良、杨虎城发动西安事变，扣留蒋介石。中共中央确定和平解决事变的方针，并派周恩来、博古、叶剑英等前往西安。经过谈判，迫使蒋介石作出“停止剿共，联红抗日”的承诺。西安事变的和平解决，成为时局转换的枢纽。在抗日的前提下，国共两党实行第二次合作已成为不可抗拒的大势。

1937年

1 月 13 日，中共中央机关迁驻延安。

5 月，中共中央先后召开党的苏区代表会议和党的白区代表会议，进一步总结历史经验，明确党在抗日战争时期的任务。

7 月 7 日，日本侵略军发动卢沟桥事变（七七事变），当地中国驻军奋起抵抗。8 日，中共中央向全国发出通电，指出：“平津危急！华北危急！中华民族危急！只有全民族实行抗战，才是我们的出路！”卢沟桥事变标志着日本帝国主义发动了全面侵华战争，也标志着中国人民抗日战争的全面爆发，即全国抗战的开始。中国的全民族抗战在世界东方开辟了第一个大规模反法西斯战场。

7—8 月，毛泽东撰写《辩证法唯物论（讲授提纲）》中的《实践论》和《矛盾统一法则》（后改为《矛盾论》）。

8 月 22—25 日，中共中央在陕北洛川召开政治局扩大会议（洛川会议）。会议指出，必须坚持统一战线中无产阶级的领导权，在敌人后方放手发动独立自主的山地游击战争，在国民党统治区放手发动抗日的群众运动。会议通过《中国共产党抗日救国十大纲领》和《中共中央关于目前形势与党的任务的决定》，标志着党的全面抗战路线的正式形成。会议决定成立中共中央革命军事委员会，毛泽东为书记（亦称主席），朱德、周恩来为副书记（亦称副主席）。

8月25日，中共中央革命军事委员会发布命令，宣布红军改名为国民革命军第八路军（简称八路军），下辖三个师，全军约4.6万人。红军前敌总指挥部改为第八路军总指挥部，朱德任总指挥，彭德怀任副总指挥。之后，党在南方八省的红军游击队（琼崖红军游击队除外），改编为国民革命军陆军新编第四军（简称新四军），下辖四个支队，全军约1.03万人。叶挺任军长，项英任副军长。

8月，中共中央北方局在太原组建新的领导机关。全民族抗日战争时期，中共中央还成立（或重新成立）了北方分局、晋察冀分局、太行分局、冀鲁豫分局、山东分局、长江沿岸委员会、长江局、东南分局、东南局、中原局、华中局、南方局、南方工委、西南工委、陕甘宁边区中央局、西北局、晋绥分局。

9月22日，《中共中央为公布国共合作宣言》由国民党中央通讯社发表。23日，蒋介石发表实际上承认共产党合法地位的谈话。中共中央的宣言和蒋介石谈话的发表，宣告国共两党重新合作和抗日民族统一战线形成。

9月25日，八路军第一一五师主力在晋东北取得平型关大捷，歼灭日军1000余人，打破了日军“不可战胜”的神话。

9月，原陕甘宁革命根据地的苏维埃政府（即中华苏维埃人民共和国临时中央政府西北办事处），正式改称陕甘宁边区政府（11月至翌年1月曾称陕甘宁特区政府）。陕甘宁边区是中共中央所在地，是人民抗日战争的政治指导中心，是八路军、新四军和其他人民抗日武装的战略总后方。

10—11月，八路军配合国民党军队进行忻口战役，相继取得雁门关伏击战、夜袭阳明堡日军机场等胜利。

11月，八路军开始逐渐向敌后实行战略展开。在中共地方组织

考试笔记

配合下，到1938年10月，创建了晋察冀、晋西北和大青山、晋冀豫、晋西南、山东等抗日根据地。

1938年

1月10日，晋察冀边区临时行政委员会在冀西阜平成立。这是由中国共产党领导建立的敌后第一个统一战线性质的抗日民主政权。

1月，八路军香港办事处成立，对外称“粤华公司”。广泛联系海外华侨、港澳同胞和国际力量开展抗日斗争。

2—12月，新四军开进皖中、皖南、苏南、豫东等地，开展游击战争，建立敌后抗日根据地。

3月15日，中共中央发出《关于大量发展党员的决议》。到1938年年底，全国党员人数从全民族抗战开始时的4万多发展到50余万。

4月，晋冀豫抗日根据地军民粉碎3万余日军的九路围攻，歼敌4000余人，收复18座县城。

5月26日—6月3日，毛泽东作《论持久战》的长篇讲演，指出：日本是帝国主义强国，中国是半殖民地半封建弱国；日本的侵略战争是退步的、野蛮的，中国的反侵略战争是进步的、正义的；日本是个小国，经不起长期战争，中国是个大国，能够支持长期战争；日本的非正义战争失道寡助，中国的正义战争得道多助。第一点决定了日本的进攻能在中国横行一时，中国不能速胜；后三点决定了中国不会亡国，经过长期抗战，最后胜利属于中国。《论持久战》系统阐明了党的抗日持久战战略总方针，是中国共产党领导抗日战争的纲领性文献。

9月29日—11月6日，中共扩大的六届六中全会在延安召开。全会首次提出马克思主义中国化的命题，重申个人服从组织、少数服从多数、下级服从上级、全党服从中央的纪律，正确分析抗日战争的形势，规定党在抗战新阶段的任务，为实现党对抗日战争的领导进行了全面的战略规划，进一步巩固毛泽东在全党的领导地位，统一全党的思想和步调，推动各项工作迅速发展。

10月，广州、武汉相继沦陷，全民族抗日战争由战略防御转入战略相持阶段。在战略防御阶段，八路军、新四军同日、伪军作战1600余次，毙伤俘敌5.4万余人，八路军发展到15.6万余人，新四军发展到2.5万人，抗日根据地（包括游击区）总人口达5000万以上。广州沦陷前后，周恩来通过潘汉年等把上海、南京等沦陷区的文化界人士和民主人士，包括宋庆龄、何香凝、郭沫若、茅盾、柳亚子、蔡元培等，转移到广州、香港。其中部分留在香港，加强了香港文化界的抗日救亡力量。

10—12月，中共广东地方组织团结和领导汉、黎、苗等各族人民建立抗日游击队，开辟了华南敌后战场。全民族抗战期间，中国共产党实行各民族一律平等、团结抗日的民族政策，发展了大量少数民族抗日武装。台港澳同胞和海外侨胞也积极参加抗日救亡活动。

1939年

1月16日，中共中央南方局在重庆成立，周恩来为书记（1943年6月改由董必武主持工作），负责领导南方国民党统治区和部分沦陷区及海外党组织，以及在此范围内设立的八路军、新四军办事处，《新华日报》《群众》周刊社等公开机构。南方局坚持贯彻抗战、团结、进步的方针，广泛开展统战等各方面工作。

1月17日—2月4日，陕甘宁边区参议会召开第一届第一次会议，通过《陕甘宁边区抗战时期施政纲领》等文件。林伯渠当选为边区政府主席。

1—3月，八路军第一二九师主力同冀南军区部队一起进行反“扫荡”作战，巩固了冀南抗日根据地。1月至4月，八路军第一二〇师主力会合冀中军区部队，连续粉碎日、伪军多次围攻。7月至8月，晋冀豫抗日根据地军民在八路军总部统一指挥下，反击日军5万余人的大“扫荡”。

2月2日，为克服经济上的严重困难，中共中央在延安召开生产动员大会，毛泽东发出“自己动手”的号召。抗日根据地军民相继掀起大生产运动。1941年春，八路军第三五九旅开进南泥湾实行军垦屯田，成为全军大生产运动的一面旗帜。包括发展生产在内，各抗日根据地相继实行对敌斗争、精兵简政、统一领导、拥政爱民、整顿三风、审查干部、时事教育、“三三制”、减租减息十大政策，对克服困难、渡过难关、巩固抗日根据地起了重要作用。党在延安时期培育形

考试笔记

成了以坚定正确的政治方向、解放思想实事求是的思想路线、全心全意为人民服务的根本宗旨、自力更生艰苦奋斗的创业精神为主要内容的延安精神，是我们党的宝贵精神财富。

3月，罗荣桓、陈光率八路军第一一五师一部进入鲁西。5月，在泰（安）肥（城）地区取得陆房突围战斗的胜利，毙伤日军1300余人。

5—11月，华中新四军完成向敌后实行战略展开的任务，先后在皖中庐江东汤池成立江北指挥部、在苏南溧阳水西村成立江南指挥部，分别由张云逸、陈毅任指挥。

7月7日，《中共中央为抗战两周年纪念对时局宣言》发表，提出坚持抗战、反对投降，坚持团结、反对分裂，坚持进步、反对倒退三大政治口号。

10月4日，毛泽东发表《〈共产党人〉发刊词》，指出统一战线、武装斗争、党的建设是中国共产党在中国革命中战胜敌人的三个法宝，并把党的建设称为“伟大的工程”。

10—12月，八路军晋察冀部队在第一二〇师配合下，粉碎2万余日军对北岳区的大“扫荡”。在黄土岭伏击战中击毙日军中将旅团长，这是抗日战争中八路军击毙的日军最高级别指挥官。

11月，来华参加抗战的加拿大共产党员诺尔曼·白求恩医生在晋察冀边区唐县逝世。毛泽东题写挽词，并撰写《学习白求恩》（后改为《纪念白求恩》）。1942年12月，来华参加抗战的印度医生柯棣华在唐县逝世，毛泽东题写挽词。

12月至翌年春，国民党顽固派掀起第一次反共高潮。中国共产党领导抗日根据地军民坚持自卫原则，击败顽固派的进攻。

1940年

1月，毛泽东发表《新民主主义论》，系统阐述新民主主义理论。新民主主义理论的提出和系统阐明，是马克思主义中国化的重大理论成果，标志着毛泽东思想得到多方面展开而趋于成熟。

4月，中共中央西北工作委员会拟定《关于回回民族问题的提纲》。7月，又拟定《关于抗战中蒙古民族问题提纲》。经中央书记处批准，成为抗战期间指导民族工作的纲领性文件。

考试笔记

6月1日，毛泽东会见率南洋华侨回国慰劳视察团到延安的陈嘉庚等人。此前，东南亚各国40多个华侨救国团体于1938年10月在新加坡成立以陈嘉庚为主席的南洋华侨筹赈祖国难民总会，积极开展抗日爱国运动。

8月20日至翌年1月下旬，八路军总部在华北发动了一次大规模的对日军的进攻（百团大战）。先后有105个团约20余万人参加。到1940年12月初，敌后军民共作战1824次，毙伤日、伪军2.5万余人，俘日军281人、伪军1.8万余人。

9月18日，中央书记处发出关于开展敌后大城市工作的通知，成立敌后工作委员会，以周恩来负总责，南方以重庆为中心，北方以延安为中心，领导推进敌后城市工作。

11月17日，华中新四军八路军总指挥部在苏北海安成立，叶挺任总指挥，刘少奇任政治委员，陈毅任副总指挥（在叶挺抵达前代理总指挥）。到年底，新四军在两年多的敌后游击战中，共对日、伪军作战2700多次，毙伤俘敌5.5万人，在华中建立了皖东、豫皖苏、皖东北、苏北等抗日根据地，扩大了苏南、皖中抗日根据地，沟通了华北与华中抗日根据地的联系，主力部队发展到近9万人，地方武装和不脱产的地方武装数十万人。

1941年

1月上旬，新四军军部及所属皖南部队9000余人，在遵照国民党军事当局的命令向北转移途中遭到国民党军8万余人的伏击和围攻，大部壮烈牺牲或被俘，军长叶挺被扣押，副军长项英遇害，这就是皖南事变。事变发生后，蒋介石诬称新四军“叛变”，宣布取消其番号。中国共产党采取军事上严守自卫、政治上坚决反击的方针。中央军委于1月20日发布重建新四军军部的命令，陈毅任代军长，刘少奇任政治委员。到3月，国民党顽固派的第二次反共高潮被击退。

5月1日，经中共中央批准的《陕甘宁边区施政纲领》正式发表。11月，陕甘宁边区第二届参议会召开，通过《陕甘宁边区保障人权财权条例》，开明绅士李鼎铭被选为边区政府副主席。

考试笔记

5月19日，毛泽东作《改造我们的学习》报告。9月至10月，中央政治局在延安召开扩大会议，党的高级干部开始学习和研究党的历史，总结党的历史经验，以求从政治路线上分清是非，达到基本一致的认识，为全党普遍整风作了准备。

6月，随着苏德战争爆发，日本侵略者决意加紧对华作战，中国战场成为世界反法西斯战争的东方主战场。日军对各抗日根据地特别是华北抗日根据地发动毁灭性的“扫荡”和“蚕食”，敌后抗日根据地进入空前困难时期。晋察冀、晋冀豫、冀鲁豫、山东和苏北、苏中、苏南等根据地军民创造了地道战、地雷战、麻雀战、破袭战、围困战、水上游击战等多种武装斗争形式，充分发挥人民战争的威力，有效打击了敌人。在艰苦的敌后抗战中，广大军民中涌现出无数可歌可泣的英雄事迹。东北抗联第一路军总司令兼政治委员杨靖宇、东北抗联第二路军副总指挥赵尚志、八路军副参谋长左权、新四军第四师师长彭雪枫等在作战中牺牲。八路军战士马宝玉、胡德林、胡福才、宋学义、葛振林，在打完最后一粒子弹后跳下悬崖，被称为“狼牙山五壮士”。新四军“刘老庄连”在与敌人战斗中全部壮烈牺牲。

12月9日，太平洋战争爆发第二天，中国共产党发表宣言，倡导建立太平洋一切抗日民族的统一战线。1942年1月1日，中、美、英、苏等26国签署《联合国家宣言》，国际反法西斯统一战线正式形成。

12月至翌年春，在中共中央和南方局领导下，香港、广东党组织和抗日游击队秘密营救日军占领香港时被困的爱国民主人士、文化界人士和其他人士，包括何香凝、柳亚子、邹韬奋、茅盾、胡绳、夏衍、梁漱溟等共800余人。香港沦陷后，在共产党领导下成立的广东人民抗日游击总队港九大队挺进敌后，坚持开展游击战。

1942年

2月上旬，毛泽东先后作《整顿学风党风文风》（后改为《整顿党的作风》）和《反对党八股》的讲演，提出反对主观主义以整顿学风、反对宗派主义以整顿党风、反对党八股以整顿文风。整风运动在全党普遍展开。

5月，中共中央在延安召开文艺座谈会。毛泽东发表讲话，阐明革命文艺为人民服务首先是为工农兵服务的根本方向。

5—6 月，冀中抗日根据地反击 5 万余日、伪军的“扫荡”，歼敌 1 万余人。

9 月 1 日，中央政治局通过《关于统一抗日根据地党的领导及调整各组织间关系的决定》，规定抗日根据地实行党的一元化领导，中央代表机关及各级党委为各地区的最高领导机关。

1941—1942 年，八路军、新四军和游击队、民兵共作战 4.2 万余次，毙伤俘日、伪军 33.1 万余人。敌后军民的反“扫荡”斗争，牵制、消灭了大量日军，成为中国坚持长期抗战最重要的因素，也是对世界反法西斯战争的巨大支持。

考试笔记

1943年

1 月 15 日，陕甘宁边区政府作出《关于拥护军队的决定》。25 日，八路军留守兵团司令部、政治部作出《关于拥护政府爱护人民的决定》。在中共中央领导下，陕甘宁边区开展了声势浩大的双拥（拥军优属、拥政爱民）群众运动。

3 月 20 日，中央政治局会议通过《关于中央机构调整及精简的决定》，推定毛泽东为中央政治局主席，并决定毛泽东为中央书记处主席；中央书记处由毛泽东、刘少奇、任弼时组成；刘少奇参加中共中央军委并任军委副主席。

6 月 10 日，共产国际正式解散。7 月，国民党顽固派乘共产国际解散之机发动第三次反共高潮。第三次反共高潮没有发展为大规模武装进犯即被制止。

本年，敌后各抗日根据地军民进行反“扫荡”、反“蚕食”、反“清乡”斗争，保卫和扩大根据地，逐步度过严重困难局面。八路军在华北与敌人作战 2.48 万余次，毙伤日、伪军 13.6 万余人，俘 5 万余人，争取伪军反正、日军投降 6600 余人；新四军在华中与日、伪军作战 4500 余次，粉碎敌千人以上“扫荡”30 多次，毙伤俘日、伪军 3.6 万余人，争取伪军反正 9300 余人；华南抗日游击队也粉碎日军“扫荡”，巩固和扩大了东江、琼崖抗日根据地。

考试笔记

1944年

5月11日，在豫湘桂正面战场出现国民党军队大溃退的情况下，中共中央发出指示，要求在河南地区组织抗日游击队和人民武装，建立抗日根据地。7月至10月，八路军、新四军先后建立和扩大豫东、豫中、豫西等抗日根据地，恢复豫皖苏抗日根据地，加强华中与华北、陕北战略区的联系。

5月21日至翌年4月20日，中共扩大的六届七中全会在延安召开。全会通过毛泽东为中央委员会主席的提议，原则通过《关于若干历史问题的决议》，肯定了确立毛泽东在全党的领导地位的重大意义，使全党尤其是党的高级干部对中国民主革命基本问题的认识达到在马克思列宁主义基础上的一致。至此，整风运动胜利结束。整风运动是一次深刻的马克思主义思想教育运动，收到巨大成效。通过整风运动，实现了在以毛泽东同志为核心的党中央领导下全党新的团结和统一，为抗日战争的胜利和新民主主义革命在全国的胜利，奠定了重要的思想政治基础。延安整风运动所积累的经验对党的建设具有重大而深远的意义。

7—8月，中缅印战区美军司令部派遣美军观察组进驻延安。8月18日，中共中央发出《关于外交工作的指示》，阐明党的外交工作的性质、内容和民族立场。全民族抗日战争后期，党已经开始“半独立性的外交”工作。

9月15日，中共代表林伯渠在国民参政会上提出立即结束国民党一党统治、建立各抗日党派民主联合政府的主张。

9月，中央警备团战士张思德在陕北安塞烧木炭时牺牲。毛泽东在追悼会上发表《为人民服务》的讲演，指出：“我们为人民而死，就是死得其所。”

11月，由八路军第三五九旅主力4000余人加上中共中央选派到南方工作的干部共约5000人，组成南下支队由延安出发，向豫、鄂、湘、粤敌后挺进，开辟新的抗日根据地。

12月，新四军第一师主力由苏中渡江南下，执行向东南敌后发展、控制苏浙皖边和发展浙东沿海地区的战略任务。

本年，中国共产党领导敌后军民在华北、华中、华南地区发起局部反攻，歼灭日、伪军近20万人，收复大片国土，解放人口1700多万。

考试笔记

1945年

1945年春夏，中国共产党领导人民抗日武装继续进行攻势作战，抗日力量和抗日根据地不断发展，为转入全面反攻、夺取抗战最后胜利创造了有利条件。

4月23日—6月11日，中国共产党第七次全国代表大会在延安举行。出席大会的正式代表547人，候补代表208人，代表全国121万党员。毛泽东致开幕词，向大会提交《论联合政府》政治报告并作口头报告，朱德作《论解放区战场》军事报告，刘少奇作《关于修改党章的报告》，周恩来作《论统一战线》发言。大会提出党的政治路线，把党在长期奋斗中形成的优良作风概括为三大作风。七大是党在新民主主义革命时期召开的一次极其重要的全国代表大会，以“团结的大会，胜利的大会”载入党的史册。大会选举产生新的中央委员会。大会把毛泽东思想确立为全党的指导思想并载入党章。

4月25日—6月26日，包括中共代表董必武在内的中国代表团出席在美国旧金山召开的联合国制宪会议，并在《联合国宪章》上签字。中国成为联合国的创始会员国之一和安理会五个常任理事国之一。

6月19日，中共七届一中全会选举毛泽东、朱德、刘少奇、周恩来、任弼时为中央书记处书记，毛泽东为中央委员会主席、中央政治局主席、中央书记处主席。8月，中央政治局会议决定毛泽东为中央军事委员会主席，朱德、刘少奇、周恩来、彭德怀为副主席。

8月9日，毛泽东发表《对日寇的最后一战》的声明。随后，朱德发布七道全面反攻命令，中国抗日战争进入全面反攻阶段。

8月15日，日本天皇裕仁以广播形式发布《终战诏书》，日本无条件投降。

8月28日，毛泽东、周恩来、王若飞赴重庆与国民党代表进行和平谈判（重庆谈判）。10月10日，国共双方签署《政府与中共代表会谈纪要》（双十协定）。

8月，中共晋冀鲁豫中央局成立。解放战争时期，中共中央还成立（或重新成立）了晋察冀中央局、冀热辽分局、冀察热辽分局、东

考试笔记

北局、北满分局、西满分局、辽东（南满）分局、东满分局、华东局、华中分局、华中工委、山东分局、鄂豫皖中央局、中原局、豫皖苏分局、华中局、华北局、南方工委、重庆（南方）局、南京局、上海分局、上海局、香港分局、华南分局；西北局、晋绥分局的组织机构继续保持。

9月2日，日本代表在投降书上签字。侵华日军128万人向中国投降。至此，中国抗日战争胜利结束，世界反法西斯战争也胜利结束。9月3日成为中国人民抗日战争胜利纪念日。10月25日，中国政府在台湾举行受降仪式。被日本占领50年之久的台湾以及澎湖列岛，重归中国主权管辖之下。中国人民抗日战争是近代以来中国人民反抗外敌入侵持续时间最长、规模最大、牺牲最多的民族解放斗争，也是第一次取得完全胜利的民族解放斗争。中国人民抗日战争的胜利，成为中华民族走向复兴的历史转折点，也对世界文明进步具有重大而深远的意义。中国人民在抗日战争中付出了巨大的民族牺牲。据不完全统计，战争期间中国军民伤亡3500多万人；按1937年的比值折算，中国直接经济损失1000多亿美元，间接经济损失5000多亿美元。中国共产党在全民族抗战中发挥了中流砥柱作用。这是中国人民抗日战争取得完全胜利的决定性因素。八路军、新四军和其他人民抗日武装对敌作战12.5万余次，钳制和歼灭日军大量兵力，歼灭大部分伪军，敌后战场逐渐成为中国人民抗日战争的主战场。到抗战结束时，人民军队发展到约132万人，民兵发展到260余万人；中国共产党领导的抗日民主根据地即解放区已有19块，面积达到近100万平方公里，人口近1亿。中国共产党在全国社会政治生活中所占的比重，和抗日战争前相比大大增加。这为在取得中国人民抗日战争伟大胜利基础上，最终取得新民主主义革命胜利，创造了前所未有的有利条件。中国人民在抗日战争的壮阔进程中孕育出伟大抗战精神，向世界展示了天下兴亡、匹夫有责的爱国情怀，视死如归、宁死不屈的民族气节，不畏强暴、血战到底的英雄气概，百折不挠、坚忍不拔的必胜信念。

9月19日，中共中央提出“向北发展，向南防御”的战略方针，强调全党全军目前的主要任务是完全控制热河、察哈尔两省，发展东北力量并争取控制东北。为此，派出2万名干部和11万人的军队进入东北，包括10名中央委员、10名中央候补委员。

9月21日，中央书记处发出《关于扩兵与编组野战军的指示》。通过编组野战军或野战兵团，从组织体制上完成了由游击战向运动战的战略转变。

考试笔记

1946年

1月5日，国共双方达成关于停止国内军事冲突的协定。10日，双方下达停战令。

1月上旬，中共代表周恩来同国民党政府代表张群（后为张治中等）和奉命来华"调处"国共争端的美国总统特使马歇尔（后曾由吉伦接替）组成"三人会议"，会商解决国内军事冲突及有关事项。就恢复交通、军队整编统编、东北停战等问题反复磋商，达成部分协议。但由于国民党没有和谈诚意，"三人会议"难以为继，6月下旬之后不再活动。

1月10—31日，政治协商会议在重庆召开。国民党、共产党、民主同盟、青年党和无党派人士代表参加，通过政府组织案、国民大会案、和平建国纲领、军事问题案、宪法草案案五项协议。

5月4日，中共中央作出《关于土地问题的指示》（五四指示），将全民族抗战时期的减租减息改变为"耕者有其田"政策，并指出解决解放区的土地问题是党目前最基本的历史任务。各解放区迅速开展土地改革运动。

6月26日，国民党撕毁停战协定和政协协议，以22万人悍然进攻中原解放区。其后，国民党军向其他解放区展开大规模进攻。全面内战由此爆发。

7月20日，中共中央发布《以自卫战争粉碎蒋介石的进攻》党内指示。

8月6日，毛泽东同美国记者安娜·路易斯·斯特朗谈话时提出"一切反动派都是纸老虎"的著名论断。毛泽东说，反动派总有一天要失败，我们总有一天要胜利。这原因不是别的，就在于反动派代表反动，而我们代表进步。

考试笔记

11月21日，中共中央在延安召开会议，决定用“打倒蒋介石”作为最后解决国内问题的方针。

12月30日，为抗议驻华美军强暴北京大学先修班一女学生，北平学生举行示威游行。抗议驻华美军暴行的运动由此掀起。31日，中共中央指示国民党统治区的地下党组织，发动各大城市群众响应北平学生运动。到1947年1月10日，抗暴斗争扩展到14个省26个城市，参加罢课、游行等的学生总数达50万人。

1947年

2月，国民党政府先后通知共产党驻南京、上海、重庆等地担任谈判联络工作的代表全部撤回。3月上旬，共产党驻上述三地人员分别撤回延安，国共关系完全破裂。

3月18—19日，中央机关和陕甘宁边区部队撤出延安，开始转战陕北。此前，3月13日，蒋介石令胡宗南率25万军队从南、西、北三面进攻陕北解放区。国民党军的全面进攻改为向陕北、山东的重点进攻。

3月29—30日，中央政治局会议在陕北清涧枣林沟召开，讨论中央机关行动问题。不久，中央机关分为三部分，由刘少奇、朱德等组成中央工作委员会，到华北进行中央委托的工作；毛泽东、周恩来、任弼时率中央和人民解放军总部的精干机关，继续留在陕北，指挥全国各战场作战；叶剑英、杨尚昆主持的中央后方委员会，转移到晋西北统筹后方工作。

5月1日，内蒙古自治政府正式成立，乌兰夫为政府主席。这是中国共产党领导的第一个省级少数民族自治政府。

5月20日，南京、上海、苏州、杭州学生5000余名走上南京街头，举行“挽救教育危机联合大游行”，高呼“反饥饿”“反内战”等口号，遭到反动当局镇压。同日，北平7000余名学生也举行了“反饥饿”“反内战”示威大游行（五二〇运动）。学生运动的高涨促进了整个人民运动的高涨。1947年，全国20多个大中城市中先后有300余万工人罢工。在农村，广大农民反抗抓丁、征粮和征税。在共产党领导和推动下，以学生为先锋的爱国民主运动同国民党政府之间的斗

考试笔记

争，逐步形成配合人民解放战争的第二条战线。

6 月 30 日，刘伯承、邓小平率领晋冀鲁豫野战军主力强渡黄河，揭开战略进攻的序幕。8 月底，刘邓大军千里跃进到大别山区。8 月下旬，陈赓、谢富治率领晋冀鲁豫野战军一部渡过黄河，挺进豫西。9 月，陈毅、粟裕率领华东野战军主力越过陇海铁路南下，进入豫皖苏平原。三路大军打到外线，布成“品”字形阵势。

7 月 17 日—9 月 13 日，全国土地会议在河北建屏西柏坡（今属平山）召开。会议由刘少奇主持，制定《中国土地法大纲》。10 月 10 日，中央批准发布。《中国土地法大纲》是一个彻底反封建的土地革命纲领。它规定：“废除封建性及半封建性剥削的土地制度，实行耕者有其田的土地制度。”大纲公布后，解放区迅速形成土地改革热潮。

7 月 21—23 日，中共中央在陕北靖边小河村召开扩大会议，着重讨论战略进攻的部署和解放区土地改革、财政金融工作等问题。毛泽东提出计划用五年时间（从 1946 年 7 月算起）解决同蒋介石斗争的问题。

10 月 10 日，中国人民解放军总部发表宣言，提出“打倒蒋介石，解放全中国”的口号。

1947 年秋至翌年底，根据全国土地会议关于整党工作的部署，各解放区采取党内党外结合等方法，普遍开展以“三查”（查阶级、查思想、查作风）、“三整”（整顿组织、整顿思想、整顿作风）为基本内容的整党运动，使农村基层党组织在思想上、政治上、组织上获得很大进步，党同群众的联系更加紧密。

12 月 25—28 日，中共中央在陕北米脂杨家沟召开扩大会议（十二月会议）。会议通过毛泽东提交的《目前形势和我们的任务》书面报告。报告阐明党的最基本的政治纲领和新民主主义革命的三大经济纲领，提出十大军事原则。

1947 年冬至翌年底，解放军利用战斗间隙，从阶级教育入手，运用诉苦（诉旧社会和反动派给予劳动人民之苦）、“三查”（查阶级、查工作、查斗志）、“三整”（整顿组织、整顿思想、整顿作风）等方法，普遍开展新式整军运动。

考试笔记

1948年

3月23日，毛泽东、周恩来、任弼时率中央机关和解放军总部东渡黄河，与中央后方委员会会合，后到达西柏坡，与中央工作委员会会合。中央工作委员会和中央后方委员会即行撤销。

4月30日，中共中央发出纪念五一国际劳动节口号，号召召开新的政治协商会议，筹建民主联合政府。各民主党派、各阶层代表人士热烈响应，通过各种渠道纷纷进入解放区，在共产党领导下，参与筹备召开新政协、建立新中国的工作。

5月9日，中共中央决定将晋察冀和晋冀鲁豫两个解放区及其领导机构合并，组成华北局（刘少奇兼任第一书记）、华北联合行政委员会。9月26日，华北人民政府正式成立，董必武任主席。

6月，《人民日报》创刊。1949年8月正式成为中共中央机关报。

8月至翌年9月，中共中央香港分局和香港工委组织护送民主人士北上达20多次。沈钧儒、李济深、张澜、黄炎培、章伯钧等350多人，加上党内干部共1000多人，辗转到达北平，为新政协会议的召开提供了重要保证。

9月8—13日，中央政治局扩大会议在西柏坡召开。会议提出建设500万解放军，用五年左右时间（从1946年7月算起）从根本上打倒国民党反动统治的战略任务。

9月12日—11月2日，林彪、罗荣桓率东北野战军主力和地方武装进行辽沈战役。东北全境解放。到11月，解放军的总兵力增加到310万人，国民党军队的总兵力下降到290万人。从此，解放军不但在质量上占有优势，而且在数量上也取得优势。中国人民革命的军事形势达到一个新的转折点。

9月16—24日，华东野战军进行济南战役，解放济南。

9月20日，中共中央作出关于健全党委制的决定，指出党委制是保证集体领导、防止个人包办的重要制度，要建立健全的党委会议制度。

1948年秋至翌年夏，在共产党领导下，中华全国民主妇女联合会、中华全国文学艺术界联合会等人民团体纷纷建立和扩大。

11月1日，中央军委发出《关于统一全军组织及部队番号的规定》，要求团和分区以上各部队番号均冠以“中国人民解放军”字样。

11月6日至翌年1月10日，由刘伯承、陈毅、邓小平、粟裕、谭震林组成，以邓小平为书记的总前敌委员会，率华东野战军和中原野战军及部分地方武装进行淮海战役。长江中下游以北广大地区解放。

11月29日至翌年1月31日，林彪、罗荣桓、聂荣臻等率东北野战军和华北军区第二、第三兵团以及华北、东北军区地方部队进行平津战役。华北全境基本解放。其间，1949年1月31日北平和平解放。辽沈、淮海、平津三大战役，是解放军与国民党军主力进行的战略决战，共歼敌154万余人。至此，蒋介石赖以维护其统治的主要军事力量被基本消灭，解放军进抵长江，全国处于革命胜利的前夜。

12月1日，中国人民银行成立并发行人民币。

12月30日，毛泽东为新华社撰写《将革命进行到底》的新年献词。

本年，中共中央连续发出指示，要求在全党各级组织中建立请示报告制度，加强党的集中统一领导。

1949年

1月15日，中央军委进一步作出关于全军组织编制、番号的决定：西北、中原、华东、东北野战军依次改为第一、第二、第三、第四野战军。同月，华北军区主力部队直属解放军总部。在南方坚持游击战争的人民武装，相继整编为闽粤赣边纵队、粤赣湘边纵队、桂滇黔边纵队、闽浙赣边纵队等。其他游击队也陆续进行整编。到渡江战役前夕，南方游击部队包括长期坚持海南岛斗争的琼崖纵队发展到5万多人。

1月31日—2月7日，毛泽东、刘少奇、朱德、周恩来、任弼时等与抵达西柏坡的联共（布）中央政治局委员米高扬举行多次会谈，阐明中国革命发展形势、新中国的政权性质及内政外交政策，争取苏联对中国革命的理解和支持。毛泽东在会见米高扬时提出“打扫干净屋子再请客”的方针，在此前后还提出“另起炉灶”和“一边倒”的方针，由此奠定了新中国外交政策的基础。

3月5—13日，中共七届二中全会在西柏坡召开。全会规定党在全国胜利后在政治、经济、外交方面应当采取的基本政策，指出中国

考试笔记

由农业国转变为工业国、由新民主主义社会转变为社会主义社会的发展方向。全会讨论确定了党的工作重心由乡村转移到城市的问题。毛泽东在全会上提出“两个务必”思想，即“务必使同志们继续地保持谦虚、谨慎、不骄、不躁的作风，务必使同志们继续地保持艰苦奋斗的作风”。

3月23日，毛泽东率领中央机关离开西柏坡，向北平进发。毛泽东对周恩来说，今天是进京的日子，进京“赶考”去。我们决不当李自成，我们都希望考个好成绩。25日，毛泽东等中央领导人与中央机关、人民解放军总部进驻北平。

4月1日，以周恩来为首的中共代表团同国民党政府代表团在北平进行和平谈判。经过协商，中共代表团于15日提出《国内和平协定》(最后修正案)，并宣布4月20日为最后签字时间。国民党政府拒绝接受。解放军遂发起渡江战役，国民党政府“划江而治”的图谋破产。

4月21日，毛泽东、朱德发布《向全国进军的命令》。20日夜至21日，由刘伯承、陈毅、邓小平、粟裕、谭震林组成的总前敌委员会（邓小平为书记）指挥的第二、第三野战军，在第四野战军先遣兵团和中原军区部队配合下，发起渡江战役。百万雄师强渡长江。23日解放南京，延续22年的国民党统治宣告覆灭。5月27日解放上海。第四野战军先遣兵团于5月横渡长江，解放武汉三镇。随后，解放军各路大军继续向东南、中南、西北、西南进军。

6月30日，毛泽东发表《论人民民主专政》一文，公开阐明中国共产党在建立新中国问题上的主张，指出人民民主专政需要工人阶级的领导。

6—8月，刘少奇率中共代表团秘密访问苏联，会见联共（布）领导人斯大林、莫洛托夫、马林科夫、米高扬等，向联共（布）中央通报中国革命战争即将取得胜利并将召开新的政治协商会议，成立联合政府。双方就将来的外交关系、苏联对中国经济和国防建设的援助等问题交换意见，初步达成部分协议。

8月14日—9月16日，毛泽东连续为新华社撰写《丢掉幻想，准备斗争》等五篇评论，揭露美国对华政策的帝国主义本质，批评国内一部分人对帝国主义不切实际的幻想，并对中国革命的发生和胜利的原因作理论上的说明。

考试笔记

9月21—30日，中国人民政治协商会议第一届全体会议在北平举行。出席会议的代表共662人。会议通过起临时宪法作用的《中国人民政治协商会议共同纲领》以及《中国人民政治协商会议组织法》、《中华人民共和国中央人民政府组织法》等文件。会议决定国都定于北平，北平改名为北京；纪年采用公元；以《义勇军进行曲》为代国歌；国旗为五星红旗。会议选举出中央人民政府委员会，毛泽东为中央人民政府主席，朱德、刘少奇、宋庆龄、李济深、张澜、高岗为副主席。中国人民政治协商会议的举行，标志着一百多年来中国人民争取民族独立和人民解放运动取得了历史性的伟大胜利，标志着爱国统一战线和全国人民大团结在组织上完全形成，标志着中国共产党领导的多党合作和政治协商制度正式确立。毛泽东在开幕词中向全世界宣告："占人类总数四分之一的中国人从此站立起来了。"

10月1日，中华人民共和国中央人民政府成立。下午2时，中央人民政府委员会召开第一次会议，一致决议接受《共同纲领》为施政纲领，任命周恩来为中央人民政府政务院总理兼外交部部长，毛泽东为人民革命军事委员会主席，朱德为人民解放军总司令。下午3时，庆祝中华人民共和国中央人民政府成立典礼在北京天安门广场隆重举行。毛泽东宣告中央人民政府成立。之后，举行盛大阅兵仪式和群众游行。12月2日，中央人民政府委员会第四次会议决定，每年的10月1日为中华人民共和国国庆日。中华人民共和国的成立，彻底结束了旧中国半殖民地半封建社会的历史，彻底结束了旧中国一盘散沙的局面，彻底废除了列强强加给中国的不平等条约和帝国主义在中国的一切特权，实现了中国从几千年封建专制政治向人民民主的伟大飞跃，实现了中国高度统一和各民族空前团结，中华民族发展进步从此开启新纪元。中国共产党成为在全国范围执掌政权的党。

10月2日，苏联政府决定同新中国建立外交关系。3日，周恩来复电表示，欢迎立即建立中华人民共和国与苏联之间的外交关系，并互派大使。1964年1月27日，中国同法国建交。法国成为第一个与新中国正式建交的西方大国。到2021年6月，中国已同180个国家

考试笔记

建立外交关系。

10月9日，中国人民政治协商会议第一届全国委员会第一次会议举行。会议选举毛泽东为政协第一届全国委员会主席。

10月21日，中央人民政府政务院成立。

10月25日，中央人民政府海关总署成立。1950年1月6日，北京市军事管制委员会颁发布告，宣布收回在京的外国兵营地产，征用兵营及其他建筑。天津、上海等地也先后收回、征用外国兵营地产。1950年7月，政务院财政经济委员会发布关于统一航运管理的指示。外国在中国大陆的军事特权和经济特权全部被取消。

11月9日，中共中央决定成立中央及各级党的纪律检查委员会，朱德兼任中央纪律检查委员会书记。同日，中共中央作出《关于在中央人民政府内组织中国共产党党委会的决定》和《关于在中央人民政府内建立中国共产党党组的决定》。各级政府机关普遍建立党的组织，加强党的领导。

11月11日，中国人民解放军空军领导机构成立。在此前后，海军、炮兵等军兵种部队及领导机构成立。

11月21日，北京市第二届各界人民代表会议通过封闭妓院的决议。随后，全国各地相继采取行动封闭妓院。1950年2月24日，政务院发布《关于严禁鸦片烟毒的通令》，禁止贩运制造及售卖、吸食烟毒。人民政府还开展了严禁赌博的斗争。经过三年左右的努力，曾在旧中国屡禁不止的娼、毒、赌等社会顽疾基本禁绝。

12月2日，中央人民政府委员会第四次会议决定发行人民胜利折实公债；分别通过省、市、县各界人民代表会议组织通则。地方各级各界人民代表会议先后由各地人民政府召开，代行人民代表大会职权，成为人民代表大会召开前的一种过渡形式。

12月6日，政务院文化教育委员会成立办理留学生回国事务委员会。1949年8月至1955年11月，李四光、华罗庚、钱学森等共计1536名高级知识分子从海外回国参加建设。

12月23—31日，第一次全国教育工作会议召开。会议提出教育必须为国家建设服务，学校必须为工农开门。1950年9月，第一次全国工农教育会议召开，提出“推行识字教育，逐步减少文盲”的口号。1952年11月，中央人民政府扫除文盲工作委员会成立。群众性的扫盲运动有计划、有步骤地在全国大规模展开。

考试笔记

1950年

2月14日，中国同苏联签订《中苏友好同盟互助条约》及有关协定。1949年12月至1950年2月，毛泽东对苏联进行为期两个多月的访问。

3月3日，政务院作出《关于统一国家财政经济工作的决定》，以遏制通货膨胀，稳定物价，实现国家财政收支平衡。

5月1日，中共中央发出《关于在全党全军开展整风运动的指示》。全党开展以提高干部和一般党员的思想水平和政治水平，克服工作中所犯的错误，克服居功自傲和官僚主义、命令主义，改善党和人民的关系为主要任务的整风运动。年底，整风运动结束。同日，新中国成立后制定的第一部法律——《中华人民共和国婚姻法》公布施行，规定实行男女婚姻自由、一夫一妻、男女权利平等、保护妇女和子女合法利益的新婚姻制度。同日，人民解放军解放海南岛。新中国成立后，人民解放军向华南、西南等地和沿海岛屿的国民党军队残余力量展开最后的围歼。到1950年6月，解放了除西藏、台湾和部分沿海岛屿以外的广大国土。

6月6—9日，中共七届三中全会召开。毛泽东提交《为争取国家财政经济状况的基本好转而斗争》书面报告，并发表《不要四面出击》讲话。

6月29日，《中华人民共和国工会法》公布施行。

6月30日，《中华人民共和国土地改革法》公布施行。到1952年年底，除一部分少数民族地区外，土地改革在中国大陆基本完成，封建土地所有制被彻底摧毁。

8月7—19日，第一届全国卫生会议召开。会议确定“面向工农兵”“预防为主”“团结中西医”为新中国卫生工作三大原则。

10月上旬，应朝鲜党和政府的请求，中共中央作出抗美援朝、保家卫国的战略决策。10月8日，毛泽东发布命令，组成中国人民志愿军，彭德怀为司令员兼政治委员。19日，中国人民志愿军进入

考试笔记

朝鲜战场。25日，志愿军与敌军遭遇，打响出国作战的第一次战役。全国掀起大规模抗美援朝运动。1953年7月27日，《关于朝鲜军事停战的协定》签署。到1958年10月，中国人民志愿军分三批全部撤出朝鲜回国。抗美援朝战争伟大胜利，是中国人民站起来后屹立于世界东方的宣言书，是中华民族走向伟大复兴的重要里程碑。抗美援朝战争中，英雄的中国人民志愿军始终发扬祖国和人民利益高于一切、为了祖国和民族的尊严而奋不顾身的爱国主义精神，英勇顽强、舍生忘死的革命英雄主义精神，不畏艰难困苦、始终保持高昂士气的革命乐观主义精神，为完成祖国和人民赋予的使命、慷慨奉献自己一切的革命忠诚精神，为了人类和平与正义事业而奋斗的国际主义精神，锻造了伟大抗美援朝精神。

10月10日，中共中央发出《关于镇压反革命活动的指示》。到1951年10月底，全国规模的镇压反革命运动基本结束。

10月14日，政务院作出《关于治理淮河的决定》。1951年，毛泽东题词“一定要把淮河修好”。到1957年冬，治淮工程初见成效。

11月3日，政务院发出《关于加强人民司法工作的指示》，要求在全国范围内逐步建立和健全人民司法制度。

11月24日，政务院第六十次政务会议批准《培养少数民族干部试行方案》和《筹办中央民族学院试行方案》。1951年6月，中央民族学院开学。

1951年

3月5日，中共中央发出《关于积极推进宗教革新运动的指示》，强调贯彻党的宗教政策，团结宗教界最大多数，发展和巩固全国宗教界的统一战线。

3月28日—4月9日，中共中央召开第一次全国组织工作会议。会议通过《关于整顿党的基层组织的决议》。整党从1951年下半年开始，到1954年春基本结束。

5月23日，中央人民政府和西藏地方政府在北京签订《关于和平解放西藏办法的协议》（“十七条协议”），宣告西藏和平解放。10月26日，人民解放军进藏部队进驻拉萨。

考试笔记

9月20—30日，中共中央召开全国第一次互助合作会议。会议通过《关于农业生产互助合作的决议（草案）》。会后，农业生产互助合作运动很快开展起来。经过一年多的试点，1953年2月15日，中共中央将决议草案通过为正式决议。

9月29日，周恩来在北京、天津高等学校教师学习会上作《关于知识分子的改造问题》报告。11月30日，中共中央发出《关于在学校中进行思想改造和组织清理工作的指示》。知识分子思想改造运动广泛开展起来，到1952年秋基本结束。

10月，《毛泽东选集》第一卷出版。第二至第四卷分别于1952年、1953年、1960年出版。

12月1日，中共中央作出《关于实行精兵简政、增产节约、反对贪污、反对浪费和反对官僚主义的决定》。“三反”运动在全国展开，到1952年10月结束。运动中抓住重大典型案件严肃处理，先后任天津地委书记的刘青山、张子善被查处并判处死刑。

1952年

1月26日，中共中央发出《关于首先在大中城市开展“五反”斗争的指示》，要求在全国大中城市向违法的资本家开展反对行贿、反对偷税漏税、反对盗骗国家财产、反对偷工减料和反对盗窃经济情报的斗争。“五反”运动到1952年10月结束。

4月5日，治理开发长江的第一个大型工程——荆江分洪第一期工程全面开工。到1978年年底，新安江水电站、黄河三门峡水利枢纽、黄河青铜峡水利枢纽、丹江口水利枢纽、黄河刘家峡水利枢纽等一批水利工程陆续建成。

4月21日，《中华人民共和国惩治贪污条例》公布施行。

6月10日，毛泽东为中华全国体育总会成立大会题词“发展体育运动，增强人民体质”。1954年1月8日，中共中央批转中央人民政府体育运动委员会党组《关于加强人民体育运动工作的报告》，指出“改善人民的健康状况，增强人民体质，是党的一项重要政治任务”。

7月1日，成渝铁路建成通车。这是新中国成立后完全采用国产材料自行修建的第一条铁路干线。到1978年年底，宝成、鹰厦、包

考试笔记

兰、兰新、成昆、湘黔等铁路陆续建成。

8月9日，《中华人民共和国民族区域自治实施纲要》公布施行，对民族自治地方的建立、自治机关的组成和自治权利等重要问题作出明确规定。此前，成立于1947年5月1日的内蒙古自治政府于1949年12月2日改称内蒙古自治区人民政府。1955年10月1日，新疆维吾尔自治区成立。1958年3月5日，广西僮族自治区成立（1965年10月12日改称广西壮族自治区）。1958年10月25日，宁夏回族自治区成立。1965年9月9日，西藏自治区成立。

年底，国民经济获得全面恢复和初步增长。工农业总产值810亿元，按可比价格计算，比1949年增长77.6%。

1953年

3月1日，《中华人民共和国全国人民代表大会及地方各级人民代表大会选举法》公布施行。经过一年多的工作，全国进行基层选举的单位为21.4万余个，登记选民总数为3.23亿多人，选举出基层人民代表大会代表，并逐级召开地方各级人民代表大会。在此基础上，选举产生出席全国人民代表大会的代表。

4月3日，政务院发出《为准备普选进行全国人口调查登记的指示》。以1953年6月30日24时为标准时间，全国开展人口调查登记。1954年11月1日公布调查登记结果，全国人口总数为601938035人。

5月15日，中苏两国政府签订《关于苏维埃社会主义共和国联盟政府援助中华人民共和国中央人民政府发展中国国民经济的协定》，规定苏联援助中国建设91个工业项目。加上1950年已确定的50项和1954年增加的15项，共156项。后多次调整，确定154项，实际施工150项。因156项公布在先，仍称“156项工程”。

6月15日，中央政治局召开会议。会议确定对资本主义工商业实行利用、限制和改造的方针。毛泽东第一次比较完整地阐述了党在过渡时期总路线和总任务的基本内容。12月28日，中共中央批转中央宣传部《为动员一切力量把我国建设成为一个伟大的社会主义国家而斗争——关于党在过渡时期总路线的学习和宣传提纲》。

10月16日，中共中央作出《关于实行粮食的计划收购与计划供应的决议》。11月15日，作出《关于在全国实行计划收购油料的决定》。1954年9月，政务院下达对棉布实行计划收购和计划供应、对棉花实行计划收购的命令。国家对粮食等主要农产品实行统购统销政策，并延续到20世纪80年代中期，之后逐步取消。

11月24日，中共中央作出《关于加强干部管理工作的决定》，对党管干部原则作出明确规定。

12月7日至翌年1月26日，全国军事系统党的高级干部会议召开。会议根据毛泽东的指示，明确提出建设优良的现代化的革命军队的总方针总任务。

12月26日，鞍山钢铁公司三大工程——大型轧钢厂、无缝钢管厂、七号炼铁炉举行开工生产典礼。到1978年年底，武汉钢铁联合企业、包头钢铁公司、攀枝花钢铁公司等钢铁企业陆续建成。

本年，全国高等学校院系调整工作基本完成。调整后的高等院校大幅度扩大招生，适应了工业化建设对专业人才的急迫需要。

本年，我国开始执行发展国民经济的第一个五年计划。到2021年6月，共编制执行十四个五年计划、规划。

1954年

2月6—10日，中共七届四中全会召开。全会通过《关于增强党的团结的决议》。

4月15日，中共中央、中央人民政府人民革命军事委员会颁布新中国成立后第一部《中国人民解放军政治工作条例（草案）》。

4月26日—7月21日，周恩来率中国代表团参加讨论和平解决朝鲜问题和恢复印度支那和平问题的日内瓦会议。这是新中国首次作为五大国之一参加重要国际会议。

6月28—29日，周恩来在访问印度、缅甸期间，分别与印度总理尼赫鲁和缅甸总理吴努发表《联合声明》，共同倡导和平共处五项原则。此前，1953年12月31日，周恩来在接见参加中印有关问题谈判的印度代表团时首次提出和平共处五项原则。

6—9月，长江、淮河流域发生百年未遇的大水灾。灾区党委和

考试笔记

政府迅速动员，组织群众转移，开展以工代赈、生产自救，取得抗洪斗争的胜利。

7月，南昌飞机制造厂试制成功初教-5教练机。到1978年年底，新中国先后试制成功歼-5型、运-5型、直-5型、轰-5型飞机等。

9月15—28日，一届全国人大一次会议举行。会议通过《中华人民共和国宪法》；选举毛泽东为国家主席，刘少奇为全国人大常委会委员长；决定周恩来为国务院总理；决定设立国防委员会，毛泽东兼任国防委员会主席。全国人民代表大会的召开，标志着人民代表大会制度在全国范围内建立起来。

9月28日，中央政治局作出《关于成立党的军事委员会的决议》。毛泽东任中央军事委员会主席，彭德怀主持军委日常工作。

10月7日，新疆军区遵照军委总参谋部8月6日的批复公布成立新疆军区生产建设兵团。1975年3月，兵团撤销，成立新疆维吾尔自治区农垦总局。1981年12月3日，中共中央、国务院、中央军委作出《关于恢复新疆生产建设兵团的决定》。

12月21—25日，全国政协二届一次会议举行。周恩来作政治报告，指出，由于一届全国人大一次会议已经召开，政协代行全国人大职权的政权机关的作用已经失去，但政协本身的统一战线作用仍然存在。会议推举毛泽东为全国政协名誉主席，选举周恩来为主席；通过《中国人民政治协商会议章程》。

12月25日，康藏（后改为川藏）公路和青藏公路全线通车。此前，毛泽东题词："庆贺康藏、青藏两公路的通车，巩固各民族人民的团结，建设祖国！"此后，新藏、滇藏等公路陆续建成。

1955年

1月15日，中央书记处扩大会议召开，作出中国要发展原子能事业的战略决策。

1月18日，人民解放军解放一江山岛。2月13日至26日，解放大陈岛及外围列岛。至此，浙江沿海岛屿全部解放。

3月21—31日，中国共产党全国代表会议举行。会议通过《关于成立党的中央和地方监察委员会的决议》等。董必武任中央监察委员会书记。原有的中央及地方各级党的纪律检查委员会撤销。

考试笔记

4月18—24日，周恩来率中国代表团出席在印度尼西亚万隆召开的有29个国家参加的亚非会议。中国代表团本着“求同存异”的方针，同其他与会国家一起，共同倡导形成“万隆精神”。通过这次会议，中国打开了与亚非国家广泛交往的大门。

5月13日，周恩来在一届全国人大常委会第十五次扩大会议上作《关于亚非会议的报告》，指出，中国人民愿意在可能的条件下，争取用和平的方式解放台湾。

7月30日，一届全国人大二次会议通过《中华人民共和国兵役法》。人民解放军由志愿兵役制改为义务兵役制。此前，自1955年1月起，人民解放军开始实行军官薪金制。

9月，中国人民解放军开始实行军衔制度。朱德、彭德怀、林彪、刘伯承、贺龙、陈毅、罗荣桓、徐向前、聂荣臻、叶剑英被授予中华人民共和国元帅军衔。到1965年取消军衔制度止，共授元帅10名、大将10名、上将57名、中将177名、少将1360名。

12月，《列宁全集》中文第一版第一卷出版。到1963年2月，共39卷陆续出版。

1956年

1月14—20日，中共中央召开关于知识分子问题的会议。周恩来代表中共中央作《关于知识分子问题的报告》，充分肯定知识分子在社会主义建设中的作用，宣布知识分子的绝大部分已经是工人阶级的一部分，提出制定科学技术发展远景规划的任务，向全国人民发出“向现代科学进军”的号召。毛泽东在会议最后一天讲话，号召全党努力学习科学知识，同党外知识分子团结一致，为迅速赶上世界科学先进水平而奋斗。

1月15日，北京各界20多万人在天安门广场举行大会，庆祝北京市农业、手工业全部实现合作化和在全国第一个实现资本主义工商业的全行业公私合营。到年底，生产资料私有制的社会主义改造取得决定性胜利。

1月23日，中央政治局提出《1956年到1967年全国农业发展纲

考试笔记

要（草案）》。后经多次变动和修改，1960年4月正式通过并公布。

1月27日，中共中央发出《关于文字改革工作问题的指示》。28日，国务院第二十三次全体会议通过《国务院关于公布汉字简化方案的决议》《国务院关于推广普通话的指示》。2月9日，中国文字改革委员会发表《汉语拼音方案（草案）》。

3月6—15日，中央军委召开扩大会议，首次明确积极防御的战略方针。

4月25日，毛泽东在中央政治局扩大会议上作《论十大关系》报告。报告强调要调动国内外一切积极因素，为建设强大的社会主义国家而奋斗，并初步总结我国社会主义建设经验，提出探索适合中国情况的建设社会主义道路的任务。报告还提出共产党和民主党派“长期共存，互相监督”的方针。

4月28日，毛泽东在中央政治局扩大会议总结讲话中指出，艺术问题上的百花齐放，学术问题上的百家争鸣，应该成为我们的方针。5月2日，毛泽东在最高国务会议第七次会议上正式提出“百花齐放、百家争鸣”的方针。

6月30日，中国第一个自然保护区——广东鼎湖山国家级自然保护区建立。1982年9月，第一个国家森林公园——张家界国家森林公园建立。中国逐步建立自然保护区、森林公园、风景名胜区、自然遗产、地质公园、海洋公园等各级各类自然保护地。

7月13日，长春第一汽车制造厂试制成功第一批国产“解放”牌载重汽车。1958年5月、8月，第一辆国产“东风”牌轿车和“红旗”牌轿车相继下线。

9月15—27日，中国共产党第八次全国代表大会举行。大会正式代表1026人，候补代表107人，代表全国1073万党员。毛泽东致开幕词，刘少奇作政治报告，周恩来作关于发展国民经济的第二个五年计划的建议的报告，邓小平作关于修改党章的报告。大会指出，社会主义改造已取得决定性胜利，社会主义制度已基本上建立。国内的主要矛盾，已经是人民对于建立先进的工业国的要求同落后的农业国的现实之间的矛盾，已经是人民对于经济文化迅速发展的需要同当前经济文化不能满足人民需要的状况之间的矛盾。党和人民当前的主要任务，就是要集中力量解决这个矛盾，把我国尽快地从落后的农业国变为先进的工业国。大会着重提出加强执政党建设的问题，通过新修订的《中国共产党章程》。

9 月 28 日，中共八届一中全会选举毛泽东为中央委员会主席，刘少奇、周恩来、朱德、陈云为副主席，邓小平为总书记，由上述六人组成中央政治局常务委员会。

12 月 22 日，中共中央同意国务院科学规划委员会党组《关于征求〈1956—1967 年科学技术发展远景规划纲要（修正草案）〉意见的报告》。

12 月，《马克思恩格斯全集》中文第一版第一卷出版。到 1985 年 12 月，共 50 卷陆续出版。

1957年

2 月 27 日，毛泽东发表《如何处理人民内部的矛盾》（后改为《关于正确处理人民内部矛盾的问题》）讲话，提出区分和正确处理两类不同性质的社会矛盾，团结全国各族人民发展经济、文化，为建设社会主义事业服务的思想。

4 月 20 日，国务院发出《关于消灭血吸虫病的指示》。此前，毛泽东多次提出，必须消灭血吸虫病。

4 月 25 日，第一届中国出口商品交易会在广州举办（“广交会”）。此后，每年在广州举办春、秋季两次出口商品交易会。从 2007 年起改称中国进出口商品交易会。

4 月 27 日，中共中央发出《关于整风运动的指示》。以正确处理人民内部矛盾为主题，以反对官僚主义、宗派主义和主观主义为主要内容的整风运动全面展开。在整风过程中，极少数右派分子乘机向党和新生的社会主义制度发动进攻。6 月，运动的重点开始由党内整风转向反右派斗争。到 1958 年夏季，整风运动和反右派斗争完全结束。对右派分子的进攻进行反击是正确和必要的，但反右派斗争被严重扩大化。

10 月 15 日，武汉长江大桥举行通车典礼。这是中国在长江上修建的第一座铁路、公路两用桥梁。

11 月 2—21 日，毛泽东率中国代表团参加十月革命胜利 40 周年

考试笔记

庆典，并出席在莫斯科召开的社会主义国家共产党和工人党代表会议以及各国共产党和工人党代表会议。

本年，“一五”计划超额完成。“一五”计划取得巨大成就，为中国社会主义工业化奠定了初步基础，为社会主义建设积累了宝贵经验。

1958年

4 月 7 日，中共中央、国务院发出《关于在全国大规模造林的指示》，要求迅速地大规模发展造林事业。

4 月 22 日，人民英雄纪念碑在天安门广场建成。

5 月 5—23 日，中共八大二次会议召开。会议正式通过“鼓足干劲、力争上游、多快好省地建设社会主义”总路线。会后，“大跃进”运动在全国展开。

8 月 17—30 日，中央政治局扩大会议在北戴河召开。会后，全国很快掀起大炼钢铁和人民公社化运动的高潮，以高指标、瞎指挥、浮夸风和“共产风”为主要标志的“左”倾错误严重泛滥开来。

9 月 2 日，中国第一座电视台——北京电视台正式开播。1978 年 5 月 1 日，改称中央电视台。

11 月 2—10 日，毛泽东在河南郑州召集中央工作会议（第一次郑州会议）。到 1959 年 7 月，中共中央相继召开中共八届六中全会、第二次郑州会议、中共八届七中全会等一系列会议，初步纠正已经察觉到的“大跃进”和人民公社化运动中出现的“左”的错误。

1959年

3 月 28 日，国务院发布《关于解散西藏地方政府的命令》，决定由西藏自治区筹备委员会行使西藏地方政府职权。此前，3 月 10 日，西藏上层反动集团撕毁关于和平解放西藏办法的“十七条协议”，发动武装叛乱。20 日，人民解放军驻藏部队奉命进行平叛作战。22 日，中共中央发出在平叛中实行民主改革的指示。到 1960 年年底，西藏民主改革基本完成，彻底摧毁了政教合一的封建农奴制度，实现百万农奴和奴隶翻身解放。

4 月 17—29 日，全国政协三届一次会议举行。会议推举毛泽东

考试笔记

为全国政协名誉主席，选举周恩来为主席。

4 月 18—28 日，二届全国人大一次会议举行。会议选举刘少奇为国家主席，朱德为全国人大常委会委员长，决定周恩来为国务院总理。

9 月 17 日，刘少奇签署发布《中华人民共和国主席特赦令》，首批特赦已改恶从善的蒋介石集团和伪满洲国的战争罪犯等。到 1975 年 3 月，共分七批特赦了全部在押战犯并予以公民权。

9 月 26 日，中央军委发出《关于军委组成人员的通知》，毛泽东为中央军委主席。同日，中国石油地质勘探工作取得重大成果——发现大庆油田，结束了中国贫油的历史。1960 年 2 月，中共中央决定集中力量在大庆地区进行石油勘探开发大会战。以王进喜为代表的大庆石油工人，铸就了爱国、创业、求实、奉献的大庆精神、铁人精神。1964 年 2 月 5 日，中共中央发出《关于传达石油工业部〈关于大庆石油会战情况的报告〉的通知》。“工业学大庆”运动在全国展开。在此前后，中国还开发建设了玉门油矿、胜利油田、大港油田等。

11 月 1 日，第一拖拉机制造厂在河南洛阳建成投产。

1960年

1 月 28 日，中缅两国签订《中华人民共和国政府和缅甸联邦政府关于两国边界问题的协定》《中华人民共和国和缅甸联邦之间的友好和互不侵犯条约》。10 月 1 日，双方签订《中华人民共和国和缅甸联邦边界条约》。这是中国与邻国成功解决边界问题的第一例，为以后解决类似问题树立了良好范例。此后，中国又陆续与尼泊尔、蒙古、巴基斯坦和阿富汗等国签订了边界协定或条约。

3 月 22 日，中共中央批转鞍山市委《关于工业战线上的技术革新和技术革命运动开展情况的报告》。毛泽东代中央起草批示，将鞍钢实行的“两参一改三结合”的管理制度称作“鞍钢宪法”，要求在工业战线加以推广。

11 月 3 日，中共中央发出《关于农村人民公社当前政策问题的紧急指示信》，要求坚决纠正农村人民公社的“共产风”。

考试笔记

1961年

1月14—18日，中共八届九中全会召开。全会通过对国民经济实行“调整、巩固、充实、提高”的方针，国民经济转入调整的轨道。毛泽东在全会及此前召开的中央工作会议上发表讲话，号召全党大兴调查研究之风。会后，中央领导同志相继到基层进行调查研究。到1965年年底，国民经济调整任务全面完成。

3月15—23日，中央工作会议在广州召开。会议讨论并通过《农村人民公社工作条例（草案）》（“农业六十条”），对农村政策进行调整。随后，工业、商业、手工业、科学、教育、文艺领域也进行调整，并相继制定了工作条例。

4月9日，中共中央转发中央精简干部和安排劳动力五人小组《关于调整农村劳动力和精简下放职工问题的报告》。到1963年6月，全国共精简职工1887万人，减少城镇人口2600万人。

1962年

1月11日—2月7日，中共中央召开扩大的中央工作会议（七千人大会）。会议初步总结“大跃进”中的经验教训，开展批评和自我批评，强调加强民主集中制，切实贯彻调整国民经济的方针，以迅速扭转国民经济困难的局面。

2月13日，中共中央发出《关于改变农村人民公社基本核算单位问题的指示》，提出把人民公社基本核算单位由生产大队改为生产队。

3月2日，周恩来作《论知识分子问题》报告，重新肯定我国知识分子的绝大多数已经是劳动人民的知识分子，强调在社会主义建设中要发挥科学和科学家的作用。

3月20日，供应香港鲜活冷冻商品的快运货物列车从湖北江岸站开出。随后，上海、郑州也开通快车。

10月20日，中国边防部队奉命对印度军队的武装进攻进行自卫反击作战。自12月1日起，中国边防部队从1959年11月7日双方实际控制线单方面后撤20公里，并在实际控制线中方一侧设立民政检查站。

12月14日，中共中央作出《关于成立十五人专门委员会的决定》。委员会的主要任务是加强对原子能工业建设和加速核武器研制、试验工作以及核科学技术工作的领导。周恩来任主任。

考试笔记

1963年

1月4日，周恩来将毛泽东提出的对台湾问题的有关原则概括为“一纲四目”，通过有关渠道转达给台湾方面。一纲是：台湾必须统一于中国。四目是：（一）台湾回归祖国后，除外交必须统一于中央外，所有军政大权、人事安排等悉委于蒋（介石），陈诚、蒋经国亦悉由蒋意重用；（二）所有军政及建设费用不足之数，悉由中央拨付；（三）台湾的社会改革可以从缓，必俟条件成熟，并征得蒋之同意后进行；（四）互约不派特务，不做破坏对方团结之举。

2月11—28日，中央工作会议召开。会议决定在农村开展以“四清”（清理账目、清理仓库、清理财物、清理工分）为主要内容的社会主义教育运动，在城市开展反对贪污盗窃、反对投机倒把、反对铺张浪费、反对分散主义、反对官僚主义的“五反”运动。

3月5日，《人民日报》刊登毛泽东的题词“向雷锋同志学习”。全国掀起学习雷锋先进事迹的热潮。雷锋精神，成了新中国社会风尚的一个标志。

4月6日，中国向阿尔及利亚派出援外医疗队。这是中国政府向非洲国家派遣的第一支医疗队。

6月14日，中共中央发表《关于国际共产主义运动总路线的建议》。9月6日至1964年7月14日，又连续发表总称为《关于国际共产主义运动总路线的论战》的九篇文章（“九评”）。中苏两党之间的论战达到高潮。1966年3月起，中苏两党关系基本中断。

11月17日，毛泽东为河北抗洪抢险斗争展览会题词“一定要根治海河”。到1973年11月，子牙河、大清河、永定河、北运河及南运河等五大河系和徒骇河、马颊河等骨干河道得到普遍治理。

12月2日，中共中央、国务院原则批准中央科学小组、国家科学技术委员会党组关于1963—1972年科学技术发展规划的报告、科学技术发展规划纲要及科学技术事业规划。

12月14日至翌年2月29日，周恩来访问亚非欧14国，提出中

考试笔记

国处理同阿拉伯国家和非洲国家关系的五项原则及对外经济技术援助八项原则。

1964年

2月10日，《人民日报》发表社论和通讯，介绍山西省昔阳县大寨大队艰苦奋斗、发展生产的事迹。此后，“农业学大寨”运动在全国展开。

5月15日—6月17日，中央工作会议召开。会议讨论了“三线”建设问题。1965年夏，“三线”建设进入实质性实施阶段。20世纪80年代起，国家对“三线”建设实施全面调整与改造。

10月16日，中国第一颗原子弹爆炸成功。中国政府发表声明，郑重宣布：中国在任何时候、任何情况下，都不会首先使用核武器。

12月20日至翌年1月5日，全国政协四届一次会议举行。会议推举毛泽东为全国政协名誉主席，选举周恩来为主席。

12月21日至翌年1月4日，三届全国人大一次会议举行。周恩来在《政府工作报告》中提出：要在不长的历史时期内，把我国建设成为一个具有现代农业、现代工业、现代国防和现代科学技术的社会主义强国。会议选举刘少奇为国家主席，朱德为全国人大常委会委员长，决定周恩来为国务院总理。

1965年

3月1日，为解决香港淡水供应困难而兴建的东江—深圳供水工程正式向香港供水。

4月5日，河南省林县红旗渠实现总干渠通水。林县人民自力更生、艰苦奋斗，建成“人造天河”红旗渠。

6月26日，毛泽东在同医务人员谈话时提出，把医疗卫生工作的重点放到农村去。9月21日，中共中央批转卫生部党委《关于把卫生工作重点放到农村的报告》。到年底，全国城乡医疗卫生网基本形成，相当一部分农村地区实行合作医疗制度。

9月17日，中国在世界上首次人工合成结晶牛胰岛素。

12月31日，中国自主设计建造的第一艘万吨级远洋货轮“东风”

号成功交付。

考试笔记

1966年

2 月 7 日，新华社播发通讯《县委书记的榜样——焦裕禄》。全国掀起学习焦裕禄的热潮。焦裕禄以自己的实际行动诠释了亲民爱民、艰苦奋斗、科学求实、迎难而上、无私奉献的精神。

3 月 8 日、22 日，河北邢台地区相继发生里氏 6.8 级和 7.2 级强烈地震。在中共中央、国务院和中央军委领导下，在全国人民和解放军的大力支援下，灾区人民积极开展抗震救灾工作。

5 月 4—26 日，中央政治局扩大会议召开。会议通过“五一六通知”。8 月，中共八届十一中全会通过《中国共产党中央委员会关于无产阶级文化大革命的决定》。这两次会议的召开，标志着“文化大革命”的全面发动。

7 月 1 日，中国人民解放军第二炮兵领导机构成立。

10 月 27 日，中国成功进行第一颗装有核弹头的地地导弹飞行爆炸。

1967年

2 月前后，谭震林、陈毅、叶剑英、李富春、李先念、徐向前、聂荣臻等老一辈革命家在不同会议上对“文化大革命”的错误做法提出强烈批评。这次抗争后来被诬为“二月逆流”而受到压制和打击。

3 月 19 日，中央军委作出《关于集中力量执行支左、支农、支工、军管、军训任务的决定》。到 1972 年 8 月，人民解放军先后派出指战员 280 余万人次执行“三支两军”任务。

6 月 17 日，中国第一颗氢弹空爆试验成功。

9 月 5 日，中国政府和坦桑尼亚、赞比亚两国政府在北京签订关于修建坦桑尼亚—赞比亚铁路的协定。1976 年 7 月 14 日，坦赞铁路竣工，交接仪式在赞比亚举行。

1968年

10 月 13—31 日，中共扩大的八届十二中全会召开。全会对刘少奇作出完全错误的政治结论和组织处理。1969 年 11 月 12 日，刘少

考试笔记

奇在河南开封含冤逝世。1980 年 2 月，中共十一届五中全会为刘少奇平反昭雪。

12 月 22 日，《人民日报》发表毛泽东的指示：“知识青年到农村去，接受贫下中农的再教育，很有必要。”全国掀起知识青年上山下乡的高潮。1981 年 11 月，城镇知识青年上山下乡运动结束。

12 月 29 日，南京长江大桥全面建成通车。这是当时中国自行设计建造的最大的铁路、公路两用桥。

1969年

3 月，苏联军队入侵乌苏里江主航道中国一侧的珍宝岛，造成严重流血事件。中国边防部队被迫进行自卫反击作战。

4 月 1—24 日，中国共产党第九次全国代表大会举行。出席大会的代表 1512 人，当时全国共有党员约 2200 万名。大会肯定了“无产阶级专政下继续革命的理论”，使“文化大革命”的错误理论和实践合法化。九大在思想上、政治上和组织上的指导方针都是错误的。

4 月 28 日，中共九届一中全会选举毛泽东为中央委员会主席。九届中央政治局第一次会议通过中央军委名单，毛泽东任主席。

9 月 23 日，中国成功进行首次地下核试验。

10 月 1 日，中国第一条城市地铁线路——北京地下铁道一期工程正式建成通车。

1970年

4 月 24 日，中国第一颗人造地球卫星发射成功。

12 月 25 日，中共中央批准兴建长江葛洲坝水利枢纽工程。1988 年 12 月，工程全部建成。

1971年

9 月 13 日，林彪等人外逃叛国，在蒙古人民共和国温都尔汗附近机毁人亡。林彪反革命集团的覆灭，客观上宣告了“文化大革命”理论和实践的失败。

10 月 25 日，第二十六届联合国大会以压倒性多数的票数通过

2758 号决议，恢复中华人民共和国在联合国的一切合法权利，并立即把蒋介石集团的“代表”从联合国及其所属一切机构中驱逐出去。11 月 15 日，中华人民共和国代表团首次出席联合国大会。

10 月，周恩来在毛泽东支持下主持中央日常工作。此后，周恩来提出批判极左思潮，落实党的各项政策，各方面工作有了明显好转。1972 年 12 月，调整工作被迫中断。

12 月，中国自行研制的第一艘导弹驱逐舰交付使用，正式编入军队战斗序列。

1972年

2 月 21—28 日，美国总统尼克松访问中国。此前，美国乒乓球代表团于 1971 年 4 月应邀访华；美国总统国家安全事务助理基辛格分别于 1971 年 7 月和 10 月两次访华。28 日，中美双方在上海发表《联合公报》，标志两国关系正常化进程的开始。

9 月 25—30 日，日本国内阁总理大臣田中角荣应邀访问中国，谈判并解决中日邦交正常化问题。29 日，中日两国政府发表《联合声明》，宣布即日起建立外交关系。

11 月 8 日，第二十七届联合国大会通过决议，将香港、澳门从反殖民主义宣言适用的殖民地名单中删除，明确了香港、澳门不具有殖民地地位。

1973年

3 月 29 日，根据毛泽东的意见，周恩来主持中央政治局会议，决定邓小平正式参加国务院业务组工作，并以国务院副总理身份参加外事活动。12 月 22 日，中共中央发出通知，邓小平参加中央和中央军委的领导工作。

8 月 5—20 日，国务院召开首次全国环境保护会议，制定《关于保护和改善环境的若干规定（试行草案）》。这是中国第一部环境保护的综合性法规。

8 月 24—28 日，中国共产党第十次全国代表大会举行。出席大会的代表 1249 人，当时全国共有党员 2800 万名。十大继续肯定九大

考试笔记

的政治路线和组织路线。

8 月 30 日，中共十届一中全会选举毛泽东为中央委员会主席。

本年，中国籼型杂交水稻科研协作组袁隆平等人，在世界上首次培育成功强优势的籼型杂交水稻。

1974年

1 月 19—20 日，中国人民解放军奉命对南越西贡当局军队的武装进攻进行自卫反击作战，胜利保卫了西沙群岛领土。

4 月 6—16 日，邓小平率中国代表团出席联合国大会第六届特别会议。10 日，在会议上全面阐述毛泽东关于“三个世界”划分的理论和中国的对外政策。

8 月 1 日，中央军委发布命令，将中国自行设计制造的第一艘核潜艇命名为“长征一号”，正式编入海军战斗序列。人民海军进入拥有核潜艇的新阶段。

1975年

1 月 13—17 日，四届全国人大一次会议举行。会议重申四个现代化的目标；选举朱德为全国人大常委会委员长，任命周恩来为国务院总理、邓小平等为副总理。此前，邓小平在 1 月 5 日被任命为中央军委副主席，在 1 月 8 日至 10 日召开的中共十届二中全会上当选为中共中央副主席。

2 月，在毛泽东、周恩来支持下，邓小平开始主持国务院日常工作。7 月，开始主持中央日常工作。主持工作期间，对全国各方面的工作进行整顿，收到显著成效。11 月，整顿被迫中断。

11 月 26 日，中国成功发射一颗返回式遥感人造地球卫星，并按计划顺利回收，成为继美国、苏联之后第三个掌握卫星回收技术的国家。

1976年

1 月 8 日，周恩来逝世。

3 月下旬—4 月 5 日，北京、南京等地爆发悼念周恩来，反对“四人帮”的群众运动。4 月 5 日，首都群众在天安门广场的悼念活动被错误地定性为“反革命事件”。

4月7日，华国锋被任命为中共中央第一副主席、国务院总理。邓小平被错误地撤销党内外一切职务。

7月6日，朱德逝世。

7月28日，河北唐山、丰南地区发生里氏7.8级强烈地震，并波及天津、北京等地，24.2万多人罹难，16.4万多人重伤。在中共中央、国务院和中央军委领导下，在全国人民和解放军的大力支援下，灾区群众奋力抗震救灾。

9月9日，毛泽东逝世。18日，首都百万群众在天安门广场隆重举行追悼大会。全国各省、自治区、直辖市举行了悼念活动。

10月6日，中央政治局执行党和人民的意志，采取断然措施，一举粉碎“四人帮”。延续十年之久的“文化大革命”结束。

1977年

4月10日，邓小平致信华国锋、叶剑英并中共中央。针对“两个凡是”的错误观点，指出：我们必须世世代代地用准确的完整的毛泽东思想来指导我们全党、全军和全国人民。5月3日，中共中央转发这封信。

7月16—21日，中共十届三中全会召开。全会通过关于追认华国锋任中共中央主席、中央军委主席的决议，决定恢复邓小平中共中央副主席、中央军委副主席、国务院副总理等职务。

8月12—18日，中国共产党第十一次全国代表大会举行。出席大会的代表1510人，代表全国3500多万名党员。大会宣告“文化大革命”已经结束，重申在20世纪内把中国建设成为社会主义现代化强国，但未能从根本上纠正“文化大革命”的错误。

8月19日，中共十一届一中全会选举华国锋为中央委员会主席。全会通过中央军委名单，华国锋为主席。

9月18日，中共中央发出《关于召开全国科学大会的通知》，要求抓紧落实党的知识分子政策，迅速恢复被撤掉的科研机构，恢复科研人员的技术职称，建立考核制度，实行技术岗位责任制。之后，中国科学院破格晋升对“哥德巴赫猜想”研究取得世界领先成就的陈景

考试笔记

考试笔记

润为研究员。

10月5日，中央政治局会议讨论并原则批准教育部《关于1977年高等学校招生工作的意见》。12日，国务院批转了这个意见，决定从本年起，高等学校招生采取自愿报名、统一考试、择优录取的办法，恢复“文化大革命”中被废弃的高考制度。11月至12月，全国约570万人参加了由各省、自治区、直辖市分别组织的统一考试，27.3万人被录取。

1978年

2月24日—3月8日，全国政协五届一次会议举行。会议通过《中国人民政治协商会议章程》，选举邓小平为全国政协主席。

2月26日—3月5日，五届全国人大一次会议举行。会议重申在20世纪内实现四个现代化的奋斗目标；选举叶剑英为全国人大常委会委员长，决定华国锋为国务院总理。

3月18—31日，全国科学大会召开。邓小平在会议开幕词中强调科学技术是生产力，指出为社会主义服务的脑力劳动者是劳动人民的一部分。会议制定了《1978—1985年全国科学技术发展规划纲要（草案）》。

4月5日，中共中央批准中央统战部、公安部《关于全部摘掉右派分子帽子的请示报告》。9月17日，中共中央批转《贯彻中央关于全部摘掉右派分子帽子决定的实施方案》，指出对过去错划了的人，要做好改正工作。到11月，全国摘掉右派分子帽子的工作全部完成。对错划右派的改正工作于1980年基本结束。

5月10日，中央党校内部刊物《理论动态》刊登《实践是检验真理的唯一标准》一文。11日，《光明日报》以特约评论员名义公开发表这篇文章，新华社向全国转发。在邓小平的领导和许多老一辈革命家的支持下，一场关于真理标准问题的大讨论迅速在全党全社会展开。这场深刻而广泛的思想解放运动，成为正本清源、拨乱反正和改革开放的思想先导。

10月22—29日，邓小平访问日本。这是新中国成立后中国国家领导人首次访问日本。

考试笔记

11月10日—12月15日，中央工作会议召开。会议讨论从1979年起把全党工作着重点转移到社会主义现代化建设上来等问题。陈云提出解决历史遗留问题的意见，得到与会者响应。11月25日，中央政治局宣布为“天安门事件”等错案平反。12月13日，邓小平发表《解放思想，实事求是，团结一致向前看》讲话，实际上成为随后召开的中共十一届三中全会的主题报告，是开辟新时期新道路的宣言书。

11月25日，三北（西北、华北、东北）防护林体系工程建设启动。1990年5月7日，长江中上游防护林体系建设工程全面展开。

12月16日，中美公布关于建立外交关系的联合公报，宣布自1979年1月1日起互相承认并建立外交关系。同日，美国宣布于1979年1月1日断绝同台湾当局的所谓“外交关系”。

12月18—22日，中共十一届三中全会召开。全会批判了“两个凡是”的错误方针，充分肯定必须完整地、准确地掌握毛泽东思想的科学体系，高度评价关于实践是检验真理的唯一标准问题的讨论；果断地停止使用“以阶级斗争为纲”的口号，作出把党和国家工作中心转移到经济建设上来、实行改革开放的历史性决策；决定健全党的民主集中制，加强党的领导机构，成立中央纪律检查委员会，选举陈云为中央纪委第一书记。全会标志着中国共产党重新确立了马克思主义的思想路线、政治路线和组织路线，实现新中国成立以来党的历史上具有深远意义的伟大转折，开启了改革开放和社会主义现代化的伟大征程。

12月23日，上海宝山钢铁总厂举行动工典礼。到1985年11月、1992年4月，一期、二期工程建成投产。2001年5月，三期工程通过竣工验收。

1979年

1月1日，全国人大常委会发表《告台湾同胞书》，郑重宣示争取祖国和平统一的大政方针。同日，国防部长徐向前发表声明，即日起停止自1958年8月23日开始的对金门等岛屿的炮击。两岸关系由此揭开新篇章。

1月4—22日，中央纪律检查委员会召开第一次全体会议。此后，

考试笔记

全国地方各级纪律检查机构陆续恢复重建。

1月18日—4月3日，党的理论工作务虚会召开。3月30日，邓小平在会上发表《坚持四项基本原则》讲话。强调，必须在思想政治上坚持社会主义道路，坚持无产阶级专政（后表述为人民民主专政），坚持共产党的领导，坚持马列主义、毛泽东思想。这四项基本原则是实现四个现代化的根本前提。

1月29日—2月5日，邓小平对美国进行国事访问。这是新中国成立后中国国家领导人第一次访问美国。

1月31日，中共中央、国务院决定在广东蛇口建立全国第一个对外开放工业区——蛇口工业区。

2月17日—3月16日，中国边防部队实施对越自卫反击战。

3月21日，邓小平在会见外宾时提出“中国式的四个现代化”概念。12月6日，他在会见日本首相大平正芳时提出“小康”的概念。

4月5—28日，中共中央召开工作会议，决定对国民经济实行“调整、改革、整顿、提高”的方针。

6月15日，邓小平在全国政协五届二次会议上讲话，明确指出，新时期统一战线和人民政协的任务，就是要调动一切积极因素，努力化消极因素为积极因素，团结一切可以团结的力量，同心同德，群策群力，维护和发展安定团结的政治局面，为把我国建设成为现代化的社会主义强国而奋斗。10月19日，在对各民主党派和全国工商联代表讲话时指出，统一战线已经发展成为全体社会主义劳动者、拥护社会主义的爱国者和拥护祖国统一的爱国者的最广泛的联盟。

7月1日，五届全国人大二次会议通过《关于修正〈中华人民共和国宪法〉若干规定的决议》和《中华人民共和国刑法》《中华人民共和国刑事诉讼法》《中华人民共和国中外合资经营企业法》等七部法律。

7月15日，中共中央、国务院批转广东省委、福建省委关于对外经济活动实行特殊政策和灵活措施的两个报告，决定先在深圳、珠海试办出口特区。1980年5月16日，中共中央、国务院批转《广东、福建两省会议纪要》，正式将出口特区改称为经济特区。8月，五届全国人大常委会第十五次会议批准广东、福建两省在深圳、珠海、汕头、厦门设置经济特区。在中央决策的推动下，特区建设者创造了敢闯敢试、敢为人先、埋头苦干的特区精神。

9月13日，五届全国人大常委会第十一次会议原则通过《中华人民共和国环境保护法（试行）》。1983年12月31日，第二次全国环境保护会议明确提出环境保护是我国的一项基本国策。1989年12月26日，七届全国人大常委会第十一次会议通过《中华人民共和国环境保护法》。

9月29日，叶剑英在庆祝中华人民共和国成立30周年大会上发表讲话，初步总结新中国成立30年来的经验教训，明确提出要从中国的实际出发，走出一条适合中国情况和特点的实现现代化的道路，要发展社会主义民主和法制，建设社会主义物质文明和精神文明。

10月30日，邓小平在中国文学艺术工作者第四次代表大会上致祝词，指出要在建设高度物质文明的同时，建设高度的社会主义精神文明。

1980年

1月16日，邓小平在中共中央召集的干部会议上发表《目前的形势和任务》讲话，提出反对霸权主义、维护世界和平，台湾归回祖国、实现祖国统一，加紧四个现代化建设三大任务。

2月23—29日，中共十一届五中全会召开。全会通过《关于党内政治生活的若干准则》。

3月14—15日，中共中央召开西藏工作座谈会，提出有计划有步骤地使西藏兴旺发达、繁荣富裕起来。

4月15—18日，邓小平、胡耀邦等在会见意大利共产党主席贝林格时首次提出党际交往的基本原则。1982年中共十二大正式提出处理党际关系的独立自主、完全平等、互相尊重和互不干涉内部事务四项原则。

4月17日，中国恢复在国际货币基金组织的代表权。

5月15日，中国恢复在世界银行的代表权。

5月18日，中国向太平洋预定海域发射第一枚运载火箭获得圆满成功。

8月18日，邓小平在中央政治局扩大会议上发表《党和国家领

考试笔记

导制度的改革》讲话。指出，领导制度、组织制度问题更带有根本性、全局性、稳定性和长期性，对现行制度存在的各种弊端必须进行改革。改革党和国家的领导制度，不是要削弱党的领导，涣散党的纪律，而正是为了坚持和加强党的领导，坚持和加强党的纪律。

9月2日，国务院批转国家经委《关于扩大企业自主权试点工作情况和今后意见的报告》，要求从1981年起把扩大企业自主权的工作在国营工业企业中全面推开。

9月25日，中共中央发出《关于控制我国人口增长问题致全体共产党员、共青团员的公开信》，提倡一对夫妇只生育一个孩子。1982年中共十二大把实行计划生育确立为中国的一项基本国策。

11月，陈云在中央纪律检查委员会召开的第三次贯彻《关于党内政治生活的若干准则》座谈会期间指出，执政党的党风问题是有关党的生死存亡的问题，党风问题必须抓紧搞，永远搞。

1981年

2月25，全国总工会、共青团中央等九单位联合向全国人民特别是青少年发出倡议，开展以讲文明、讲礼貌、讲卫生、讲秩序、讲道德和心灵美、语言美、行为美、环境美为主要内容的“五讲四美”文明礼貌活动。1982年中共十二大以后，许多地方开展了热爱祖国、热爱社会主义、热爱党的“三热爱”活动。它与原来的“五讲四美”活动，汇合成一个“五讲四美三热爱”的统一的活动。

6月27—29日，中共十一届六中全会召开。全会通过《关于建国以来党的若干历史问题的决议》，对新中国成立32年来党的重大历史事件特别是“文化大革命”作出正确总结，实事求是地评价毛泽东的历史地位，科学论述毛泽东思想作为党的指导思想的伟大意义。该决议的通过，标志着党在指导思想上拨乱反正任务的完成。29日，全会选举胡耀邦为中央委员会主席，邓小平为中央军委主席。

8月27日—9月25日，全军高级干部集训，重点研究战争初期方面军防御战役的组织与实施。其间，北京军区部队和空军部队在华北地区组织方面军防御战役演习。邓小平在演习结束后举行的阅兵式上讲话指出，必须把我军建设成为一支强大的现代化、正规化的革命军队。

考试笔记

9 月 30 日，叶剑英向新华社记者发表谈话，进一步阐述关于台湾回归祖国、实现祖国和平统一的九条方针政策。

10 月 17 日，中共中央、国务院作出《关于广开门路，搞活经济，解决城镇就业问题的若干决定》。

11 月 7—16 日，中国女排在日本大阪举行的第三届世界杯女子排球赛上七战七捷，首次获得世界冠军。到 1986 年，中国女排在世界杯、世界锦标赛和奥运会上五次蝉联世界冠军。

1982年

1 月 1 日，中共中央批转《全国农村工作会议纪要》，肯定包产到户等各种生产责任制都是社会主义集体经济的生产责任制。1982 年至 1986 年，中共中央就农业和农村问题连续发出五个一号文件。

1 月 11 日，邓小平会见美国华人协会主席李耀滋，首次提出“一个国家，两种制度”概念。1983 年 6 月 26 日，他会见美国新泽西州西东大学教授杨力宇，进一步阐述了有关大陆和台湾和平统一的六条方针。

1 月 13 日，邓小平在中央政治局扩大会议上发表讲话，提出干部队伍革命化、年轻化、知识化、专业化的“四化”方针。

2 月 20 日，中共中央作出《关于建立老干部退休制度的决定》。

3 月 31 日，中共中央印发《关于我国社会主义时期宗教问题的基本观点和基本政策》，明确阐述了尊重和保护宗教信仰自由，争取、团结和教育宗教界人士，落实党的各项宗教政策等问题。

4 月 13 日，中共中央、国务院作出《关于打击经济领域中严重犯罪活动的决定》。

8 月 17 日，中美两国政府就分步骤直到最后彻底解决美国向台湾出售武器问题发表《中华人民共和国和美利坚合众国联合公报》（八一七公报）。

9 月 1—11 日，中国共产党第十二次全国代表大会举行。大会正式代表 1600 人，候补代表 149 人，代表全国 3900 多万党员。邓小平在致开幕词时提出，把马克思主义的普遍真理同我国的具体实际结合起来，走自己的道路，建设有中国特色的社会主义。大会通过的报告

考试笔记

《全面开创社会主义现代化建设的新局面》，提出分两步走，在20世纪末实现工农业年总产值翻两番的目标。大会通过新的《中国共产党章程》。大会决定设立中央顾问委员会。

9月12—13日，中共十二届一中全会选举胡耀邦为中央委员会总书记，决定邓小平为中央军委主席，批准邓小平为中央顾问委员会主任，批准陈云为中央纪委第一书记。

9月24日，邓小平会见英国首相撒切尔夫人，阐述中国政府对香港问题的基本立场。指出，主权问题不是一个可以讨论的问题。1997年中国将收回香港，不仅是新界，而且包括香港岛、九龙。

10月3日，中共中央、国务院作出《关于中央党政机关干部教育工作的决定》，要求中央党政机关的干部教育经常化、正规化、制度化。1983年4月18日，中共中央作出《关于实现党校教育正规化的决定》。

10月12日，中国首次以潜艇从水下向预定海上目标区发射运载火箭获得成功。

12月4日，五届全国人大五次会议通过并公布施行经全面修改后的《中华人民共和国宪法》（即现行宪法）。规定：加强人民代表大会制度，扩大全国人大常委会的职权；恢复设立国家主席；国家设立中央军事委员会，中央军事委员会实行主席负责制；国务院实行总理负责制；国家在必要时得设立特别行政区；改变农村人民公社“政社合一”的体制，设立乡政权；在宪法序言中明确人民政协的性质、作用。此后，为适应改革开放和社会主义现代化建设的需要，我国分别于1988年、1993年、1999年、2004年、2018年先后五次对宪法进行修改。

1983年

4月5日，中国人民武装警察部队总部在北京成立。

4月24日，国务院批转财政部《关于国营企业利改税试行办法》。

6月4—22日，全国政协六届一次会议举行。会议选举邓颖超为全国政协主席。

6月6—21日，六届全国人大一次会议举行。会议选举李先念为国家主席，彭真为全国人大常委会委员长，邓小平为国家中央军委主席，决定赵紫阳为国务院总理。

8月25日，中共中央作出《关于严厉打击刑事犯罪活动的决定》。

10月1日，邓小平为景山学校题词："教育要面向现代化，面向世界，面向未来。"

10月11—12日，中共十二届二中全会召开。全会通过《关于整党的决定》，决定用三年时间分期分批对党的作风和党的组织进行一次全面整顿。这次整党到1987年5月基本结束。

10月12日，中共中央、国务院发出《关于实行政社分开建立乡政府的通知》。到1984年年底，全国基本完成了政社分设。

12月6日，由中国人民解放军国防科技大学研制成功的中国第一台亿次巨型计算机——"银河–I"计算机在长沙通过国家鉴定，填补了国内巨型计算机研制的空白。

1984年

1月22日—2月17日，邓小平视察深圳、珠海、厦门三个经济特区和上海，充分肯定试办经济特区和对外开放的决策。

3月1日，中共中央、国务院转发农牧渔业部《关于开创社队企业新局面的报告》，同意将社队企业改称乡镇企业，提出发展乡镇企业的若干政策。

4月8日，中国首次成功发射试验通信卫星东方红二号，成为世界上第五个掌握卫星通信能力的国家。

5月4日，中共中央、国务院批转《沿海部分城市座谈会纪要》，决定进一步开放天津、上海、大连、秦皇岛、烟台、青岛、连云港、南通、宁波、温州、福州、广州、湛江和北海14个沿海港口城市，并提出逐步兴办经济技术开发区。

5月31日，六届全国人大二次会议通过《中华人民共和国民族区域自治法》。2001年2月28日，九届全国人大常委会第二十次会议通过《关于修改〈中华人民共和国民族区域自治法〉的决定》，明确规定民族区域自治是国家的一项基本政治制度。

10月1日，首都举行庆祝中华人民共和国成立35周年的阅兵仪

考试笔记

式和群众游行。邓小平检阅受阅部队并发表讲话。

10月20日，中共十二届三中全会召开。全会通过《关于经济体制改革的决定》，规定以城市为重点的经济体制改革的任务、性质和各项方针政策；提出社会主义经济是公有制基础上的有计划的商品经济。

10月，《列宁全集》中文第二版开始分卷出版。全集共60卷，到1990年出齐。

12月3日，中共中央、国务院作出《关于严禁党政机关和党政干部经商、办企业的决定》。

12月19日，中英两国政府在北京正式签署《中华人民共和国政府和大不列颠及北爱尔兰联合王国政府关于香港问题的联合声明》，中国政府声明决定于1997年7月1日对香港恢复行使主权。

1985年

1月1日，中共中央、国务院印发《关于进一步活跃农村经济的十项政策》，决定改革农产品统购派购制度，从1985年起实行合同定购和市场收购。

1月21日，六届全国人大常委会第九次会议通过《关于教师节的决定》，决定9月10日为教师节。

2月18日，中共中央、国务院批转《长江、珠江三角洲和闽南厦漳泉三角地区座谈会纪要》，决定在长江三角洲、珠江三角洲和闽南厦漳泉三角地区开辟沿海经济开放区。1988年3月18日，国务院发出《关于扩大沿海经济开放区范围的通知》，决定新划入沿海经济开放区140个市、县，包括杭州、南京、沈阳3个省会城市。此后，国务院又相继决定开放了一批沿江、沿边、内陆和省会城市，形成了多层次、多渠道、全方位开放格局。

2月20日，中国第一个南极考察站——长城站在南极乔治王岛建成。此后，我国又陆续建成南极中山站、昆仑站、泰山站。

3月4日，邓小平在会见外宾时指出，现在世界上真正大的问题，带全球性的战略问题，一个是和平问题，一个是发展问题。和平问题是东西问题，发展问题是南北问题。概括起来，就是东西南北四个字。南北问题是核心问题。

3 月 13 日，中共中央作出《关于科学技术体制改革的决定》，提出经济建设必须依靠科学技术、科学技术工作必须面向经济建设的战略方针。

5 月 23 日—6 月 6 日，中央军委召开扩大会议。邓小平在会上提出对国际形势的新判断和中国对外政策的两个重要转变，宣布中国人民解放军减少员额 100 万。会议作出军队建设指导思想实行战略性转变的重大决策。

5 月 27 日，中共中央作出《关于教育体制改革的决定》。明确教育体制改革的根本目的和主要措施，提出有步骤地实行九年制义务教育，大力发展职业技术教育，改革高等学校招生计划和毕业生分配制度，扩大高等学校办学自主权。

5 月，中共中央、国务院批准实施旨在依靠科学技术促进农村经济发展的“星火计划”。

6 月 9—15 日，全国法制宣传教育工作会议召开。会议通过《关于向全体公民基本普及法律常识的五年规划》。到 2021 年，共实施八个五年普法规划。

9 月 18—23 日，中国共产党全国代表会议举行。会议对中央委员会、中央顾问委员会和中央纪律检查委员会的成员进行了调整。

9 月 24 日，中共十二届五中全会召开。全会对中央政治局和中央书记处成员进行了调整，进一步实现了中央领导机构成员的新老交替。

1986年

3 月 5 日，邓小平对王大珩、王淦昌、杨嘉墀、陈芳允四位科学家提出的关于跟踪研究外国高技术发展的建议作出批示。11 月 18 日，中共中央、国务院转发《高技术研究发展计划纲要》。这个计划因邓小平首次批示的时间为 1986 年 3 月，又称“八六三计划”。

4 月 12 日，六届全国人大四次会议通过《中华人民共和国民法通则》《中华人民共和国义务教育法》和《中华人民共和国外资企业法》。

7 月 8 日，中国国内卫星通信网正式建成。

8 月 10 日，解放军总参谋部、总政治部、总后勤部发出通知，规定预备役部队正式列入人民解放军建制序列。

考试笔记

9月15日，中共中央、国务院印发《中国共产党全民所有制工业企业基层组织工作条例》。

9月28日，中共十二届六中全会召开。全会通过《关于社会主义精神文明建设指导方针的决议》，阐明社会主义精神文明建设的战略地位、根本任务和基本指导方针。社会主义精神文明建设对促进党风和社会风气好转起了积极作用，涌现出蒋筑英、罗健夫、朱伯儒、谷文昌等一批时代楷模。

12月5日，国务院作出《关于深化企业改革增强企业活力的若干规定》。

12月30日，邓小平在同几位中央负责同志谈话时指出，要旗帜鲜明地坚持四项基本原则，反对资产阶级自由化。1987年1月28日，中共中央发出《关于当前反对资产阶级自由化若干问题的通知》。

1987年

4月13日，中葡两国政府在北京正式签署《中华人民共和国政府和葡萄牙共和国政府关于澳门问题的联合声明》，确认中国政府于1999年12月20日对澳门恢复行使主权。

4月17日，中共中央、国务院批转中央统战部、国家民委《关于民族工作几个重要问题的报告》，阐述新时期民族工作总的指导思想和根本任务。

10月16日，国务院办公厅公布有关接待探亲台胞的办法。11月2日，第一批探亲台胞经香港赴大陆。至此，长达38年之久的两岸隔绝状态被打破，两岸人员往来和经济文化交流逐步展开。

10月25日—11月1日，中国共产党第十三次全国代表大会举行。大会正式代表1936人，特邀代表61人，代表全国4600多万党员。大会通过的报告《沿着有中国特色的社会主义道路前进》，阐述社会主义初级阶段理论，提出党在社会主义初级阶段的基本路线，制定到21世纪中叶分三步走、实现现代化的发展战略。大会通过《中国共产党章程部分条文修正案》。

11月2日，中共十三届一中全会选举赵紫阳为中央委员会总书记，决定邓小平为中央军委主席，批准陈云为中央顾问委员会主任，

考试笔记

批准乔石为中央纪委书记。

11 月 24 日，六届全国人大常委会第二十三次会议通过《中华人民共和国村民委员会组织法（试行）》。1998 年 11 月 4 日，九届全国人大常委会第五次会议通过《中华人民共和国村民委员会组织法》。

1988年

2 月 25 日，国务院印发《关于在全国城镇分期分批推行住房制度改革的实施方案》。1994 年 7 月 18 日，国务院作出《关于深化城镇住房制度改革的决定》，住房供应管理逐步由单位化向社会化、专业化改变。1998 年 7 月 3 日，国务院发出《关于进一步深化城镇住房制度改革加快住房建设的通知》，提出停止住房实物分配，逐步实行住房分配货币化。

3 月 14 日，人民解放军海军进行南沙群岛自卫还击作战。

3 月 24 日—4 月 10 日，全国政协七届一次会议举行。会议选举李先念为全国政协主席。

3 月 25 日—4 月 13 日，七届全国人大一次会议举行。会议决定设立海南省、建立海南经济特区；批准国务院机构改革方案，此后第一次对各部门进行“定职能、定机构、定编制”的“三定”工作；通过《中华人民共和国中外合作经营企业法》等。会议选举杨尚昆为国家主席，万里为全国人大常委会委员长，邓小平为国家中央军委主席，决定李鹏为国务院总理。

6 月 1 日，中共中央发出《关于党和国家机关必须保持廉洁的通知》。

7 月 1 日，七届全国人大常委会第二次会议通过《中国人民解放军军官军衔条例》，人民解放军实行新的军衔制。

8 月，国务院批准实施旨在发展高新技术产业的“火炬计划”。

9 月 5 日，邓小平在会见外宾时指出，马克思说过，科学技术是生产力，事实证明这话讲得很对。依我看，科学技术是第一生产力。同日，七届全国人大常委会第三次会议通过《中国人民解放军现役军官服役条例》。2000 年 12 月 28 日，九届全国人大常委会第十九次会议通过《中华人民共和国现役军官法》。

9 月 12 日，邓小平在听取工作汇报时，提出“两个大局”思想。

考试笔记

指出，沿海地区要加快对外开放，使这个拥有两亿人口的广大地带较快地先发展起来，从而带动内地更好地发展，这是一个事关大局的问题。内地要顾全这个大局。反过来，发展到一定的时候，又要求沿海拿出更多力量来帮助内地发展，这也是个大局。那时沿海也要服从这个大局。

9 月 14—27 日，中国自行研制的导弹核潜艇在东海海域进行水下发射运载火箭试验并取得成功。

9 月 26—30 日，中共十三届三中全会召开。全会提出治理经济环境、整顿经济秩序、全面深化改革的方针。

10 月 16 日，中国第一座高能加速器——北京正负电子对撞机对撞成功。

1989年

春夏之交，北京和其他一些城市发生政治风波，党和政府依靠人民，旗帜鲜明地反对动乱，平息在北京发生的政治风波，捍卫了社会主义国家政权，维护了人民的根本利益，保证了改革开放和现代化建设继续前进。6 月 9 日，邓小平在接见首都戒严部队军以上干部时指出，北京发生的政治风波是国际的大气候和中国自己的小气候所决定的，强调党的十一届三中全会以来制定的基本路线、方针、政策和发展战略是正确的，要坚定不移地干下去。

5 月 16 日，邓小平会见来访的苏联最高苏维埃主席团主席、苏共中央总书记戈尔巴乔夫，中苏关系实现正常化。

6 月 16 日，邓小平在同几位中央负责同志谈话时指出，任何一个领导集体都要有一个核心，没有核心的领导是靠不住的。并指出，我们要一手抓改革开放，一手抓惩治腐败，把这两件事结合起来。

6 月 23—24 日，中共十三届四中全会召开。全会通过《关于赵紫阳同志在反党反社会主义的动乱中所犯错误的报告》，选举江泽民为中央委员会总书记。24 日，江泽民在全会上讲话指出，在对待党的十一届三中全会以来的路线和基本政策这个最基本的问题上，要明确两句话：一句是坚定不移，毫不动摇；一句是全面执行，一以贯之。

7 月 27—28 日、8 月 28 日，中央政治局召开全体会议，通过

考试笔记

《关于近期做几件群众关心的事的决定》《关于加强宣传、思想工作的通知》和《关于加强党的建设的通知》。

9 月 4 日，邓小平针对国际局势的剧变提出冷静观察、稳住阵脚、沉着应付的对外工作指导方针。

9 月 29 日，庆祝中华人民共和国成立 40 周年大会召开。江泽民发表讲话。

11 月 6—9 日，中共十三届五中全会召开。全会通过《关于进一步治理整顿和深化改革的决定》。同意邓小平辞去中央军委主席职务，决定江泽民为中央军委主席。

12 月 21 日，中共中央发出《关于加强和改善党对工会、共青团、妇联工作领导的通知》。

12 月 26 日，七届全国人大常委会第十一次会议通过《中华人民共和国城市居民委员会组织法》。

12 月 30 日，中共中央印发《关于坚持和完善中国共产党领导的多党合作和政治协商制度的意见》，指出“长期共存、互相监督、肝胆相照、荣辱与共”是中国共产党同各民主党派合作的基本方针，明确中国共产党领导的多党合作和政治协商制度是我国一项基本政治制度。

1990年

3 月 9—12 日，中共十三届六中全会召开。全会通过《关于加强党同人民群众联系的决定》。

3 月 20 日—4 月 4 日，七届全国人大三次会议举行。会议通过《中华人民共和国香港特别行政区基本法》《关于〈中华人民共和国香港特别行政区基本法〉的决定》《关于设立香港特别行政区的决定》；决定接受邓小平辞去国家中央军委主席职务的请求，选举江泽民为国家中央军委主席。

4 月 12 日，中央政治局会议原则通过国务院提交的浦东开发开放方案。上海浦东新区成为我国首个国家级新区。此后，天津滨海、重庆两江等新区陆续批复设立。到 2021 年 6 月，全国共设立 19 个国家级新区。

4 月，中国政府首次向联合国停战监督组织派遣五名军事观察员，

考试笔记

开启中国参加联合国维和行动的序幕。1992 年 4 月，中国政府首次向联合国柬埔寨临时权力机构派出 400 人的维和工程兵大队，开创我军成建制参加联合国维和行动的先河。

5 月 25 日，中共中央印发《关于县以上党和国家机关党员领导干部民主生活会的若干规定》。

7 月 7 日，中共中央作出《关于实行党和国家机关领导干部交流制度的决定》。

9 月 1 日，中国大陆兴建最早的高速公路——沈大高速公路（沈阳至大连）正式通车。到 2020 年年底，全国高速公路里程达 16.1 万公里。

9 月 22 日—10 月 7 日，第十一届亚洲运动会在北京举行。这是中国首次承办的综合性国际体育大赛。

11 月 4 日，中共中央批转中央纪委《关于加强党风和廉政建设的意见》，强调要从党和国家生死存亡、改革开放兴衰成败的高度认识党风和廉政建设的重要性和紧迫性。

11 月 26 日，新中国成立以来在中国大陆开业的第一家证券交易所——上海证券交易所正式成立。12 月 19 日，上海证券交易所正式开业。1991 年 7 月 3 日，深圳证券交易所正式开业。

12 月 1 日，江泽民在全军军事工作会议上提出“政治合格、军事过硬、作风优良、纪律严明、保障有力”的军队建设“五句话”总要求。

1991年

1 月 10—16 日，全国拥军优属、拥政爱民工作会议在福建福州召开。会议命名表彰了首批全国双拥模范城（县）。

3 月 6 日，国务院发出《关于批准国家高新技术产业开发区和有关政策规定的通知》。决定继 1988 年批准北京市新技术产业开发试验区之后，在各地已建立的高新技术产业开发区中，再选定武汉东湖新技术开发区等 26 个开发区作为国家高新技术产业开发区。到 2021 年 6 月，共建成 169 个国家高新技术产业开发区（含苏州工业园区）。

6 月 26 日，国务院作出《关于企业职工养老保险制度改革的决定》。1997 年 7 月 16 日，国务院作出《关于建立统一的企业职工基本养老保险制度的决定》。2005 年 12 月 3 日，国务院作出《关于完善企业职工基本养老保险制度的决定》。

考试笔记

6 月,《毛泽东选集》第一至第四卷第二版出版。

7 月 1 日，庆祝中国共产党成立 70 周年大会召开。江泽民发表讲话，阐述建设有中国特色社会主义的经济、政治、文化的基本特征和主要内容。

7 月、8 月，经中央党史领导小组批准，由中央党史研究室编写的《中国共产党历史》上卷和《中国共产党的七十年》分别出版。2002 年 9 月,《中国共产党历史》上卷经修订后改名为《中国共产党历史》第一卷，经中共中央批准出版。2011 年 1 月、2016 年 6 月,《中国共产党历史》第二卷和《中国共产党的九十年》经中共中央批准分别出版。

9 月 6 日，中共中央作出《关于抓紧培养教育青年干部的决定》。

11 月 25—29 日，中共十三届八中全会召开。全会通过《关于进一步加强农业和农村工作的决定》。指出，要把以家庭联产承包为主的责任制、统分结合的双层经营体制作为我国乡村集体经济组织的一项基本制度长期稳定下来，并不断充实完善。

12 月 15 日，中国第一座自行设计、自行建造的核电站——秦山核电站并网发电。

1992年

1 月 14 日，江泽民在中央民族工作会议上讲话指出，要巩固和发展平等、团结、互助的社会主义民族关系，坚持和完善民族区域自治制度，坚决维护祖国统一。

1 月 18 日—2 月 21 日，邓小平视察武昌、深圳、珠海、上海等地并发表谈话，明确回答长期困扰和束缚人们思想的许多重大认识问题。指出，坚持党的十一届三中全会以来的路线、方针、政策，关键是坚持“一个中心、两个基本点”，基本路线要管一百年；判断姓“社”姓“资”的标准，应该主要看是否有利于发展社会主义社会的生产力，是否有利于增强社会主义国家的综合国力，是否有利于提高人民的生活水平；要抓住时机，发展自己，发展才是硬道理。特别强

考试笔记

调，计划多一点还是市场多一点，不是社会主义与资本主义的本质区别。社会主义的本质，是解放生产力，发展生产力，消灭剥削，消除两极分化，最终达到共同富裕。这次谈话是把改革开放和现代化建设推进到新阶段的又一个解放思想、实事求是的宣言书。

2 月 25 日，七届全国人大常委会第二十四次会议通过《中华人民共和国领海及毗连区法》。

3 月 8 日，国务院印发《国家中长期科学技术发展纲领》。

10 月 12—18 日，中国共产党第十四次全国代表大会举行。大会正式代表 1989 人，特邀代表 46 人，代表全国 5100 多万党员。大会通过的报告《加快改革开放和现代化建设步伐，夺取有中国特色社会主义事业的更大胜利》，总结党的十一届三中全会以来 14 年的实践经验，决定抓住机遇，加快发展；确定我国经济体制改革的目标是建立社会主义市场经济体制；提出用邓小平同志建设有中国特色社会主义的理论武装全党。大会通过《中国共产党章程（修正案）》，将邓小平同志建设有中国特色社会主义的理论和党在社会主义初级阶段的基本路线写入党章。

10 月 19 日，中共十四届一中全会选举江泽民为中央委员会总书记，决定江泽民为中央军委主席，批准尉健行为中央纪委书记。

11 月，海峡两岸关系协会与台湾海峡交流基金会，就解决两岸事务性商谈中如何表述坚持一个中国原则的问题，达成“海峡两岸同属一个中国，共同努力谋求国家统一”的共识，后被称为“九二共识”。

1993年

1 月 13—19 日，中央军委扩大会议制定新时期积极防御的军事战略方针，要求把军事斗争准备的基点放在打赢现代技术特别是高技术条件下的局部战争上。2004 年 6 月召开的中央军委扩大会议提出，必须明确把军事斗争准备的基点放到打赢信息化条件下的局部战争上。

2 月 13 日，中共中央、国务院印发《中国教育改革和发展纲要》。指出，到 20 世纪末，我国要实现基本普及九年义务教育，基本扫除青壮年文盲。

3 月 14—27 日，全国政协八届一次会议举行。会议选举李瑞环为全国政协主席。

3 月 15—31 日，八届全国人大一次会议举行。会议通过的《中华人民共和国宪法修正案》肯定中国正处于社会主义初级阶段，国家实行社会主义市场经济；明确中国共产党领导的多党合作和政治协商制度将长期存在和发展；通过《中华人民共和国澳门特别行政区基本法》《关于〈中华人民共和国澳门特别行政区基本法〉的决定》《关于设立中华人民共和国澳门特别行政区的决定》。会议选举江泽民为国家主席、国家中央军委主席，乔石为全国人大常委会委员长，决定李鹏为国务院总理。会议批准国务院机构改革方案，首次明确提出机构改革的重点是转变政府职能。

4 月 27—29 日，海峡两岸关系协会会长汪道涵和台湾海峡交流基金会董事长辜振甫在新加坡举行会谈并签订《汪辜会谈共同协议》等四项协议。这是两岸受权民间机构领导人的第一次会谈。

7 月 15 日，国家教委印发《关于重点建设一批高等学校和重点学科点的若干意见》，提出面向 21 世纪重点建设 100 所左右的高等学校和一批重点学科点的计划，简称“211 工程”。1998 年 5 月，江泽民提出，我国要有若干所具有世界先进水平的一流大学。1999 年 1 月，国务院批转教育部《面向 21 世纪教育振兴行动计划》，提出创建若干所具有世界先进水平的一流大学和一批一流学科，简称“985 工程”。

8 月 21 日，江泽民在中共十四届中央纪委二次全会上讲话指出，惩治腐败，要作为一个系统工程来抓，标本兼治，综合治理，持之以恒。

10 月，《邓小平文选》第三卷出版。1994 年 10 月，《邓小平文选（一九三八——一九六五年）》和《邓小平文选（一九七五——一九八二年）》经增补和修订，出版第二版，改称《邓小平文选》第一卷、第二卷。

11 月 5 日，中共中央、国务院印发《关于当前农业和农村经济发展的若干政策措施》，提出在原定的耕地承包期到期之后，再延长 30 年不变。

11 月 7 日，江泽民在全国统战工作会议上讲话指出，要继续巩固和发展社会主义的民族关系，坚持和完善民族区域自治制度，加快民族地区的经济发展和社会进步；要全面、正确地贯彻执行党的宗教

考试笔记

政策，依法加强对宗教事务的管理，积极引导宗教与社会主义社会相适应。

11月11—14日，中共十四届三中全会召开。全会通过《关于建立社会主义市场经济体制若干问题的决定》，勾画了社会主义市场经济体制的基本框架。指出，社会主义市场经济体制是同社会主义基本制度结合在一起的，建立社会主义市场经济体制，就是要使市场在国家宏观调控下对资源配置起基础性作用。要进一步转换国有企业经营机制，建立适应市场经济要求，产权清晰、权责明确、政企分开、管理科学的现代企业制度。

11月20日，江泽民出席在美国西雅图召开的亚太经合组织第一次领导人非正式会议并发表讲话。

12月15日，国务院作出《关于实行分税制财政管理体制的决定》，确定从1994年1月1日起改革地方财政包干体制，对各省、自治区、直辖市以及计划单列市实行分税制财政管理体制。

12月25日，国务院作出《关于金融体制改革的决定》。提出，建立在国务院领导下，独立执行货币政策的中央银行宏观调控体系；建立政策性金融与商业性金融分离，以国有商业银行为主体、多种金融机构并存的金融组织体系；建立统一开放、有序竞争、严格管理的金融市场体系。

12月26日，纪念毛泽东诞辰100周年大会召开。江泽民发表讲话，高度评价毛泽东一生的丰功伟绩，强调毛泽东思想永远是中国共产党人的理论宝库和中华民族的精神支柱。

1994年

1月11日，国务院作出《关于进一步深化对外贸易体制改革的决定》。指出，我国外贸体制改革的目标是：统一政策、放开经营、平等竞争、自负盈亏、工贸结合、推行代理制，建立适应国际经济通行规则的运行机制。

1月24日，江泽民在全国宣传思想工作会议上讲话指出，宣传思想工作要以科学的理论武装人，以正确的舆论引导人，以高尚的精神塑造人，以优秀的作品鼓舞人。

考试
笔记

2月28日—3月3日，国务院召开全国扶贫开发工作会议，部署实施国家八七扶贫攻坚计划，要求力争在20世纪末最后的七年内基本解决全国8000万贫困人口的温饱问题。

3月19日，全国政协八届二次会议审议通过《中国人民政治协商会议章程》(修正案)，把政治协商、民主监督、参政议政并列为人民政协的主要职能。

3月22日，八届全国人大二次会议通过《中华人民共和国预算法》。

3月25日，国务院常务会议通过《中国21世纪议程》，确定实施可持续发展战略。

7月5日，八届全国人大常委会第八次会议通过《中华人民共和国劳动法》。

7月20—23日，中共中央、国务院召开第三次西藏工作座谈会。会议作出中央政府关心西藏、全国各地支援西藏的重大决策。此后，中央不断采取有力措施加大对西藏现代化发展的支持力度。

8月23日，中共中央印发《爱国主义教育实施纲要》，提出要把爱国主义教育作为提高全民族整体素质和加强社会主义精神文明建设的基础工程。

8月31日，中共中央印发《关于进一步加强和改进学校德育工作的若干意见》。

9月25—28日，中共十四届四中全会召开。全会通过《关于加强党的建设几个重大问题的决定》，把党的建设提到新的伟大工程的高度。

1995年

1月7日，中共中央印发《中国共产党党员权利保障条例(试行)》。2004年9月22日，中共中央印发《中国共产党党员权利保障条例》。

1月30日，江泽民发表《为促进祖国统一大业的完成而继续奋斗》讲话，提出现阶段发展两岸关系、推进祖国和平统一进程的八项主张。

2月9日，中共中央印发《党政领导干部选拔任用工作暂行条

考试笔记

例》。2002年7月9日，中共中央印发《党政领导干部选拔任用工作条例》。

3月18日，八届全国人大三次会议通过《中华人民共和国教育法》。

5月6日，中共中央、国务院作出《关于加速科学技术进步的决定》，确定实施科教兴国战略。

6月，《马克思恩格斯全集》中文第二版开始分卷出版。到2021年6月，已出版32卷。

9月25—28日，中共十四届五中全会召开。全会通过《关于制定国民经济和社会发展“九五”计划和2010年远景目标的建议》。提出，实行经济体制从传统的计划经济体制向社会主义市场经济体制转变，经济增长方式从粗放型向集约型转变这两个具有全局意义的根本性转变。28日，江泽民在全会上讲话，系统阐述了正确处理改革、发展、稳定关系等社会主义现代化建设中的12个重大关系。

11月29日，第十世班禅转世灵童经金瓶掣签认定，国务院特准坚赞诺布继任第十一世班禅额尔德尼。

12月，中央军委扩大会议通过《“九五”期间军队建设计划纲要》，提出实施科技强军战略。

本年，中国国内生产总值达到61340亿元，原定2000年比1980年翻两番的目标，提前5年实现。1997年，又提前实现人均国内生产总值翻两番的目标。

1996年

3月8—25日，为显示中国人民完全有决心、有办法、有能力维护祖国统一，震慑“台独”势力，人民解放军向东海、南海进行发射导弹训练，并在东海、南海进行海空实弹演习和在台湾海峡进行陆海空军联合演习。1998年6月30日，美国总统克林顿在访华期间参加与上海市民的座谈时公开重申，美国不支持“台湾独立”，不支持“一中一台”“两个中国”，不支持台湾加入任何必须由主权国家才能参加的国际组织。

3月19日，中央政治局常委会会议专题研究新疆稳定工作。1997年，中央开始从内地省市、国家机关和国有重要企业派出一批骨干力量到新疆工作。此后，对口支援新疆的力度不断加大。

4月5日，中共中央印发《中国共产党地方委员会工作条例（试行）》。2015年12月25日，中共中央印发《中国共产党地方委员会工作条例》。

10月7—10日，中共十四届六中全会召开。全会通过《关于加强社会主义精神文明建设若干重要问题的决议》。指出，社会主义社会是全面发展、全面进步的社会，社会主义现代化事业是物质文明和精神文明协调发展的事业。

12月9—12日，全国卫生工作会议召开。1997年1月15日，中共中央、国务院作出《关于卫生改革与发展的决定》。

1997年

2月19日，邓小平逝世。

3月14日，八届全国人大五次会议通过《中华人民共和国国防法》等；决定批准设立重庆直辖市，撤销原重庆市。

3月28日，中共中央印发《中国共产党党员领导干部廉洁从政若干准则（试行）》。2010年1月18日，中共中央印发《中国共产党党员领导干部廉洁从政若干准则》。

5月25日，中共中央、国务院印发《关于党政机关厉行节约制止奢侈浪费行为的若干规定》。

6月4日，国家科技领导小组第三次会议决定制定《国家重点基础研究发展规划》。随后，科技部组织实施国家重点基础研究发展计划（"九七三计划"），加强国家战略目标导向的基础研究工作。

6月30日午夜至7月1日凌晨，中英两国政府香港政权交接仪式在香港举行，宣告中国政府对香港恢复行使主权。中华人民共和国香港特别行政区成立。交接仪式后，举行中华人民共和国香港特别行政区成立暨特区政府宣誓就职仪式。中国人民解放军驻港部队于7月1日零时开始履行香港防务职责。

7月，亚洲金融危机爆发。12月6日，中共中央、国务院发出《关于深化金融改革，整顿金融秩序，防范金融风险的通知》。

9月2日，国务院发出《关于在全国建立城市居民最低生活保障

考试笔记

制度的通知》。

9月12—18日，中国共产党第十五次全国代表大会举行。大会正式代表2048人，特邀代表60人，代表全国5800多万党员。大会通过的报告《高举邓小平理论伟大旗帜，把建设有中国特色社会主义事业全面推向二十一世纪》，着重阐述邓小平理论的历史地位和指导意义；提出党在社会主义初级阶段的基本纲领；明确公有制为主体、多种所有制经济共同发展是我国社会主义初级阶段的一项基本经济制度；强调依法治国，建设社会主义法治国家；明确我国改革开放和现代化建设跨世纪发展的宏伟目标。大会通过《中国共产党章程修正案》，把邓小平理论同马克思列宁主义、毛泽东思想一道确立为党的指导思想并载入党章。

9月12日，江泽民在中共十五大报告中宣布：在20世纪80年代裁减军队员额100万的基础上，我国将在今后三年内再裁减军队员额50万。2003年9月1日，江泽民在出席庆祝国防科学技术大学成立50周年大会时宣布：在“九五”期间裁减军队员额50万的基础上，2005年前我军再裁减员额20万。

9月19日，中共十五届一中全会选举江泽民为中央委员会总书记，决定江泽民为中央军委主席，批准尉健行为中央纪委书记。

11月8日，长江三峡水利枢纽工程成功实现大江截流。2012年7月4日，三峡工程最后一台70万千瓦巨型机组正式交付投产。

12月24日，江泽民在会见全国外资工作会议代表时讲话指出，“引进来”和“走出去”，是我们对外开放基本国策两个紧密联系、相互促进的方面，缺一不可，这是一个大战略。

12月，中央军委召开扩大会议，提出“打得赢”“不变质”两个历史性课题。会议制定国防和军队现代化建设“三步走”的发展战略。

1998年

1月，全国林业计划会议宣布，从1998年起，国家将实施以调减木材产量、保护资源、分流人员、提高效益为主要内容的国有林区天然林保护工程。2000年10月，我国全面实施天然林资源保护工程。

3月3—14日，全国政协九届一次会议举行。会议选举李瑞环为全国政协主席。

3 月 5—19 日，九届全国人大一次会议举行。会议选举江泽民为国家主席、国家中央军委主席，李鹏为全国人大常委会委员长，决定朱镕基为国务院总理。会议批准国务院机构改革方案，决定调整和减少专业经济部门，加强宏观调控和执法监管部门。

6 月 9 日，中共中央、国务院发出《关于切实做好国有企业下岗职工基本生活保障和再就业工作的通知》，提出实行在国家政策指导下，劳动者自主择业、市场调节就业和政府促进就业的方针。

6 月中旬至 9 月上旬，我国南方特别是长江流域及北方的嫩江、松花江流域出现历史上罕见的特大洪灾。在中共中央、国务院、中央军委领导下，全党全军全国人民团结奋战，取得了抗洪抢险斗争的全面胜利，铸就了万众一心、众志成城，不怕困难、顽强拼搏，坚韧不拔、敢于胜利的伟大抗洪精神。

6 月 26 日，九届全国人大常委会第三次会议通过《中华人民共和国专属经济区和大陆架法》。

7 月，中共中央作出决定，军队、武警部队、政法机关一律不再从事经商活动。

10 月 12—14 日，中共十五届三中全会召开。全会通过《关于农业和农村工作若干重大问题的决定》，提出到 2010 年建设有中国特色社会主义新农村的奋斗目标。

11 月 21 日，中共中央印发《关于在县级以上党政领导班子、领导干部中深入开展以“讲学习、讲政治、讲正气”为主要内容的党性党风教育的意见》。到 2000 年年底，“三讲”教育基本结束。同日，中共中央、国务院印发《关于实行党风廉政建设责任制的规定》。2010 年 11 月 10 日，该规定经修订后重新颁布。

12 月 14 日，国务院作出《关于建立城镇职工基本医疗保险制度的决定》。

1999年

2 月 13 日，中共中央印发《中国共产党农村基层组织工作条例》。

6 月 13 日，中共中央、国务院作出《关于深化教育改革全面推

考试笔记

进素质教育的决定》。15日，江泽民在第三次全国教育工作会议上讲话指出，教育必须以提高国民素质为根本宗旨。

6月17日，江泽民在陕西西安主持召开国有企业改革和发展座谈会时讲话指出，实施西部大开发，是一项振兴中华的宏伟战略任务。2000年10月26日，国务院发出《关于实施西部大开发若干政策措施的通知》。

8月20日，中共中央、国务院作出《关于加强技术创新，发展高科技，实现产业化的决定》。23—26日，中共中央、国务院召开全国技术创新大会。

9月18日，中共中央、国务院、中央军委作出决定，表彰为研制"两弹一星"做出突出贡献的23位科技专家，并授予"两弹一星功勋奖章"。同日，表彰为研制"两弹一星"做出突出贡献的科技专家大会召开。会议概括阐述了热爱祖国、无私奉献，自力更生、艰苦奋斗，大力协同、勇于登攀的"两弹一星"精神。

9月19—22日，中共十五届四中全会召开。全会通过《关于国有企业改革和发展若干重大问题的决定》。

10月1日，首都各界庆祝中华人民共和国成立50周年大会、阅兵仪式和群众游行举行。江泽民检阅受阅部队并发表讲话。

12月19日午夜至20日凌晨，中葡两国政府澳门政权交接仪式在澳门举行，宣告中国政府对澳门恢复行使主权。中华人民共和国澳门特别行政区成立。交接仪式后，举行中华人民共和国澳门特别行政区成立暨特区政府宣誓就职仪式。中国人民解放军驻澳部队于20日零时开始履行澳门防务职责。

2000年

2月25日，江泽民在广东考察工作听取省委工作汇报时明确提出"三个代表"要求。指出，我们党所以赢得人民的拥护，是因为我们党在革命、建设、改革的各个历史时期，总是代表着中国先进生产力的发展要求，代表着中国先进文化的前进方向，代表着中国最广大人民的根本利益，并通过制定正确的路线方针政策，为实现国家和人民的根本利益而不懈奋斗。5月14日，江泽民在上海主持召开江苏、

考试笔记

浙江、上海党建工作座谈会时进一步指出，始终做到“三个代表”，是我们党的立党之本、执政之基、力量之源。

3月15日，九届全国人大三次会议通过《中华人民共和国立法法》。2015年3月15日，十二届全国人大三次会议通过《关于修改〈中华人民共和国立法法〉的决定》。

6月13日，中共中央、国务院印发《关于促进小城镇健康发展的若干意见》。

10月9—11日，中共十五届五中全会召开。全会通过《关于制定国民经济和社会发展第十个五年计划的建议》。指出，人民生活总体上达到了小康水平，从新世纪开始，将进入全面建设小康社会、加快推进社会主义现代化的新的发展阶段。

10月11日，江泽民在中共十五届五中全会闭幕后的讲话中结合新疆的历史和现实，全面阐述打击民族分裂势力、宗教极端势力、恐怖势力，维护新疆稳定的各项工作。强调，保持民族地区、边疆地区稳定和发展，是一个很大的政治、很重要的大局，对国家长治久安和社会政治稳定具有十分重要的意义。

11月8日，贵州洪家渡水电站、引子渡水电站、乌江渡水电站扩机工程同时开工建设，中国西电东送工程全面启动。

2001年

1月10日，江泽民在全国宣传部长会议上讲话指出，要在全社会大力宣传和弘扬为实现社会主义现代化而不懈奋斗的精神，强调要把依法治国与以德治国紧密结合起来。

2月19日，中共中央、国务院召开国家科学技术奖励大会，授予吴文俊、袁隆平2000年度国家最高科学技术奖。

2月27日，博鳌亚洲论坛成立大会在海南博鳌举行。2002年4月12日至13日，博鳌亚洲论坛首届年会举行。

5月24—25日，中央扶贫开发工作会议召开。会议指出，党中央、国务院确定的在20世纪末基本解决农村贫困人口温饱问题的战略目标已基本实现。6月13日，国务院印发《中国农村扶贫开发纲要（2001—2010年）》。

考试笔记

6月15日，中国、俄罗斯、哈萨克斯坦、吉尔吉斯斯坦、塔吉克斯坦、乌兹别克斯坦六国元首共同签署《上海合作组织成立宣言》，在中国、俄罗斯、哈萨克斯坦、吉尔吉斯斯坦、塔吉克斯坦五国元首会晤机制基础上正式建立上海合作组织，并将以互信、互利、平等、协商、尊重多样文明、谋求共同发展为基本内容的"上海精神"写入成立宣言。

6月29日，青藏铁路开工典礼在青海格尔木和西藏拉萨同时举行。2006年7月1日，青藏铁路全线建成通车。

7月1日，庆祝中国共产党成立80周年大会召开。江泽民发表讲话，总结党80年来的奋斗业绩和基本经验，阐述"三个代表"重要思想。

9月20日，中共中央印发《公民道德建设实施纲要》，提出要把法制建设与道德建设、依法治国与以德治国紧密结合起来，逐步形成与发展社会主义市场经济相适应的社会主义道德体系。

9月24—26日，中共十五届六中全会召开。全会通过《关于加强和改进党的作风建设的决定》，提出作风建设"八个坚持、八个反对"的要求。

10月21日，亚太经合组织第九次领导人非正式会议在上海召开。江泽民讲话指出，只有使国际社会的广大成员都受益，经济全球化才能顺利地推进，世界经济才能持续稳定地发展。

11月10日，在卡塔尔首都多哈召开的世界贸易组织第四届部长级会议以全体协商一致的方式，审议并通过中国加入世界贸易组织的决定。12月11日，中国正式成为世界贸易组织成员，中国对外开放进入新的阶段。

2002年

1月10日，国务院西部开发办公室召开退耕还林工作电视电话会议，确定在过去两年试点工作的基础上，全面启动退耕还林工程。12月14日，国务院发布《退耕还林条例》。

7月4日，西气东输一线工程（新疆轮南至上海）开工典礼举行。此后又建设了西气东输二线工程、三线工程。

考试笔记

9 月 12 日，江泽民在全国再就业工作会议上讲话，提出就业是民生之本。30 日，中共中央、国务院发出《关于进一步做好下岗失业人员再就业工作的通知》，确立积极就业政策的基本框架。

10 月 19 日，中共中央、国务院作出《关于进一步加强农村卫生工作的决定》。到 2008 年 6 月底，新型农村合作医疗制度覆盖到全国 31 个省、自治区、直辖市。

11 月 8—14 日，中国共产党第十六次全国代表大会举行。大会正式代表 2114 人，特邀代表 40 人，代表全国 6600 多万党员。大会通过的报告《全面建设小康社会，开创中国特色社会主义事业新局面》，提出全面建设小康社会的奋斗目标，阐述全面贯彻“三个代表”重要思想的根本要求。大会通过《中国共产党章程（修正案）》，把“三个代表”重要思想同马克思列宁主义、毛泽东思想、邓小平理论一道确立为党的指导思想并载入党章。

11 月 15 日，中共十六届一中全会选举胡锦涛为中央委员会总书记，决定江泽民为中央军委主席，批准吴官正为中央纪委书记。

12 月 5—6 日，胡锦涛带领中央书记处成员到西柏坡学习考察，重温毛泽东关于“两个务必”的重要论述。

12 月 26 日，十六届中央政治局进行第一次集体学习。到 2007 年 9 月，共集体学习 44 次。

12 月 27 日，南水北调工程开工典礼在北京人民大会堂和江苏省、山东省施工现场同时举行。2013 年 11 月 15 日，南水北调东线一期工程正式通水。2014 年 12 月 12 日，南水北调中线一期工程正式通水。

2003年

1 月 8 日，胡锦涛在中央农村工作会议上讲话指出，必须统筹城乡经济社会发展，把解决好农业、农村和农民问题作为全党工作的重中之重，放在更加突出的位置；要坚持“多予、少取、放活”的方针，发挥城市对农村带动作用，实现城乡经济社会一体化发展。16 日，中共中央、国务院印发《关于做好农业和农村工作的意见》。

3 月 3—14 日，全国政协十届一次会议举行。会议选举贾庆林为全国政协主席。

考试笔记

3 月 4 日，胡锦涛在参加全国政协十届一次会议少数民族界委员联组讨论时指出，各民族共同团结奋斗、共同繁荣发展是新世纪新阶段民族工作的主题。

3 月 5—18 日，十届全国人大一次会议举行。会议选举胡锦涛为国家主席，江泽民为国家中央军委主席，吴邦国为全国人大常委会委员长，决定温家宝为国务院总理。

2003 年春，我国遭遇非典型肺炎重大疫情。全党全国人民在中共中央、国务院领导下，坚持一手抓防治非典，一手抓经济建设，夺取了防治非典工作的重大胜利。7 月 28 日，胡锦涛在全国防治非典工作会议上讲话，提出从长远看要进一步研究并切实抓好经济社会协调发展。

6 月 29 日，内地与香港签署《内地与香港关于建立更紧密经贸关系的安排》。10 月 17 日，内地与澳门签署《内地与澳门关于建立更紧密经贸关系的安排》。

8 月 28 日—9 月 1 日，胡锦涛在江西考察工作期间明确提出，要牢固树立协调发展、全面发展、可持续发展的科学发展观。

10 月 5 日，中共中央、国务院印发《关于实施东北地区等老工业基地振兴战略的若干意见》。

10 月 11—14 日，中共十六届三中全会召开。全会通过《关于完善社会主义市场经济体制若干问题的决定》，明确完善社会主义市场经济体制的主要任务，提出坚持以人为本，树立全面、协调、可持续的发展观，促进经济社会和人的全面发展。

10 月 15—16 日，神舟五号载人飞船成功升空并安全返回，首次载人航天飞行获得圆满成功，中国成为世界上第三个独立掌握载人航天技术的国家。2008 年 9 月 27 日，神舟七号载人飞船实施宇航员空间出舱活动，中国成为世界上第三个独立掌握空间出舱技术的国家。2012 年 6 月 18 日、24 日，神舟九号载人飞船与天宫一号目标飞行器先后成功进行自动交会对接和航天员手控交会对接。

12 月 10 日，中国政府在联合国高级别政治会议上签署《联合国反腐败公约》。2005 年 10 月 27 日，十届全国人大常委会第十八次会议审议并批准《联合国反腐败公约》。2006 年 2 月，我国成为《联合国反腐败公约》缔约国，反腐败的国际合作得到加强。

12 月 19 日，胡锦涛在全国人才工作会议上讲话指出，落实好人才强国战略，必须树立适应新形势新任务要求的科学人才观，使我国由人口大国转化为人才资源强国。26 日，中共中央、国务院作出《关于进一步加强人才工作的决定》。

考试笔记

2004年

1 月 5 日，中共中央印发《关于进一步繁荣发展哲学社会科学的意见》。

2 月 26 日，中共中央、国务院印发《关于进一步加强和改进未成年人思想道德建设的若干意见》。8 月 26 日，中共中央、国务院印发《关于进一步加强和改进大学生思想政治教育的意见》。

3 月 10 日，胡锦涛在中央人口资源环境工作座谈会上讲话，全面阐述科学发展观的深刻内涵和基本要求。

4 月 27 日，胡锦涛在会见中央实施马克思主义理论研究和建设工程工作会议全体代表时指出，实施马克思主义理论研究和建设工程是关系党和国家事业发展的战略任务，是加强党的理论建设的重大举措。

7 月 28 日，中国第一个北极科学考察站——黄河站在挪威斯匹次卑尔根群岛的新奥尔松建成并投入使用。2013 年 5 月 15 日，中国成为北极理事会正式观察员。

8 月 22 日，纪念邓小平诞辰 100 周年大会召开。胡锦涛发表讲话，高度评价邓小平为民族独立、人民解放和国家富强、人民幸福建立的不朽功勋，强调邓小平理论和“三个代表”重要思想是指引我们胜利前进的伟大旗帜。

9 月 16—19 日，中共十六届四中全会召开。全会通过《关于加强党的执政能力建设的决定》，同意江泽民辞去中央军委主席职务，决定胡锦涛为中央军委主席。

11 月 7 日，中共中央印发《关于在全党开展以实践“三个代表”重要思想为主要内容的保持共产党员先进性教育活动的意见》。2005 年 1 月至 2006 年 6 月，全党开展了这一教育活动。

12 月 24 日，胡锦涛在中央军委扩大会议上讲话，提出新世纪新阶段人民解放军的历史使命：为党巩固执政地位提供重要力量保证，为维护国家发展的重要战略机遇期提供坚强安全保障，为维护国家利益提供有力战略支撑，为维护世界和平与促进共同发展发挥重要作用。

2005年

1月3日，中共中央印发《建立健全教育、制度、监督并重的惩治和预防腐败体系实施纲要》。

2月18日，中共中央印发《关于进一步加强中国共产党领导的多党合作和政治协商制度建设的意见》。

2月19日，国务院印发《关于鼓励支持和引导个体私营等非公有制经济发展的若干意见》。

3月5—14日，十届全国人大三次会议举行。会议通过《反分裂国家法》，明确国家绝不允许“台独”分裂势力以任何名义、任何方式把台湾从中国分裂出去。会议选举胡锦涛为国家中央军委主席。

4月17日，国务院印发《国家突发公共事件总体应急预案》。

4月22日，胡锦涛在雅加达亚非峰会上提出，推动不同文明友好相处、平等对话、发展繁荣，共同构建一个和谐世界。

4月27日，十届全国人大常委会第十五次会议通过《中华人民共和国公务员法》。2018年12月29日，十三届全国人大常委会第七次会议通过修订的《中华人民共和国公务员法》。

4月29日，中共中央总书记胡锦涛在北京同中国国民党主席连战举行正式会谈。会后双方共同发布“两岸和平发展共同愿景”。这是60年来国共两党主要领导人首次会谈。

5月31日，中共中央、国务院作出《关于进一步加强民族工作加快少数民族和民族地区经济社会发展的决定》。

6月23日，国务院、中央军委公布《中国人民解放军文职人员条例》，决定在全军实行文职人员制度。

7月21日，经国务院批准，中国人民银行宣布：自当日起，我国开始实行以市场供求为基础、参考一篮子货币进行调节、有管理的浮动汇率制度。

10月8—11日，中共十六届五中全会召开。全会通过《关于制定国民经济和社会发展第十一个五年规划的建议》，将单位国内生产总值能源消耗降低作为国民经济和社会发展的目标。

考试笔记

12 月 23 日，中共中央、国务院印发《关于深化文化体制改革的若干意见》。

12 月 29 日，十届全国人大常委会第十九次会议决定，自 2006 年 1 月 1 日起废止《中华人民共和国农业税条例》。在中国延续两千多年的农业税正式成为历史。

12 月 31 日，中共中央、国务院印发《关于推进社会主义新农村建设的若干意见》。

2006年

1 月 26 日，中共中央、国务院作出《关于实施科技规划纲要增强自主创新能力的决定》，提出增强自主创新能力，努力建设创新型国家。

1 月 31 日，国务院印发《关于解决农民工问题的若干意见》。指出，要逐步建立城乡统一的劳动力市场和公平竞争的就业制度，保障农民工合法权益的政策体系和执法监督机制，惠及农民工的城乡公共服务体制和制度。2014 年 9 月 12 日，国务院印发《关于进一步做好为农民工服务工作的意见》，部署进一步做好新形势下为农民工服务工作，切实解决农民工面临的突出问题，有序推进农民工市民化。

2 月 8 日，中共中央印发《关于加强人民政协工作的意见》。

3 月 4 日，胡锦涛在参加全国政协十届四次会议民盟、民进界委员联组讨论时讲话，提出社会主义荣辱观。

4 月 15 日，中共中央、国务院印发《关于促进中部地区崛起的若干意见》。

8 月，《江泽民文选》第一至第三卷出版。

10 月 8—11 日，中共十六届六中全会召开。全会通过《关于构建社会主义和谐社会若干重大问题的决定》。指出，社会和谐是中国特色社会主义的本质属性，强调要按照民主法治、公平正义、诚信友爱、充满活力、安定有序、人与自然和谐相处的总要求，构建社会主义和谐社会，推动社会建设与经济建设、政治建设、文化建设协调发展。

11 月 4—5 日，中非合作论坛北京峰会举行。峰会通过《中非合

考试笔记

作论坛北京峰会宣言》和《中非合作论坛——北京行动计划（2007—2009 年）》。

2007年

3 月 16 日，十届全国人大五次会议通过《中华人民共和国物权法》和《中华人民共和国企业所得税法》。

4 月 14 日，中国成功发射第一颗北斗二号导航卫星，正式开始独立自主建设我国第二代卫星导航系统。

6 月 3 日，国务院印发《中国应对气候变化国家方案》。这是中国第一部应对气候变化的全面的政策性文件，也是发展中国家颁布的第一部应对气候变化的国家方案。

7 月 1 日，胡锦涛在庆祝香港回归祖国 10 周年大会暨香港特别行政区第三届政府就职典礼上讲话指出，“一国两制”是完整的概念。“一国”和“两制”不能相互割裂，更不能相互对立。“一国”就是要维护中央依法享有的权力，维护国家主权、统一、安全。“两制”就是要保障香港特别行政区依法享有的高度自治权，支持行政长官和特别行政区政府依法施政。

7 月 10 日，国务院印发《关于开展城镇居民基本医疗保险试点的指导意见》，旨在逐步建立以大病统筹为主的城镇居民基本医疗保险制度。

7 月 11 日，国务院发出《关于在全国建立农村最低生活保障制度的通知》。指出，将符合条件的农村贫困人口全部纳入保障范围，稳定、持久、有效地解决全国农村贫困人口的温饱问题。

8 月 1 日，胡锦涛在庆祝中国人民解放军建军 80 周年暨全军英雄模范代表大会上讲话指出，在 80 年的顽强奋斗中，人民解放军培育和形成了优良革命传统，集中起来就是听党指挥、服务人民、英勇善战。2008 年 12 月 24 日，胡锦涛在中央军委扩大会议上讲话，提出忠诚于党、热爱人民、报效国家、献身使命、崇尚荣誉的当代革命军人核心价值观。

8 月 30 日，十届全国人大常委会第二十九次会议通过《中华人民共和国反垄断法》和《中华人民共和国就业促进法》。

考试笔记

10月15—21日，中国共产党第十七次全国代表大会举行。大会正式代表2213人，特邀代表57人，代表全国7300多万党员。大会通过的报告《高举中国特色社会主义伟大旗帜，为夺取全面建设小康社会新胜利而奋斗》，全面阐述科学发展观的科学内涵、精神实质和根本要求，明确科学发展观第一要义是发展，核心是以人为本，基本要求是全面协调可持续，根本方法是统筹兼顾。大会通过《中国共产党章程（修正案）》，把科学发展观写入党章。

10月22日，中共十七届一中全会选举胡锦涛为中央委员会总书记，决定胡锦涛为中央军委主席，批准贺国强为中央纪委书记。

10月24日，中国第一颗绕月探测卫星嫦娥一号发射成功，11月5日进入环月轨道，标志着中国首次月球探测工程取得圆满成功。2010年10月1日，嫦娥二号成功发射。

11月27日，十七届中央政治局进行第一次集体学习。到2012年10月，共集体学习33次。

2008年

1月15日，胡锦涛在中共十七届中央纪委二次全会上讲话指出，要着力加强以完善惩治和预防腐败体系为重点的反腐倡廉建设。

3月3—14日，全国政协十一届一次会议举行。会议选举贾庆林为全国政协主席。

3月5—18日，十一届全国人大一次会议举行。会议批准《国务院机构改革方案》，探索实行职能有机统一的大部门体制。会议选举胡锦涛为国家主席、国家中央军委主席，吴邦国为全国人大常委会委员长，决定温家宝为国务院总理。

5月12日，四川汶川发生里氏8.0级特大地震。在中共中央、国务院和中央军委领导下，我国组织开展了历史上救援速度最快、动员范围最广、投入力量最大的抗震救灾斗争，夺取了抗震救灾斗争的重大胜利，形成了万众一心、众志成城，不畏艰险、百折不挠，以人为本、尊重科学的伟大抗震救灾精神。

6月5日，国务院印发《国家知识产权战略纲要》。

6月8日，中共中央、国务院印发《关于全面推进集体林权制度

考试笔记

改革的意见》，规定林地的承包期为70年，承包期届满可以按照国家有关规定继续承包。

8月1日，中国第一条拥有完全自主知识产权、具有世界一流水平的高速铁路——京津城际铁路通车运营。到2020年年底，全国高速铁路营业里程达3.8万公里。

8月8—24日、9月6—17日，第29届夏季奥运会、第13届夏季残奥会先后在北京成功举办。这是中国首次举办夏季奥运会、残奥会。

9月14日，中共中央印发《关于在全党开展深入学习实践科学发展观活动的意见》。2008年9月至2010年2月，全党分批开展了这一活动。

10月7日，中央政治局常委会会议专题听取有关国际金融危机情况和应采取应对措施的汇报。11月5日，国务院召开常务会议，研究部署进一步扩大内需促进经济平稳较快增长的措施。此前，9月中旬，由2007年美国次贷危机引发的国际金融危机全面爆发。

10月9—12日，中共十七届三中全会召开。全会通过《关于推进农村改革发展若干重大问题的决定》，赋予农民更加充分而有保障的土地承包经营权，现有土地承包关系要保持稳定并长久不变。

12月15日，海峡两岸分别在北京、天津、上海、福州、深圳以及台北、高雄、基隆等城市同时举行海运直航、空运直航、直接通邮的启动和庆祝仪式。2009年6月30日，台湾当局开放大陆资本赴台投资；8月31日，两岸定期航班正式开通。至此，两岸实现全面、直接、双向“三通”。

12月26日，根据联合国安理会有关决议，中国人民解放军海军首批舰艇编队赴亚丁湾、索马里海域执行护航任务。这是中国海军首次组织海上作战力量赴海外履行国际人道主义义务、首次在远海保护重要运输线安全。

12月31日，胡锦涛在纪念《告台湾同胞书》发表30周年座谈会上发表《携手推动两岸关系和平发展，同心实现中华民族伟大复兴》讲话，就推动两岸关系和平发展提出六点意见。

2009年

2月28日，十一届全国人大常委会第七次会议通过《中华人民共和国食品安全法》。

3月17日，中共中央、国务院印发《关于深化医药卫生体制改革的意见》。指出，实行政事分开、管办分开、医药分开、营利性和非营利性分开，建设覆盖城乡居民的基本医疗卫生制度。

6月16日，胡锦涛出席在俄罗斯叶卡捷琳堡举行的金砖国家（中国、俄罗斯、巴西、印度）领导人首次正式会晤并发表讲话。2011年4月，南非作为正式成员加入金砖国家合作机制，金砖国家正式扩为五国。

9月1日，国务院印发《关于开展新型农村社会养老保险试点的指导意见》。2011年6月7日，国务院印发《关于开展城镇居民社会养老保险试点的指导意见》。到2012年7月1日，我国基本实现社会养老保险制度全覆盖。

9月15—18日，中共十七届四中全会召开。全会通过《关于加强和改进新形势下党的建设若干重大问题的决定》，提出不断提高党的建设科学化水平、建设马克思主义学习型政党等重大任务。

10月1日，首都各界庆祝中华人民共和国成立60周年大会、阅兵仪式和群众游行举行。胡锦涛检阅受阅部队并发表讲话。

12月31日，国务院印发《关于推进海南国际旅游岛建设发展的若干意见》。

2010年

1月1日，中国—东盟自由贸易区正式全面启动。

3月14日，十一届全国人大三次会议通过《关于修改〈中华人民共和国全国人民代表大会和地方各级人民代表大会选举法〉的决定》。由此，全国实行城乡按相同人口比例选举人大代表。

4月1日，中共中央、国务院印发《国家中长期人才发展规划纲要（2010—2020年）》。

4月5日，中共中央办公厅转发中央组织部、中央宣传部《关于在党的基层组织和党员中深入开展创先争优活动的意见》，对开展创先争优活动作出部署。

考试笔记

4月30日，2010年上海世界博览会举行开幕式。这是中国首次举办的综合性世界博览会。10月31日，博览会闭幕。

5月26日，中共中央办公厅、国务院办公厅印发《关于领导干部报告个人有关事项的规定》。2017年2月8日，中共中央办公厅、国务院办公厅印发修订的《领导干部报告个人有关事项规定》。

6月19日，中共中央印发《关于加强和改进新形势下党史工作的意见》，深刻阐述党史工作的意义，明确规定新形势下党史工作的指导思想、基本要求和主要任务，对加强党对党史工作的领导、提高党史工作科学化水平提出新要求。7月21日，中共中央召开全国党史工作会议。

6月29日，海峡两岸关系协会与台湾海峡交流基金会在重庆签署《海峡两岸经济合作框架协议》。

7月8日，中共中央、国务院印发《国家中长期教育改革和发展规划纲要（2010—2020年）》。

10月10日，国务院作出《关于加快培育和发展战略性新兴产业的决定》。

10月15—18日，中共十七届五中全会召开。全会通过《关于制定国民经济和社会发展第十二个五年规划的建议》。

12月21日，国务院印发《全国主体功能区规划》。这是新中国成立以来第一个全国性国土空间开发规划。

本年，中国国内生产总值超过40万亿元，成为世界第二大经济体。

2011年

2月22日—3月5日，因利比亚国内形势发生重大变化，中国政府分批组织船舶、飞机，安全有序撤离中国在利比亚人员（包括港澳台同胞）35860人。这是新中国成立以来最大规模的有组织撤离海外中国公民行动。

2月25日，十一届全国人大常委会第十九次会议通过《中华人民共和国非物质文化遗产法》。

3月14日，十一届全国人大四次会议批准的全国人大常委会工

考试笔记

作报告宣布：以宪法为统帅，以宪法相关法、民法商法等多个法律部门的法律为主干，由法律、行政法规、地方性法规等多个层次的法律规范构成的中国特色社会主义法律体系已经形成。

3 月 23 日，中共中央、国务院印发《关于分类推进事业单位改革的指导意见》，对事业单位改革作出全面部署。

5 月 27 日，中共中央、国务院印发《中国农村扶贫开发纲要（2011—2020 年）》。

7 月 1 日，庆祝中国共产党成立 90 周年大会召开。胡锦涛讲话指出，经过 90 年的奋斗、创造、积累，党和人民必须倍加珍惜、长期坚持、不断发展的成就是：开辟了中国特色社会主义道路，形成了中国特色社会主义理论体系，确立了中国特色社会主义制度。

7 月 5 日，中共中央、国务院印发《关于加强和创新社会管理的意见》。

10 月 15—18 日，中共十七届六中全会召开。全会通过《关于深化文化体制改革推动社会主义文化大发展大繁荣若干重大问题的决定》，提出坚持中国特色社会主义文化发展道路、努力建设社会主义文化强国的战略任务。

2012年

3 月 3 日、9 月 10 日、9 月 15 日、9 月 21 日，中国先后公布钓鱼岛及其附属岛屿标准名称、领海基线，钓鱼岛及其部分附属岛屿地理坐标，钓鱼岛等岛屿及其周边海域部分地理实体的标准名称及位置示意图。

6 月 27 日，蛟龙号载人潜水器最大下潜深度达到 7062 米。中国海底载人科学研究和资源勘探能力达到国际领先水平。

7 月 6 日，胡锦涛在全国科技创新大会上讲话指出，必须把创新驱动发展作为面向未来的一项重大战略，一以贯之、长期坚持，推动科技实力、经济实力、综合国力实现新的重大跨越。

7 月 24 日，海南省三沙市成立大会暨揭牌仪式举行。三沙市管辖西沙群岛、中沙群岛、南沙群岛的岛礁及其海域，三沙市人民政府驻西沙永兴岛。

考试笔记

9月25日，中国第一艘航空母舰辽宁舰正式交付海军。胡锦涛出席交接入列仪式并登舰视察。

11月8—14日，中国共产党第十八次全国代表大会举行。大会正式代表2268人，特邀代表57人，代表全国8200多万党员。大会通过的报告《坚定不移沿着中国特色社会主义道路前进，为全面建成小康社会而奋斗》，确定全面建成小康社会和全面深化改革开放的目标，阐明中国特色社会主义道路、中国特色社会主义理论体系、中国特色社会主义制度的科学内涵及其相互联系。大会通过《中国共产党章程（修正案）》，把科学发展观同马克思列宁主义、毛泽东思想、邓小平理论、“三个代表”重要思想一道确立为党的指导思想并载入党章。

11月15日，中共十八届一中全会选举习近平、李克强、张德江、俞正声、刘云山、王岐山、张高丽为中央政治局常委，习近平为中央委员会总书记，决定习近平为中央军委主席，批准王岐山为中央纪委书记。同日，习近平在十八届中央政治局常委同中外记者见面时指出，人民对美好生活的向往，就是我们的奋斗目标。

11月17日，十八届中央政治局就深入学习贯彻党的十八大精神进行第一次集体学习。到2017年9月，围绕有关重大理论和实践问题共进行集体学习43次。

11月29日，习近平在国家博物馆参观《复兴之路》展览时指出，实现中华民族伟大复兴，就是中华民族近代以来最伟大的梦想。2013年3月17日，习近平在十二届全国人大一次会议闭幕会上讲话指出，实现中华民族伟大复兴的中国梦，就是要实现国家富强、民族振兴、人民幸福。实现中国梦，必须走中国道路、弘扬中国精神、凝聚中国力量。

12月4日，中央政治局会议通过《十八届中央政治局关于改进工作作风、密切联系群众的八项规定》。

12月7—11日，习近平在广东考察工作期间讲话指出，我国改革已经进入攻坚期和深水区，我们必须以更大的政治勇气和智慧，不失时机深化重要领域改革。要坚持改革开放正确方向，敢于啃硬骨头，敢于涉险滩，既勇于冲破思想观念的障碍，又勇于突破利益固化的藩篱，做到改革不停顿、开放不止步。

12 月 29 日，习近平在考察河北时指出，全面建成小康社会，最艰巨最繁重的任务在农村、特别是在贫困地区。没有农村的小康，特别是没有贫困地区的小康，就没有全面建成小康社会。2013 年 11 月，习近平在考察湖南时提出“精准扶贫”的理念。

考试笔记

2013年

1 月 5—7 日，新进中央委员会的委员、候补委员学习贯彻党的十八大精神研讨班召开。习近平讲话指出，只要我们坚持独立自主走自己的路，毫不动摇坚持和发展中国特色社会主义，我们就一定能在中国共产党成立一百年时全面建成小康社会，就一定能在新中国成立一百年时建成富强民主文明和谐的社会主义现代化国家。

1 月 21—22 日，十八届中央纪委二次全会召开。习近平讲话强调，要坚持“老虎”“苍蝇”一起打，既坚决查处领导干部违纪违法案件，又切实解决发生在群众身边的不正之风和腐败问题；要加强对权力运行的制约和监督，把权力关进制度的笼子里。到 2017 年 10 月十八届中央纪委八次全会，习近平五次在中央纪委全会上讲话。

1 月 26 日，中国自主研制的运 -20 大型运输机首次试飞取得圆满成功。2016 年 7 月 6 日，运 -20 大型运输机正式列装空军航空兵部队。

2 月 26—28 日，中共十八届二中全会召开，全会通过《国务院机构改革和职能转变方案》。

2 月 27 日，十一届全国人大常委会第三十一次会议通过全国人大常委会代表资格审查委员会关于十二届全国人大代表的代表资格的审查报告。十二届全国人大代表选举是 2010 年修改选举法后，首次实行城乡按相同人口比例进行的选举。

3 月 3—12 日，全国政协十二届一次会议举行。会议选举俞正声为全国政协主席。

3 月 5—17 日，十二届全国人大一次会议举行。会议选举习近平为国家主席、国家中央军委主席，张德江为全国人大常委会委员长，决定李克强为国务院总理。会议批准《国务院机构改革和职能转变方

考试笔记

案》。

3 月 11 日，习近平在出席十二届全国人大一次会议解放军代表团全体会议时讲话指出，建设一支听党指挥、能打胜仗、作风优良的人民军队，是党在新形势下的强军目标。

3 月 22—30 日，习近平对俄罗斯、坦桑尼亚、南非、刚果共和国进行国事访问，并出席在南非举行的金砖国家领导人第五次会晤。23 日，在俄罗斯莫斯科国际关系学院发表演讲，倡导构建人类命运共同体，呼吁各国共同推动建立以合作共赢为核心的新型国际关系。25 日，在坦桑尼亚尼雷尔国际会议中心发表演讲时首次提出“真实亲诚”的对非政策理念和正确义利观。

4 月 24 日，为适应职能转变新要求，国务院常务会议决定先行取消和下放 71 项行政审批事项。到 2020 年年底，国务院围绕协同推进简政放权、放管结合、优化服务（简称“放管服”）改革，先后取消和下放国务院部门行政审批事项的比例达 47%，彻底终结非行政许可审批，压减国务院部门行政审批中介服务事项达 71%。工商登记前置审批事项压减 87%。我国营商环境明显改善，全球营商环境排名明显提升。

4 月 25 日，中央政治局常委会召开会议，研究当前经济形势和经济工作。此后，中央政治局形成制度，原则上每个季度召开会议研究经济形势。

4 月 26 日，中国成功发射高分辨率对地观测系统首星高分一号。此后，又成功发射高分二号至高分十四号卫星，初步构成中国自主高分辨率对地观测系统并形成体系能力。到 2020 年年底，高分遥感数据在 20 多个行业、30 多个区域得到广泛应用。

5 月 9 日，中共中央印发《关于在全党深入开展党的群众路线教育实践活动的意见》。2013 年 6 月至 2014 年 9 月，全党分两批开展以为民务实清廉为主要内容的党的群众路线教育实践活动，集中整治形式主义、官僚主义、享乐主义和奢靡之风“四风”问题。

5 月 17—18 日，中央巡视工作动员暨培训会议召开。十八届中共中央共开展 12 轮巡视，巡视 277 个党组织，在党的历史上首次实现一届任期内巡视全覆盖。2015 年 8 月 3 日，中共中央印发《中国共产党巡视工作条例》。2017 年 7 月 1 日，该条例经修订后重新颁布。到 2021 年 6 月，十九届中共中央已开展 7 轮巡视。

6 月 28—29 日，全国组织工作会议召开。习近平明确提出信念坚定、为民服务、勤政务实、敢于担当、清正廉洁的好干部标准。

7 月 4 日，国务院印发《关于加快棚户区改造工作的意见》。

7 月 9 日、16 日，国务院召开经济形势座谈会，明确提出区间调控思路，即经济运行要保持在合理区间，经济增长率、就业水平等不滑出“下限”，物价涨幅等不超出“上限”。此后，在 2014 年、2015 年又相继提出实施定向调控、相机调控和精准调控。

8 月 17 日，国务院正式批准设立中国（上海）自由贸易试验区。到 2020 年 8 月，自贸试验区试点由上海逐步扩大到 21 个省（自治区、直辖市）。

8 月 19—20 日，全国宣传思想工作会议召开。习近平讲话指出，要巩固马克思主义在意识形态领域的指导地位，巩固全党全国人民团结奋斗的共同思想基础；我们正在进行具有许多新的历史特点的伟大斗争，面临的挑战和困难前所未有，必须坚持巩固壮大主流思想舆论，弘扬主旋律，传播正能量，激发全社会团结奋进的强大力量。

9 月 7 日、10 月 3 日，习近平分别在哈萨克斯坦纳扎尔巴耶夫大学、印度尼西亚国会发表演讲，先后提出共同建设“丝绸之路经济带”与“21 世纪海上丝绸之路”，即“一带一路”倡议。

9 月 29 日，《中国（上海）自由贸易试验区外商投资准入特别管理措施（负面清单）（2013 年）》发布。这是中国第一次用负面清单管理外商对华投资。2020 年 6 月发布的《自由贸易试验区外商投资准入特别管理措施（负面清单）（2020 年版）》，清单条目已由 2013 年的 190 条减至 30 条。

10 月 21 日，欧美同学会成立 100 周年庆祝大会召开。习近平提出支持留学、鼓励回国、来去自由、发挥作用的留学人员工作方针。

10 月 24—25 日，中共中央召开周边外交工作座谈会。习近平讲话指出，我国周边外交的基本方针，就是坚持与邻为善、以邻为伴，坚持睦邻、安邻、富邻，突出体现亲、诚、惠、容的理念；外交工作要坚持正确义利观，多向发展中国家提供力所能及的帮助。

考试笔记

11 月 5 日，中共中央印发《中央党内法规制定工作五年规划纲要（2013—2017 年）》。编制中央党内法规制定工作五年规划，这在中国共产党历史上是第一次。2018 年 2 月 9 日，中共中央印发《中央党内法规制定工作第二个五年规划（2018—2022 年）》。

11 月 9—12 日，中共十八届三中全会召开。全会通过《关于全面深化改革若干重大问题的决定》。全会指出，全面深化改革的总目标是完善和发展中国特色社会主义制度，推进国家治理体系和治理能力现代化；经济体制改革核心问题是处理好政府和市场的关系，使市场在资源配置中起决定性作用和更好发挥政府作用。

11 月 18 日，中共中央、国务院印发《党政机关厉行节约反对浪费条例》。依据条例，党政机关经费管理、国内差旅、因公临时出国（境）、培训、公务接待、公务用车、会议活动、办公用房、基层党建活动、资源节约等方面的党内法规和规范性文件相继出台。

11 月 23 日，中国政府宣布划设东海防空识别区，并发布航空器识别规则公告和识别区示意图。同日，中国空军在识别区内进行首次空中巡逻。

12 月 2 日，嫦娥三号发射成功并于 14 日在月面成功软着陆。2018 年 12 月 8 日，嫦娥四号探测器成功发射，2019 年 1 月 3 日实现世界首次月球背面软着陆，并开展就位探测与巡视探测。2020 年 11 月 24 日，嫦娥五号探测器成功发射，并于 12 月 17 日携带月球样品安全返回着陆。

12 月 10 日，习近平在中央经济工作会议上提出“新常态”。2014 年 12 月 9 日，习近平在中央经济工作会议上讲话指出，我国经济正在向形态更高级、分工更复杂、结构更合理的阶段演化，经济发展进入新常态；认识新常态，适应新常态，引领新常态，是当前和今后一个时期我国经济发展的大逻辑。

12 月 11 日，中共中央办公厅印发《关于培育和践行社会主义核心价值观的意见》。指出，富强、民主、文明、和谐，自由、平等、公正、法治，爱国、敬业、诚信、友善，是社会主义核心价值观的基本内容。

12 月 12—13 日，首次中央城镇化工作会议召开。习近平讲话指出，城镇化是现代化的必由之路，推进城镇化既要积极、又要稳妥、更要扎实，方向要明，步子要稳，措施要实。2014 年 3 月 12 日，中共中央、国务院印发《国家新型城镇化规划（2014—2020 年）》。到 2020 年年底，全国常住人口城镇化率达到 63.89%。

12 月 21 日，中共中央、国务院印发《关于调整完善生育政策的意见》，提出单独两孩的政策。2015 年 12 月 31 日，中共中央、国务院作出《关于实施全面两孩政策改革完善计划生育服务管理的决定》。2016 年 1 月 1 日，修改后的《中华人民共和国人口与计划生育法》正式实施，明确国家提倡一对夫妻生育两个子女。2021 年 5 月 31 日，中央政治局会议审议《关于优化生育政策促进人口长期均衡发展的决定》，提出实施一对夫妻可以生育三个子女政策及配套支持措施。

12 月，《习近平关于实现中华民族伟大复兴的中国梦论述摘编》出版发行。此后，围绕统筹推进“五位一体”总体布局、协调推进“四个全面”战略布局等，习近平有关论述摘编、专题文集相继出版发行。

本年，中国成为世界第一货物贸易大国，货物进出口总额为 4.16 万亿美元。

2014年

1 月 2 日，中共中央、国务院印发《关于全面深化农村改革加快推进农业现代化的若干意见》。指出，把饭碗牢牢端在自己手上，是治国理政必须长期坚持的基本方针；提出抓紧构建新形势下以我为主、立足国内、确保产能、适度进口、科技支撑的国家粮食安全战略。

1 月 7—8 日，中央政法工作会议召开。习近平讲话强调，要把维护社会大局稳定作为基本任务，把促进社会公平正义作为核心价值追求，把保障人民安居乐业作为根本目标，坚持严格执法公正司法，深化司法体制改革，加强和改进政法工作。

1 月 14 日，中共中央印发修订后的《党政领导干部选拔任用工作条例》。2019 年 3 月 3 日，该条例重新修订后施行。

1 月 21 日，国务院印发《国家集成电路产业发展推进纲要》，提出到 2030 年，集成电路产业链主要环节达到国际先进水平，实现跨

考试笔记

越发展。2020 年 7 月 27 日，国务院印发《新时期促进集成电路产业和软件产业高质量发展的若干政策》。

2 月 7 日，国务院印发《注册资本登记制度改革方案》，明确“实缴制”改为“认缴制”，企业年检制度改为年报公示制度。

2 月 18 日，习近平在会见中国国民党荣誉主席连战时提出，两岸双方应秉持“两岸一家亲”理念，共圆中华民族伟大复兴的中国梦。

2 月 21 日，国务院印发《关于建立统一的城乡居民基本养老保险制度的意见》。2015 年 1 月 3 日，国务院作出《关于机关事业单位工作人员养老保险制度改革的决定》。2018 年 5 月 30 日，国务院发出《关于建立企业职工基本养老保险基金中央调剂制度的通知》。到 2021 年 3 月底，全国基本养老保险参保人数已超过 10 亿，达到 10.07 亿人。

2 月 26 日，习近平主持召开座谈会听取京津冀协同发展专题汇报，提出实现京津冀协同发展是一个重大国家战略。2015 年 6 月 9 日，中共中央、国务院印发《京津冀协同发展规划纲要》。

2 月 27 日，习近平在中央网络安全和信息化领导小组第一次会议上讲话指出，努力把我国建设成为网络强国，强调要把握好网上舆论引导的时、度、效，使网络空间清朗起来。

同日，十二届全国人大常委会第七次会议通过《关于确定中国人民抗日战争胜利纪念日的决定》，将 9 月 3 日确定为中国人民抗日战争胜利纪念日；通过《关于设立南京大屠杀死难者国家公祭日的决定》，将 12 月 13 日设立为南京大屠杀死难者国家公祭日。

3 月 19 日，中共中央办公厅、国务院办公厅印发《关于深化司法体制和社会体制改革的意见》。改革的重点是完善司法人员分类管理制度、完善司法责任制、健全司法人员职业保障、推动省以下地方法院检察院人财物统一管理等。

3 月 24 日，习近平出席在荷兰海牙召开的第三届核安全峰会并发表讲话，提出“理性、协调、并进”的中国核安全观。

4 月 10 日，中央军委印发《关于贯彻落实军委主席负责制建立和完善相关工作机制的意见》。2017 年 11 月 2 日，中央军委印发《关于全面深入贯彻军委主席负责制的意见》。

4月15日，习近平在中央国家安全委员会第一次会议上讲话指出，要坚持总体国家安全观，以人民安全为宗旨，以政治安全为根本，以经济安全为基础，以军事、文化、社会安全为保障，以促进国际安全为依托，走出一条中国特色国家安全道路。

4月24日，十二届全国人大常委会第八次会议通过修订后的《中华人民共和国环境保护法》。

5月21日，亚洲相互协作与信任措施会议第四次峰会在上海召开。习近平讲话强调，要积极倡导共同、综合、合作、可持续的亚洲安全观。

5月28—29日，第二次中央新疆工作座谈会召开。习近平讲话强调，要围绕社会稳定和长治久安这个总目标，坚持依法治疆、团结稳疆、长期建疆，努力建设团结和谐、繁荣富裕、文明进步、安居乐业的社会主义新疆。

5月30日，国务院常务会议决定对已出台政策措施落实情况开展第一次全面督查。此后，国务院每年开展大督查。2019年4月，国务院“互联网+督查”平台正式上线运行。2020年12月，国务院公布《政府督查工作条例》。

6月30日，中央政治局会议审议通过《深化财税体制改革总体方案》。改革的目标是建立现代财政制度，重点是改进预算管理制度、深化税收制度改革、建立事权和支出责任相适应的制度。

7月15日，金砖国家领导人第六次会晤在巴西举行，决定成立新开发银行并将总部设在中国上海，建立金砖国家应急储备安排。

7月24日，国务院印发《关于进一步推进户籍制度改革的意见》。“十三五”时期，1亿农业转移人口和其他常住人口在城镇落户目标顺利实现。

8月31日，十二届全国人大常委会第十次会议通过《关于设立烈士纪念日的决定》，将9月30日设立为烈士纪念日。

9月5日，庆祝全国人民代表大会成立60周年大会召开。习近平讲话指出，坚定中国特色社会主义制度自信，首先要坚定对中国特色社会主义政治制度的自信，增强走中国特色社会主义政治发展道路的信心和决心。

考试笔记

9月19日，中共中央办公厅、国务院办公厅印发《关于推动传统媒体和新兴媒体融合发展的指导意见》。

9月28日，习近平在中央民族工作会议暨国务院第六次全国民族团结进步表彰大会上讲话指出，加强中华民族大团结，长远和根本的是增强文化认同，建设各民族共有精神家园，积极培养中华民族共同体意识，强调要加强各民族交往交流交融。10月12日，中共中央、国务院印发《关于加强和改进新形势下民族工作的意见》。

9月，《习近平谈治国理政》以中、英、法、俄、阿、西、葡、德、日等多语种版面向海内外发行。2018年1月，经修订后面向海内外再版发行，改称《习近平谈治国理政》第一卷。2017年11月、2020年6月，《习近平谈治国理政》第二卷、第三卷先后出版，面向海内外发行。

10月15日，习近平主持召开文艺工作座谈会，强调只有牢固树立马克思主义文艺观，真正做到了以人民为中心，文艺才能发挥最大正能量。2015年10月3日，中共中央印发《关于繁荣发展社会主义文艺的意见》。

10月20—23日，中共十八届四中全会召开。全会通过《关于全面推进依法治国若干重大问题的决定》，指出全面推进依法治国，总目标是建设中国特色社会主义法治体系，建设社会主义法治国家。

10月30日—11月2日，全军政治工作会议在福建古田召开。10月31日，习近平在讲话中阐明新的历史条件下党从思想上政治上建设军队的重大问题。12月30日，中共中央转发《关于新形势下军队政治工作若干问题的决定》。

11月1日，十二届全国人大常委会第十一次会议通过《关于设立国家宪法日的决定》，将12月4日设立为国家宪法日。

11月6日，中共中央办公厅、国务院办公厅印发《关于引导农村土地经营权有序流转发展农业适度规模经营的意见》。2016年10月22日，中共中央办公厅、国务院办公厅印发《关于完善农村土地所有权承包权经营权分置办法的意见》。“三权分置”是继家庭联产承包责任制后农村改革的又一重大制度创新。

11月11日，亚太经合组织第22次领导人非正式会议在北京召开。习近平主持会议并发表讲话，倡导共建互信、包容、合作、共赢的亚太伙伴关系。会议决定启动亚太自由贸易区进程。

考试笔记

11 月 17 日，上海与香港股票市场交易互联互通机制“沪港通”正式启动。2016 年 12 月、2017 年 7 月又相继启动“深港通”“债券通”等。

11 月 19—21 日，首届世界互联网大会在浙江乌镇召开。会议确定乌镇为世界互联网大会永久会址。2015 年 12 月 16 日，习近平在第二届世界互联网大会开幕式上发表主旨演讲，强调网络空间是人类共同的活动空间，呼吁共同构建网络空间命运共同体。

11 月 28—29 日，中央外事工作会议召开。习近平讲话强调，中国必须有自己特色的大国外交。要高举和平、发展、合作、共赢的旗帜，统筹国内国际两个大局，统筹发展安全两件大事，牢牢把握坚持和平发展、促进民族复兴这条主线，维护国家主权、安全、发展利益，为和平发展营造更加有利的国际环境，维护和延长我国发展的重要战略机遇期，为实现“两个一百年”奋斗目标、实现中华民族伟大复兴的中国梦提供有力保障。

12 月 2 日，中共中央、国务院印发《丝绸之路经济带和 21 世纪海上丝绸之路建设战略规划》。2015 年 3 月 28 日，经国务院授权，国家发展改革委、外交部、商务部联合发布《推动共建丝绸之路经济带和 21 世纪海上丝绸之路的愿景与行动》。

12 月 5 日，中共中央决定给予周永康开除党籍处分。党的十八大以来，党中央坚持反腐败无禁区、全覆盖、零容忍，坚定不移“打虎”“拍蝇”“猎狐”，一体推进不敢腐、不能腐、不想腐。十八届中共中央共批准立案审查省军级以上党员干部及其他中管干部 440 人，严肃查处了周永康、薄熙来、郭伯雄、徐才厚、孙政才、令计划严重违纪违法案件。从党的十九大闭幕至 2020 年年底，先后有 146 名中管干部被立案审查调查。反腐败斗争取得压倒性胜利并全面巩固。

12 月 13—14 日，习近平在江苏考察工作期间讲话指出，要主动把握和积极适应经济发展新常态，协调推进全面建成小康社会、全面深化改革、全面依法治国、全面从严治党。2015 年 2 月 2 日，习近平在省部级主要领导干部学习贯彻党的十八届四中全会精神全面推进

考试笔记

依法治国专题研讨班上系统阐述“四个全面”战略布局。

12 月 18 日，中国第一座钠冷快中子反应堆——中国实验快堆首次实现满功率稳定运行 72 小时，标志着我国全面掌握快堆这一第四代核电技术的设计、建造、调试运行等核心技术。

12 月 31 日，中共中央办公厅印发《关于加强中央纪委派驻机构建设的意见》。2015 年 11 月 20 日，中共中央办公厅印发《关于全面落实中央纪委向中央一级党和国家机关派驻纪检机构的方案》，实现对中央一级党和国家机关派驻纪检机构全覆盖。2018 年 10 月 21 日，中共中央办公厅印发《关于深化中央纪委国家监委派驻机构改革的意见》。同日，中共中央办公厅、国务院办公厅印发《关于农村土地征收、集体经营性建设用地入市、宅基地制度改革试点工作的意见》。2015 年起在 33 个县（市、区）开展试点。

2015年

1 月 5 日，中共中央印发《关于加强社会主义协商民主建设的意见》，对新形势下开展政党协商、人大协商、政府协商、政协协商、人民团体协商、基层协商、社会组织协商等作出全面部署，推进社会主义协商民主广泛多层制度化发展。

1 月 6 日，国务院印发《关于促进云计算创新发展培育信息产业新业态的意见》。8 月 31 日，国务院印发《促进大数据发展行动纲要》。

1 月 16 日，中央政治局常委会召开会议，专门听取全国人大常委会、国务院、全国政协、最高人民法院、最高人民检察院党组工作汇报。这成为实现党中央集中统一领导的一项制度性安排。

2 月 13 日，习近平在陕西延安主持召开陕甘宁革命老区脱贫致富座谈会时讲话强调，让老区人民都过上幸福美满的日子，确保老区人民同全国人民一道进入全面小康社会。党的十八大以来，习近平先后 7 次主持召开中央扶贫工作座谈会，50 多次调研扶贫工作，走遍 14 个集中连片特困地区，坚持看真贫，坚持了解真扶贫、扶真贫、脱真贫的实际情况。

2 月 28 日，习近平会见第四届全国文明城市、文明村镇、文明单位和未成年人思想道德建设工作先进代表时强调，人民有信仰，民族有希望，国家有力量。实现中华民族伟大复兴的中国梦，物质财富要极大丰富，精神财富也要极大丰富。

3 月 7 日，国务院批复设立中国（杭州）跨境电子商务综合试验区。此后，又先后批复在天津、北京等 104 个城市和地区设立跨境电子商务综合试验区。

3 月 12 日，习近平在十二届全国人大三次会议解放军代表团全体会议上明确提出，把军民融合发展上升为国家战略。2018 年 8 月 11 日，中共中央印发《军民融合发展战略纲要》。

3 月 13 日，中共中央、国务院印发《关于深化体制机制改革加快实施创新驱动发展战略的若干意见》。2016 年 1 月 18 日，中共中央、国务院印发《国家创新驱动发展战略纲要》。

3 月 26 日，中央反腐败协调小组国际追逃追赃工作办公室首次启动针对外逃腐败分子的“天网行动”。4 月 22 日，国际刑警组织中国国家中心局集中公布 100 名涉嫌犯罪外逃国家工作人员、重要腐败案件涉案人等人员的红色通缉令。2014 年至 2020 年 10 月，我国共从 120 多个国家和地区追回外逃人员 8363 人，包括党员和国家工作人员 2212 人、“红通人员” 357 人、“百名红通人员” 60 人，追回赃款 208.4 亿元。

3 月 29 日，正在亚丁湾索马里海域执行护航任务的中国海军护航编队临沂舰搭载首批 122 名中国公民，从也门亚丁港安全撤离。到 4 月 7 日，从也门共撤出中国公民 621 人，并协助来自 15 个国家的 276 名外国公民安全撤离。

4 月 10 日，中共中央办公厅印发《关于在县处级以上领导干部中开展“三严三实”专题教育方案》。从 4 月底开始，在县处级以上领导干部中不分批次、不划阶段、不设环节开展“三严三实”专题教育，着力解决“不严不实”问题。

5 月 1 日，全国法院实行立案登记制，对依法应当受理的案件，做到有案必立、有诉必理，保证当事人诉权。

5 月 18—20 日，中央统战工作会议召开。习近平讲话强调，要巩固和发展最广泛的爱国统一战线，为实现“两个一百年”奋斗目标、实现中华民族伟大复兴的中国梦提供广泛力量支持。18 日，中

考试笔记

考试笔记

共中央印发《中国共产党统一战线工作条例（试行）》。2020 年 12 月 21 日，该条例经修订后重新颁布。

6 月 11 日，中共中央印发《中国共产党党组工作条例（试行）》。2019 年 4 月 6 日，该条例经修订后重新颁布。同日，国务院印发《关于大力推进大众创业万众创新若干政策措施的意见》，并确定从 2015 年起，每年举办大众创业万众创新活动周。2016 年、2017 年、2020 年，国务院办公厅确定三批共 212 个双创示范基地。

7 月 1 日，十二届全国人大常委会第十五次会议通过《中华人民共和国国家安全法》。同日，国务院印发《关于积极推进“互联网 +”行动的指导意见》。

7 月 6—7 日，中央党的群团工作会议召开。习近平讲话强调，要下决心纠正机关化、行政化、贵族化、娱乐化，切实保持和增强党的群团工作的政治性、先进性、群众性。此前，1 月 8 日，中共中央印发《关于加强和改进党的群团工作的意见》。

7 月 31 日，国际奥委会第 128 次全会在马来西亚吉隆坡投票决定，北京获得第 24 届冬季奥林匹克运动会举办权。

8 月 1 日，国务院印发《全国海洋主体功能区规划》。至此，我国主体功能区战略实现陆域国土空间和海域国土空间的全覆盖。

8 月 11 日，中国人民银行决定改革完善人民币兑美元汇率中间价报价机制，明确中间价报价参考前一天收盘价。2016 年 2 月，形成“收盘汇率 + 一篮子货币汇率变化”的人民币兑美元汇率中间价形成机制。

8 月 24 日，中共中央、国务院印发《关于深化国有企业改革的指导意见》。此后，陆续出台有关加强国有企业党的建设、国有企业分类改革、发展混合所有制经济、完善国资监管体制、防止国有资产流失、完善法人治理结构等多个配套文件。

8 月 24—25 日，中央第六次西藏工作座谈会召开。习近平讲话强调，必须坚持治国必治边、治边先稳藏的战略思想，坚持依法治藏、富民兴藏、长期建藏、凝聚人心、夯实基础的重要原则，不断增进各族群众对伟大祖国、中华民族、中华文化、中国共产党、中国特色社会主义的认同。

8 月 30 日，中共中央办公厅、国务院办公厅印发《环境保护督察方案（试行）》，正式建立中央生态环境保护督察制度。2019 年 6 月 6 日起，《中央生态环境保护督察工作规定》施行。

9 月 3 日，纪念中国人民抗日战争暨世界反法西斯战争胜利 70 周年大会和阅兵仪式举行。习近平检阅受阅部队并发表讲话，宣布中国将裁减军队员额 30 万。

9 月 22—28 日，习近平对美国进行国事访问并出席联合国成立 70 周年系列峰会。28 日，习近平在纽约联合国总部出席第 70 届联合国大会一般性辩论并发表讲话，强调要继承和弘扬联合国宪章宗旨和原则，构建以合作共赢为核心的新型国际关系，打造人类命运共同体。

10 月 5 日，中国中医科学院研究员屠呦呦获得 2015 年诺贝尔生理学或医学奖。这是中国科学家因为在中国本土进行的科学研究而首次获诺贝尔科学奖，是中国医学界迄今为止获得的最高奖项，也是中医药成果获得的最高奖项。

10 月 9 日，华阳灯塔和赤瓜灯塔竣工发光仪式在南海华阳礁举行，填补了我国南沙水域民用导助航设施的空白。此后，渚碧灯塔、永暑灯塔和美济灯塔陆续建成发光并投入使用，维护了我国南海主权和海洋权益。

10 月 12 日，中共中央、国务院印发《关于推进价格机制改革的若干意见》。到 2017 年年底，97% 以上的商品和服务价格已实现市场调节。

10 月 18 日，中共中央印发《中国共产党廉洁自律准则》和《中国共产党纪律处分条例》。2018 年 8 月 18 日，中共中央印发修订后的《中国共产党纪律处分条例》。

10 月 24 日，国务院印发《统筹推进世界一流大学和一流学科建设总体方案》。

10 月 26—29 日，中共十八届五中全会召开。全会通过《关于制定国民经济和社会发展第十三个五年规划的建议》。全会提出以人民为中心的发展思想，强调必须牢固树立并切实贯彻创新、协调、绿色、开放、共享的发展理念。

11 月 7 日，习近平同台湾地区领导人马英九在新加坡会晤，就

考试笔记

进一步推进两岸关系和平发展交换意见。这是 1949 年以来两岸领导人首次会晤，开创两岸领导人直接对话沟通的先河。

11 月 23 日，中央军委印发《领导指挥体制改革实施方案》。2016 年 2 月 29 日起，全军按新的领导指挥体制运行。

11 月 24—26 日，中央军委改革工作会议召开。习近平讲话强调，要全面实施改革强军战略，坚定不移走中国特色强军之路。28 日，中央军委印发《关于深化国防和军队改革的意见》。指出，牢牢把握军委管总、战区主战、军种主建的原则，以领导管理体制、联合作战指挥体制改革为重点，协调推进规模结构、政策制度和军民融合深度发展改革。

11 月 25 日，国务院发出《关于进一步完善城乡义务教育经费保障机制的通知》。

11 月 27 日、28 日，《〈内地与香港关于建立更紧密经贸关系的安排〉服务贸易协议》《〈内地与澳门关于建立更紧密经贸关系的安排〉服务贸易协议》分别签署，内地与香港、澳门服务贸易自由化基本实现。

11 月 27—28 日，中央扶贫开发工作会议召开。习近平讲话强调，打赢脱贫攻坚战，要做到"六个精准"，解决好"扶持谁""谁来扶""怎么扶""如何退"的问题，实施"五个一批"工程，加快形成中央统筹、省（自治区、直辖市）负总责、市（地）县抓落实的扶贫开发工作机制，形成五级书记抓扶贫、全党动员促攻坚的局面。29 日，中共中央、国务院印发《关于打赢脱贫攻坚战的决定》。

12 月 6 日，国务院印发《关于加快实施自由贸易区战略的若干意见》。

12 月 9 日，中央全面深化改革领导小组第 19 次会议审议通过《中国三江源国家公园体制试点方案》。此后，中央又先后批准大熊猫国家公园、东北虎豹国家公园、海南热带雨林国家公园等国家公园试点。

12 月 11 日，习近平在全国党校工作会议上讲话指出，党校姓党，首先要把党的旗帜亮出来。党校是教育培训干部的地方，不断把领导干部集中到党校来学习培训，一个重要目的就是帮助大家向党中央看齐。此前，9 日，中共中央印发《关于加强和改进新形势下党校工作的意见》。

考试笔记

12 月 17 日，中国成功发射暗物质粒子探测卫星“悟空”。

12 月 18—21 日，中央经济工作会议召开。习近平讲话强调，推进供给侧结构性改革，是适应和引领经济发展新常态的重大创新。要实行宏观政策要稳、产业政策要准、微观政策要活、改革政策要实、社会政策要托底的总体思路，着力加强结构性改革，在适度扩大总需求的同时，去产能、去库存、去杠杆、降成本、补短板，推动我国社会生产力水平整体改善。

12 月 20—21 日，中央城市工作会议召开。习近平讲话强调，要坚持人民城市为人民，尊重城市发展规律，在统筹上下功夫，在重点上求突破，着力提高城市发展持续性、宜居性。24 日，中共中央、国务院印发《关于深入推进城市执法体制改革改进城市管理工作的指导意见》。2016 年 2 月 6 日，中共中央、国务院印发《关于进一步加强城市规划建设管理工作的若干意见》。

12 月 25 日，中共中央印发《关于建立健全党和国家功勋荣誉表彰制度的意见》。同日，亚洲基础设施投资银行正式成立。到 2020 年年底，亚投行成员数量已从 57 个增至 103 个。

12 月 31 日，习近平向中国人民解放军陆军、火箭军、战略支援部队授予军旗并致训词。此后，习近平又先后向东部战区、南部战区、西部战区、北部战区、中部战区授予军旗并发布训令，向武汉联勤保障基地和无锡、桂林、西宁、沈阳、郑州联勤保障中心授予军旗并致训词，接见新调整组建的 84 个军级单位主官并发布训令，向军事科学院、国防大学、国防科技大学等授予军旗并致训词，向武警部队授旗并致训词，向国家综合性消防救援队伍授旗并致训词，向中国人民警察队伍授旗并致训词。

本年，中国对外直接投资流量为 1456.7 亿美元，实际利用外资 1356 亿美元，对外投资首超吸引外资，首次成为资本净输出国。中国第三产业增加值比重为 50.5%，首次突破 50%。

2016年

1 月 3 日，国务院印发《关于整合城乡居民基本医疗保险制度的意见》，提出整合城镇居民基本医疗保险和新型农村合作医疗，建立

考试笔记

统一的城乡居民基本医疗保险制度。“十三五”期间，我国基本医疗保险参保人数达 13.6 亿人。

1 月 5 日，习近平在重庆召开的推动长江经济带发展座谈会上讲话指出，推动长江经济带发展是国家一项重大区域发展战略，要坚持生态优先、绿色发展，共抓大保护、不搞大开发。5 月 30 日，中共中央、国务院印发《长江经济带发展规划纲要》。2018 年 4 月 26 日，习近平在武汉主持召开深入推动长江经济带发展座谈会。2020 年 11 月 14 日，习近平在南京主持召开全面推动长江经济带发展座谈会。

2 月 6 日，中共中央、国务院印发《关于全面振兴东北地区等老工业基地的若干意见》。

2 月 16 日，中央军委印发《关于军队和武警部队全面停止有偿服务活动的通知》。

2 月 19 日，习近平主持召开党的新闻舆论工作座谈会，指出在新的时代条件下，党的新闻舆论工作要把坚持正确政治方向放在第一位。

2 月 24 日，中共中央办公厅印发《关于在全体党员中开展“学党章党规、学系列讲话，做合格党员”学习教育方案》。2017 年 3 月 20 日，中共中央办公厅印发《关于推进“两学一做”学习教育常态化制度化的意见》。

3 月 23 日，澜沧江—湄公河合作首次领导人会议在海南三亚召开，正式启动澜湄合作机制。

3 月 24 日，中央政治局常委会会议听取关于北京城市副中心和疏解北京非首都功能集中承载地有关情况的汇报，确定疏解北京非首都功能集中承载地新区规划选址并同意定名为“雄安新区”。5 月 27 日，习近平在中央政治局会议上讲话指出，建设北京城市副中心和雄安新区两个新城，形成北京新的两翼，是千年大计、国家大事。2017 年 3 月 28 日，中共中央、国务院发出通知，决定设立河北雄安新区。2019 年 1 月 11 日，北京市级行政中心正式迁入北京城市副中心，办公区位于通州潞城镇。

4 月 19 日，习近平主持召开网络安全和信息化工作座谈会，强调在践行新发展理念上先行一步，让互联网更好造福国家和人民。

4 月 22 日，习近平在全国宗教工作会议上讲话指出，积极引导宗教与社会主义社会相适应，一个重要的任务就是支持我国宗教坚持中国化方向。做好党的宗教工作，关键是要在“导”上想得深、看得透、把得准，做到“导”之有方、“导”之有力、“导”之有效，牢牢掌握宗教工作主动权。同日，中国签署气候变化《巴黎协定》。

考试笔记

4月25日，习近平在安徽凤阳县小岗村主持召开农村改革座谈会时讲话指出，新形势下深化农村改革，主线仍然是处理好农民和土地的关系。最大的政策，就是必须坚持和完善农村基本经营制度，坚持农村土地集体所有，坚持家庭经营基础性地位，坚持稳定土地承包关系。

5月17日，习近平主持召开哲学社会科学工作座谈会，提出要着力构建中国特色哲学社会科学，强调坚定中国特色社会主义道路自信、理论自信、制度自信，说到底是要坚定文化自信，文化自信是更基本、更深沉、更持久的力量。2017年3月5日，中共中央印发《关于加快构建中国特色哲学社会科学的意见》。

6月20日，中国自主研制的全部采用国产处理器构建的“神威·太湖之光”超级计算机夺得世界超算冠军。

6月22日—8月12日，中国“探索一号”科考船在马里亚纳海域开展首次综合性万米深渊科考活动。其中，“海斗号”无人潜水器最大潜深达10767米，中国成为第三个研制出万米级无人潜水器的国家。

7月1日，庆祝中国共产党成立95周年大会召开。习近平讲话指出，要永远保持建党时中国共产党人的奋斗精神，永远保持对人民的赤子之心。一切向前走，都不能忘记走过的路；走得再远、走到再光辉的未来，也不能忘记走过的过去，不能忘记为什么出发。面向未来，面对挑战，全党同志一定要不忘初心、继续前进。讲话强调，中国特色社会主义最本质的特征是中国共产党领导，中国特色社会主义制度的最大优势是中国共产党领导。

7月5日，中共中央、国务院印发《关于深化投融资体制改革的意见》，新一轮投融资体制改革全面展开。

7月8日，中共中央印发《中国共产党问责条例》。2019年9月1日起施行修订后的条例。

7月12日，中国发表《中华人民共和国政府关于在南海的领土

考试笔记

主权和海洋权益的声明》。

7月22日，首次“1+6”圆桌对话会在北京召开。此后，中国同世界银行、国际货币基金组织、世界贸易组织、国际劳工组织、经济合作与发展组织、金融稳定理事会每年召开一次“1+6”圆桌对话会。

8月16日，中国成功发射世界首颗量子科学实验卫星“墨子号”。2017年6月、8月，“墨子号”卫星先后在国际上首次成功实现千公里级卫星和地面之间的量子纠缠分发、量子密钥分发和量子隐形传态。

8月19—20日，全国卫生与健康大会召开。习近平讲话强调，要把人民健康放在优先发展的战略地位，加快推进健康中国建设，努力全方位、全周期保障人民健康。10月17日，中共中央、国务院印发《“健康中国2030”规划纲要》。

9月3日，习近平出席在浙江杭州召开的二十国集团工商峰会开幕式并发表主旨演讲，提出建设创新、开放、联动、包容型世界经济，强调全球经济治理应该以平等为基础，更好反映世界经济格局新现实。4日至5日，以“构建创新、活力、联动、包容的世界经济”为主题的二十国集团领导人第十一次峰会在杭州召开，习近平全程主持会议。

9月25日，国务院印发《关于加快推进“互联网＋政务服务”工作的指导意见》。2018年7月，印发《关于加快推进全国一体化在线政务服务平台建设的指导意见》。2019年4月，公布《关于在线政务服务的若干规定》。同日，具有中国自主知识产权的世界最大单口径巨型射电望远镜——500米口径球面射电望远镜（FAST）在贵州平塘落成启动。

9月，《胡锦涛文选》第一至第三卷出版。

10月1日，人民币正式加入国际货币基金组织特别提款权货币篮子。

10月10日，习近平在全国国有企业党的建设工作会议上讲话指出，要坚持党对国有企业的领导不动摇，坚定不移把国有企业做强做优做大。

10月17日，神舟十一号载人飞船发射升空。在轨飞行期间，2名航天员在天宫二号与神舟十一号组合体内开展了为期30天的驻留，完成一系列空间科学实验和技术试验，11月18日成功返回。

考试笔记

10月21日，纪念红军长征胜利80周年大会召开。习近平讲话指出，每一代人有每一代人的长征路，每一代人都要走好自己的长征路。我们这一代人的长征，就是要实现“两个一百年”奋斗目标，实现中华民族伟大复兴的中国梦。要大力弘扬伟大长征精神，在新的长征路上继续奋勇前进。

10月24—27日，中共十八届六中全会召开。全会通过《关于新形势下党内政治生活的若干准则》和《中国共产党党内监督条例》。全会明确习近平总书记党中央的核心、全党的核心地位，号召全党同志紧密团结在以习近平同志为核心的党中央周围，牢固树立政治意识、大局意识、核心意识、看齐意识，坚定不移维护党中央权威和党中央集中统一领导。

11月1日，中国自主研制的新一代隐身战斗机歼-20首次公开亮相参加中国珠海国际航展。不久，歼-20开始列装空军作战部队。

11月4日，中共中央、国务院印发《关于完善产权保护制度依法保护产权的意见》。

11月7日，十二届全国人大常委会第二十四次会议通过《中华人民共和国网络安全法》。

11月28日，中共中央办公厅、国务院办公厅印发《关于全面推行河长制的意见》。2017年12月26日，印发《关于在湖泊实施湖长制的指导意见》。2018年6月、12月，河长制、湖长制全面建立。2020年12月28日，中共中央办公厅、国务院办公厅印发《关于全面推行林长制的意见》。

12月2日，习近平在中央军委军队规模结构和力量编成改革工作会议上讲话强调，要推动我军由数量规模型向质量效能型、由人力密集型向科技密集型转变，部队编成向充实、合成、多能、灵活方向发展，构建能够打赢信息化战争、有效履行使命任务的中国特色现代军事力量体系。

12月7日，习近平在全国高校思想政治工作会议上讲话指出，要坚持把立德树人作为中心环节，把思想政治工作贯穿教育教学全过程，实现全程育人、全方位育人。

12月13日，中共中央印发《关于加强党内法规制度建设的意

考试笔记

见》。24日至25日，首次全国党内法规工作会议召开。

12月25日，十二届全国人大常委会第二十五次会议通过《中华人民共和国公共文化服务保障法》。

12月26日，中共中央、国务院印发《关于稳步推进农村集体产权制度改革的意见》。

2017年

1月17日，习近平出席达沃斯世界经济论坛2017年年会开幕式并发表主旨演讲，强调经济全球化是社会生产力发展的客观要求和科技进步的必然结果，要适应和引导好经济全球化，消解经济全球化的负面影响，让它更好惠及每个国家、每个民族，实现经济全球化进程再平衡。

1月24日，中共中央办公厅、国务院办公厅印发《关于实施中华优秀传统文化传承发展工程的意见》。

5月5日，中国自主研制的C919大型客机首飞成功。这是中国首款按照最新国际适航标准研制、具有完全自主知识产权的干线民用飞机。

5月14—15日，首届"一带一路"国际合作高峰论坛在北京举行。习近平出席开幕式并发表主旨演讲，强调要将"一带一路"建成和平之路、繁荣之路、开放之路、创新之路、文明之路。2019年4月25日至27日，第二届"一带一路"国际合作高峰论坛在北京举行。习近平出席开幕式并发表主旨演讲，强调要秉持共商共建共享原则，坚持开放、绿色、廉洁理念，努力实现高标准、惠民生、可持续目标，推动共建"一带一路"沿着高质量发展方向不断前进。从2013年习近平提出"一带一路"倡议到2020年，中国同"一带一路"沿线国家货物贸易总额约9.2万亿美元，对"一带一路"沿线国家直接投资约1360亿美元，"六廊六路多国多港"的互联互通架构基本形成。

5月18日，南海神狐海域天然气水合物（又称可燃冰）试采成功。中国成为世界上首个成功试采海域天然气水合物的国家。

6月21日，国务院常务会议部署发展分享经济，培育壮大新动能。

6月25日，中国标准动车组被命名为"复兴号"并于26日投入运行。中国高速动车组技术实现全面自主化。

7月1日，习近平出席庆祝香港回归祖国20周年大会暨香港特别行政区第五届政府就职典礼并发表讲话指出，中央贯彻"一国两制"方针坚持两点：一是坚定不移，不会变、不动摇；二是全面准确，确保"一国两制"在香港的实践不走样、不变形，始终沿着正确方向前进。同日，习近平出席在香港举行的《深化粤港澳合作推进大湾区建设框架协议》签署仪式。建设粤港澳大湾区成为国家战略。2018年7月12日，中共中央、国务院印发《粤港澳大湾区发展规划纲要》。

7月8日，国务院印发《新一代人工智能发展规划》。

7月11日，中国人民解放军驻吉布提保障基地成立。

7月14—15日，全国金融工作会议召开。会议决定设立国务院金融稳定发展委员会。会议围绕服务实体经济、防控金融风险、深化金融改革"三位一体"的金融工作主题作出部署。

7月28日，中央军委举行颁授"八一勋章"和授予荣誉称号仪式，习近平向"八一勋章"获得者颁授勋章和证书，向获得荣誉称号的单位颁授奖旗。

7月30日，庆祝中国人民解放军建军90周年阅兵在朱日和联合训练基地举行。习近平检阅部队。8月1日，习近平在庆祝中国人民解放军建军90周年大会上讲话指出，党对军队的绝对领导是中国特色社会主义的本质特征，是党和国家的重要政治优势，是人民军队的建军之本、强军之魂。要坚持政治建军、改革强军、科技兴军、依法治军，全面提高国防和军队现代化水平，把人民军队建设成为世界一流军队。

9月3—5日，金砖国家领导人第九次会晤在福建厦门举行。习近平主持会晤并发表讲话，强调要推进经济务实合作，加强发展战略对接，推动国际秩序朝更加公正合理方向发展，促进人文民间交流，共同开启金砖合作第二个"金色十年"。

10月18—24日，中国共产党第十九次全国代表大会举行。大会正式代表2280人，特邀代表74人，代表全国8900多万党员。大会通过的报告《决胜全面建成小康社会，夺取新时代中国特色社会主义

考试笔记

伟大胜利》，作出中国特色社会主义进入新时代、我国社会主要矛盾已经转化为人民日益增长的美好生活需要和不平衡不充分的发展之间的矛盾等重大政治论断，确立习近平新时代中国特色社会主义思想的历史地位，提出新时代坚持和发展中国特色社会主义的基本方略，确定决胜全面建成小康社会、开启全面建设社会主义现代化国家新征程的目标。大会通过《中国共产党章程（修正案）》，把习近平新时代中国特色社会主义思想同马克思列宁主义、毛泽东思想、邓小平理论、“三个代表”重要思想、科学发展观一道确立为党的指导思想并载入党章。

10 月 25 日，中共十九届一中全会选举习近平、李克强、栗战书、汪洋、王沪宁、赵乐际、韩正为中央政治局常委，选举习近平为中央委员会总书记，决定习近平为中央军委主席，批准赵乐际为中央纪委书记。

10 月 27 日，中央政治局会议审议通过《中共中央政治局关于加强和维护党中央集中统一领导的若干规定》（简称《规定》），指出，中央政治局要带头树立“四个意识”，严格遵守党章和党内政治生活准则，全面落实党的十九大关于加强和维护党中央集中统一领导的各项要求，自觉在以习近平同志为核心的党中央集中统一领导下履行职责、开展工作，坚决维护习近平总书记作为党中央的核心、全党的核心地位。根据《规定》，中央政治局全体同志每年向党中央和习近平总书记书面述职一次。这已经成为加强和维护党中央集中统一领导的重要制度安排。同日，十九届中央政治局就深入学习贯彻党的十九大精神进行第一次集体学习。到 2021 年 5 月，围绕有关重大理论和实践问题共进行集体学习 30 次。

11 月 5 日，北斗三号第一、二颗组网卫星以“一箭双星”方式成功发射，标志着北斗卫星导航系统全球组网的开始。这是和美国全球定位系统（GPS）、俄罗斯格洛纳斯系统、欧洲伽利略系统并列的全球卫星导航系统。2018 年 12 月 27 日，北斗三号基本系统宣告建成，并开始提供全球服务。2020 年 7 月 31 日，北斗三号全球卫星导航系统建成暨开通仪式举行。

11 月 19 日，国务院作出《关于废止〈中华人民共和国营业税暂行条例〉和修改〈中华人民共和国增值税暂行条例〉的决定》。营业税改征增值税改革全面完成。

考试笔记

11月30日—12月3日，中国共产党与世界政党高层对话会在北京召开。12月1日，习近平在出席对话会开幕式发表主旨讲话时指出，不同国家的政党应该增进互信、加强沟通、密切协作，探索在新型国际关系的基础上建立求同存异、相互尊重、互学互鉴的新型政党关系，搭建多种形式、多种层次的国际政党交流合作网络，汇聚构建人类命运共同体的强大力量。

12月14日，中共中央作出《关于调整中国人民武装警察部队领导指挥体制的决定》。自2018年1月1日零时起，武警部队由党中央、中央军委集中统一领导，归中央军委建制，不再列国务院序列。

12月18—20日，中央经济工作会议召开。习近平讲话指出，推动高质量发展是当前和今后一个时期确定发展思路、制定经济政策、实施宏观调控的根本要求，必须加快形成推动高质量发展的指标体系、政策体系、标准体系、统计体系、绩效评价、政绩考核，创建和完善制度环境，推动我国经济在实现高质量发展上不断取得新进展。会议总结并阐述了习近平新时代中国特色社会主义经济思想。

12月30日，中共中央印发《关于建立国务院向全国人大常委会报告国有资产管理情况制度的意见》。2018年10月，十三届全国人大常委会第六次会议审议《国务院关于2017年度国有资产管理情况的综合报告》和《国务院关于2017年度金融企业国有资产的专项报告》。这是国务院首次按照“全口径、全覆盖”要求向全国人大常委会报告国有资产管理情况。

2018年

1月2日，中共中央、国务院印发《关于实施乡村振兴战略的意见》。6月26日，中共中央、国务院印发《乡村振兴战略规划（2018—2022年）》。

1月3日，中央军委召开2018年开训动员大会，习近平向全军发布训令。这是中央军委首次统一组织全军开训动员，是人民军队加强新时代练兵备战的一次崭新亮相。

考试笔记

1月5日，习近平在新进中央委员会的委员、候补委员和省部级主要领导干部学习贯彻习近平新时代中国特色社会主义思想和党的十九大精神研讨班开班式上讲话指出，做到坚持和发展中国特色社会主义要一以贯之，推进党的建设新的伟大工程要一以贯之，增强忧患意识、防范风险挑战要一以贯之，以时不我待、只争朝夕的精神投入工作，不断开创新时代中国特色社会主义事业新局面。

1月11日，中共中央、国务院发出《关于开展扫黑除恶专项斗争的通知》。到2020年12月底，全国打掉涉黑组织3644个、涉恶犯罪集团11675个。2021年3月29日，全国扫黑除恶专项斗争总结表彰大会召开。

1月11—13日，十九届中央纪委二次全会召开。习近平讲话总结和阐述党的十八大以来全面从严治党的经验：坚持思想建党和制度治党相统一，坚持使命引领和问题导向相统一，坚持抓“关键少数”和管“绝大多数”相统一，坚持行使权力和担当责任相统一，坚持严格管理和关心信任相统一，坚持党内监督和群众监督相统一。到2021年1月十九届中央纪委五次全会，习近平连续四次在中央纪委全会上讲话。

1月18—19日，中共十九届二中全会召开。全会通过《关于修改宪法部分内容的建议》。

2月26—28日，中共十九届三中全会召开。全会通过《关于深化党和国家机构改革的决定》和《深化党和国家机构改革方案》。3月17日，十三届全国人大一次会议批准国务院机构改革方案。2019年7月5日，深化党和国家机构改革总结会议召开，习近平讲话指出，深化党和国家机构改革是对党和国家组织结构和管理体制的一次系统性、整体性重构，为完善和发展中国特色社会主义制度、推进国家治理体系和治理能力现代化提供了有力组织保障。

3月3—15日，全国政协十三届一次会议举行。会议选举汪洋为全国政协主席。

3月5—20日，十三届全国人大一次会议举行。会议选举习近平为国家主席、国家中央军委主席，栗战书为全国人大常委会委员长，决定李克强为国务院总理。会议通过《中华人民共和国宪法修正案》，确立科学发展观、习近平新时代中国特色社会主义思想在国家政治和社会生活中的指导地位；通过《中华人民共和国监察法》。23 日，中华人民共和国国家监察委员会在北京揭牌。

3 月以来，针对美国政府单方面挑起的中美经贸摩擦，中国不得不采取中止关税减让义务、加征关税等反制措施，并在相互尊重、平等互利的原则基础上进行协商，坚决捍卫国家和人民利益。9 月 24 日，《关于中美经贸摩擦的事实与中方立场》白皮书发布。2020 年 1 月 15 日，中美双方签署第一阶段经贸协议。

4 月 11 日，中共中央、国务院印发《关于支持海南全面深化改革开放的指导意见》，赋予海南经济特区改革开放新使命，建设自由贸易试验区和中国特色自由贸易港。13 日，习近平在庆祝海南建省办经济特区 30 周年大会上讲话指出，海南要着力打造全面深化改革开放试验区、国家生态文明试验区、国际旅游消费中心、国家重大战略服务保障区，形成更高层次改革开放新格局。2020 年 3 月 20 日，中共中央、国务院印发《海南自由贸易港建设总体方案》。

4 月 12 日，中央军委在南海海域举行海上阅兵。习近平检阅部队并发表讲话强调，要深入贯彻新时代党的强军思想，坚定不移加快海军现代化进程，努力把人民海军全面建成世界一流海军。

4 月 20—21 日，全国网络安全和信息化工作会议召开。习近平讲话指出，我们不仅走出一条中国特色治网之道，而且提出一系列新思想新观点新论断，形成了网络强国战略思想。

4 月 27 日，十三届全国人大常委会第二次会议通过《中华人民共和国英雄烈士保护法》。

5 月 4 日，纪念马克思诞辰 200 周年大会召开。习近平讲话指出，马克思主义始终是我们党和国家的指导思想，是我们认识世界、把握规律、追求真理、改造世界的强大思想武器。新时代，中国共产党人仍然要学习马克思，学习和实践马克思主义，继续高扬马克思主义伟大旗帜，坚持和发展中国特色社会主义，让马克思、恩格斯设想的人类社会美好前景不断在中国大地上生动展现出来。

5 月 18—19 日，全国生态环境保护大会召开。习近平讲话提出新时代推进生态文明建设的原则，强调要加快构建生态文明体系。大

考试笔记

会总结并阐述了习近平生态文明思想。党的十八大以来，我国加快推进生态文明顶层设计和制度体系建设，相继出台《关于加快推进生态文明建设的意见》《生态文明体制改革总体方案》等，对生态文明建设进行全面系统部署安排。推动绿色发展，深入实施大气、水、土壤污染防治三大行动计划，率先发布《中国落实2030年可持续发展议程国别方案》，实施《国家应对气候变化规划（2014—2020年）》，向联合国交存《巴黎协定》批准文书。

6月9—10日，上海合作组织青岛峰会召开。10日，习近平主持会议并发表讲话，强调要提倡创新、协调、绿色、开放、共享的发展观，践行共同、综合、合作、可持续的安全观，秉持开放、融通、互利、共赢的合作观，树立平等、互鉴、对话、包容的文明观，坚持共商共建共享的全球治理观，不断改革完善全球治理体系，推动各国携手建设人类命运共同体。

6月15日，中共中央、国务院印发《关于打赢脱贫攻坚战三年行动的指导意见》。同日，国务院办公厅发出《关于做好证明事项清理工作的通知》。到2019年4月底，清理工作基本完成，各地区各部门共取消证明事项1.3万多项。

6月16日，中共中央、国务院印发《关于全面加强生态环境保护坚决打好污染防治攻坚战的意见》。

6月22—23日，中央外事工作会议召开。习近平讲话指出，把握国际形势要树立正确的历史观、大局观、角色观。会议总结并阐述了习近平外交思想。

7月3—4日，全国组织工作会议召开。习近平讲话强调，新时代党的组织路线是：全面贯彻新时代中国特色社会主义思想，以组织体系建设为重点，着力培养忠诚干净担当的高素质干部，着力集聚爱国奉献的各方面优秀人才，坚持德才兼备、以德为先、任人唯贤，为坚持和加强党的全面领导、坚持和发展中国特色社会主义提供坚强组织保证。

8月17—19日，中央军委党的建设会议召开。习近平讲话指出，要毫不动摇坚持党对军队绝对领导，锻造坚强有力的党组织，锻造高素质干部和人才队伍，深入推进党风廉政建设和反腐败斗争，为实现党在

考试笔记

新时代的强军目标、完成好新时代军队使命任务提供坚强政治保证。

8月21—22日，全国宣传思想工作会议召开。习近平讲话强调，中国特色社会主义进入新时代，必须把统一思想、凝聚力量作为宣传思想工作的中心环节。做好新形势下宣传思想工作，必须自觉承担起举旗帜、聚民心、育新人、兴文化、展形象的使命任务。2019年6月29日，中共中央印发《中国共产党宣传工作条例》。

9月3—4日，中非合作论坛北京峰会举行。习近平主持峰会并在开幕式上发表主旨讲话，提出中非要携手打造责任共担、合作共赢、幸福共享、文化共兴、安全共筑、和谐共生的中非命运共同体。会议通过《关于构建更加紧密的中非命运共同体的北京宣言》和《中非合作论坛——北京行动计划（2019—2021年）》。

9月10日，全国教育大会召开。习近平讲话指出，教育是国之大计、党之大计，要坚持改革创新，以凝聚人心、完善人格、开发人力、培育人才、造福人民为工作目标，培养德智体美劳全面发展的社会主义建设者和接班人，加快推进教育现代化、建设教育强国、办好人民满意的教育。12月8日，中共中央、国务院印发《中国教育现代化2035》。"十三五"时期，我国学前三年毛入园率达到85.2%，九年义务教育巩固率95.2%，高中阶段教育毛入学率达91.2%，高等教育毛入学率提升到54.4%。

9月27日，国务院发出《关于在全国推开"证照分离"改革的通知》。2021年5月，发出《关于深化"证照分离"改革进一步激发市场主体发展活力的通知》，部署在全国范围内实施涉企经营许可事项全覆盖清单管理。

10月1日，中共中央、国务院印发《关于保持土地承包关系稳定并长久不变的意见》。

10月23日，世界上最长的跨海大桥——港珠澳大桥开通仪式在广东珠海举行。习近平出席仪式。

10月28日，中共中央印发《中国共产党支部工作条例（试行）》。

11月1日，习近平在主持召开民营企业座谈会时讲话指出，我们强调把公有制经济巩固好、发展好，同鼓励、支持、引导非公有制经济发展不是对立的，而是有机统一的。各级党委和政府要把构建亲清

考试笔记

新型政商关系的要求落到实处，把支持民营企业发展作为一项重要任务。在我国经济发展进程中，要不断为民营经济营造更好发展环境。

11月5—10日，首届中国国际进口博览会在上海举行。习近平出席开幕式并发表主旨演讲时指出，中国国际进口博览会是迄今为止世界上第一个以进口为主题的国家级展会，是中国推动建设开放型世界经济、支持经济全球化的实际行动；宣布增设中国（上海）自由贸易试验区的新片区、在上海证券交易所设立科创板并试点注册制、支持长江三角洲区域一体化发展并上升为国家战略。2019年11月、2020年11月，第二届、第三届中国国际进口博览会先后举行。

12月18日，庆祝改革开放40周年大会召开。习近平讲话指出，改革开放是党和人民大踏步赶上时代的重要法宝，是坚持和发展中国特色社会主义的必由之路，是决定当代中国命运的关键一招，也是决定实现“两个一百年”奋斗目标、实现中华民族伟大复兴的关键一招。大会向100名获改革先锋称号的同志和10名获中国改革友谊奖章的国际友人颁授奖章。

2019年

1月2日，《告台湾同胞书》发表40周年纪念会召开。习近平在纪念会上发表《为实现民族伟大复兴、推进祖国和平统一而共同奋斗》讲话，阐述立足新时代、在民族复兴伟大征程中推进祖国和平统一的五项重大政策主张：携手推动民族复兴，实现和平统一目标；探索“两制”台湾方案，丰富和平统一实践；坚持一个中国原则，维护和平统一前景；深化两岸融合发展，夯实和平统一基础；实现同胞心灵契合，增进和平统一认同。

1月4日，中央军委军事工作会议召开。习近平讲话指出，全军要深入贯彻新时代军事战略方针，在新的起点上做好军事斗争准备工作，坚决完成党和人民赋予的使命任务。

1月15—16日，中央政法工作会议召开。习近平讲话指出，要坚持以新时代中国特色社会主义思想为指导，坚持党对政法工作的绝对领导，坚持以人民为中心的发展思想，加快推进社会治理现代化，加快推进政法领域全面深化改革，加快推进政法队伍革命化、正规化、专业化、职业化建设。此前，13 日，中共中央印发《中国共产党政法工作条例》。

考试笔记

1 月 21 日，习近平在省部级主要领导干部坚持底线思维着力防范化解重大风险专题研讨班开班式上讲话，对防范化解政治、意识形态、经济、科技、社会、外部环境、党的建设等领域重大风险作出分析，提出要求。

1 月 27 日，国务院印发《关于在市场监管领域全面推行部门联合“双随机、一公开”监管的意见》。9 月 6 日，国务院印发《关于加强和规范事中事后监管的指导意见》。

1 月 31 日，中共中央印发《关于加强党的政治建设的意见》。同日，中共中央印发《中国共产党重大事项请示报告条例》。

3 月 15 日，十三届全国人大二次会议通过《中华人民共和国外商投资法》。12 月 26 日，国务院公布《中华人民共和国外商投资法实施条例》。

3 月 18 日，习近平主持召开学校思想政治理论课教师座谈会时讲话强调，办好思想政治理论课，最根本的是要全面贯彻党的教育方针，解决好培养什么人、怎样培养人、为谁培养人这个根本问题。关键在发挥教师的积极性、主动性、创造性。推动思想政治理论课改革创新，要不断增强思政课的思想性、理论性和亲和力、针对性。

3 月 19 日，中共中央办公厅印发《公务员职务与职级并行规定》。

4 月 23 日，庆祝人民海军成立 70 周年海上阅兵活动在青岛举行。习近平出席并检阅舰队。来自 61 个国家的海军代表团、来自 13 个国家的 18 艘舰艇远涉重洋，汇聚黄海，共贺中国海军华诞。

4 月 28 日，2019 年中国北京世界园艺博览会开幕式举行。习近平出席并发表《共谋绿色生活，共建美丽家园》讲话。

4 月 30 日，纪念五四运动 100 周年大会召开。习近平讲话指出，新时代中国青年运动的主题，新时代中国青年运动的方向，新时代中国青年的使命，就是坚持中国共产党领导，同人民一道，为实现“两个一百年”奋斗目标、实现中华民族伟大复兴的中国梦而奋斗。

5 月 2 日，中共中央、国务院印发《关于新时代推进西部大开发形成新格局的指导意见》。

考试笔记

5月9日，中共中央、国务院印发《关于建立国土空间规划体系并监督实施的若干意见》。

5月15—22日，首届亚洲文明对话大会在北京召开。习近平在开幕式上发表《深化文明交流互鉴，共建亚洲命运共同体》主旨演讲，呼吁坚持相互尊重、平等相待，美人之美、美美与共，开放包容、互学互鉴，与时俱进、创新发展，共同创造亚洲文明和世界文明的美好未来。

5月21日，中共中央印发《关于在全党开展“不忘初心、牢记使命”主题教育的意见》。2019年5月底至2020年1月，全党分两批开展“不忘初心、牢记使命”主题教育，总要求是守初心、担使命，找差距、抓落实；根本任务是深入学习贯彻习近平新时代中国特色社会主义思想，锤炼忠诚干净担当的政治品格，团结带领全国各族人民为实现伟大梦想共同奋斗；具体目标是理论学习有收获、思想政治受洗礼、干事创业敢担当、为民服务解难题、清正廉洁作表率。

5月30日，中共中央、国务院印发《长江三角洲区域一体化发展规划纲要》。

6月4日，中共中央发出关于印发《习近平新时代中国特色社会主义思想学习纲要》的通知。

6月6日，工业和信息化部向四家运营商颁发5G牌照，中国通信行业进入5G时代。到2020年年底，我国已建成全球最大5G网络，开通5G基站超过71.8万个，5G终端连接数超过2亿。

6月20—21日，习近平对朝鲜民主主义人民共和国进行国事访问。在平壤同朝鲜劳动党委员长、国务委员会委员长金正恩会谈，双方一致同意，在新的历史起点上，中朝双方愿不忘初心、携手前进，共同开创两党两国关系的美好未来。

7月9日，中央和国家机关党的建设工作会议召开。习近平讲话指出，新形势下，中央和国家机关要以党的政治建设为统领，着力深化理论武装，着力夯实基层基础，着力推进正风肃纪，全面提高中央和国家机关党的建设质量，在深入学习贯彻党的思想理论上作表率，在始终同党中央保持高度一致上作表率，在坚决贯彻落实党中央各项决策部署上作表率，建设让党中央放心、让人民群众满意的模范机关。

8 月 9 日，中共中央、国务院印发《关于支持深圳建设中国特色社会主义先行示范区的意见》。

8 月 19 日，中共中央印发《中国共产党农村工作条例》。

9 月 17 日，习近平签署主席令，根据全国人大常委会关于授予国家勋章和国家荣誉称号的决定，授予 42 人国家勋章、国家荣誉称号。其中“共和国勋章”8 人，“友谊勋章”6 人，国家荣誉称号 28 人。29 日，国家勋章和国家荣誉称号颁授仪式举行。

9 月 18 日，习近平在河南郑州主持召开黄河流域生态保护和高质量发展座谈会，强调黄河流域生态保护和高质量发展是重大国家战略，要共同抓好大保护，协同推进大治理，让黄河成为造福人民的幸福河。2020 年 10 月 5 日，中共中央、国务院印发《黄河流域生态保护和高质量发展规划纲要》。

9 月 20 日，中央政协工作会议暨庆祝中国人民政治协商会议成立 70 周年大会召开。习近平讲话强调，新时代加强和改进人民政协工作，要把坚持和发展中国特色社会主义作为巩固共同思想政治基础的主轴，把服务实现“两个一百年”奋斗目标作为工作主线，把加强思想政治引领、广泛凝聚共识作为中心环节，坚持团结和民主两大主题，提高政治协商、民主监督、参政议政水平，更好凝聚共识，把人民政协制度坚持好、把人民政协事业发展好。10 月 7 日，中共中央印发《关于新时代加强和改进人民政协工作的意见》。

9 月 25 日，北京大兴国际机场正式投入运营。

9 月 27 日，习近平在全国民族团结进步表彰大会上讲话指出，要以铸牢中华民族共同体意识为主线，全面贯彻党的民族理论和民族政策，坚持共同团结奋斗、共同繁荣发展，把民族团结进步事业作为基础性事业抓紧抓好，促进各民族像石榴籽一样紧紧拥抱在一起，推动中华民族走向包容性更强、凝聚力更大的命运共同体。

10 月 1 日，首都各界庆祝中华人民共和国成立 70 周年大会、阅兵仪式和群众游行举行。习近平发表讲话并检阅受阅部队。

10 月 17 日、31 日，中共中央、国务院先后印发《新时代公民道德建设实施纲要》《新时代爱国主义教育实施纲要》。

10 月 22 日，国务院公布《优化营商环境条例》。

考试笔记

10月28—31日，中共十九届四中全会召开。全会通过《关于坚持和完善中国特色社会主义制度、推进国家治理体系和治理能力现代化若干重大问题的决定》。全会指出，坚持和完善中国特色社会主义制度、推进国家治理体系和治理能力现代化的总体目标是，到我们党成立一百年时，在各方面制度更加成熟更加定型上取得明显成效；到2035年，各方面制度更加完善，基本实现国家治理体系和治理能力现代化；到新中国成立一百年时，全面实现国家治理体系和治理能力现代化，使中国特色社会主义制度更加巩固、优越性充分展现。全会强调，突出坚持和完善支撑中国特色社会主义制度的根本制度、基本制度、重要制度，着力固根基、扬优势、补短板、强弱项，构建系统完备、科学规范、运行有效的制度体系。

11月8—10日，中央军委基层建设会议召开。习近平讲话指出，加强新时代我军基层建设，是强军兴军的根基所在、力量所在。

12月17日，中国第一艘国产航空母舰山东舰交付海军，习近平出席交接入列仪式并登舰视察。

12月20日，习近平出席庆祝澳门回归祖国20周年大会暨澳门特别行政区第五届政府就职典礼并发表讲话指出，总结澳门“一国两制”成功实践，可以获得四点重要经验：始终坚定“一国两制”制度自信；始终准确把握“一国两制”正确方向；始终强化“一国两制”使命担当；始终筑牢“一国两制”社会政治基础。

12月30日，国务院公布《保障农民工工资支付条例》，规范农民工工资支付行为，保障农民工按时足额获得工资。

至2019年年底，中国共产党党员总数为9191.4万名，基层组织468.1万个，其中基层党委24.9万个，总支部30.5万个，支部412.7万个。

2020年

1月7日，习近平在主持召开中央政治局常委会会议时，对做好2019年12月27日以来湖北武汉监测发现的不明原因肺炎疫情防控工作提出要求。新冠肺炎疫情是新中国成立以来我国遭遇的传播速度最快、感染范围最广、防控难度最大的一次重大突发公共卫生事件，

考试笔记

也是百年来全球发生的最严重的传染病大流行。疫情发生后，党中央将疫情防控作为头等大事来抓。习近平亲自指挥、亲自部署，坚持把人民生命安全和身体健康放在第一位，带领全党全军全国各族人民迅速打响疫情防控的人民战争、总体战、阻击战，取得了全国抗疫斗争重大战略成果。9 月 8 日，习近平在全国抗击新冠肺炎疫情表彰大会上讲话指出，在这场同严重疫情的殊死较量中，中国人民和中华民族以敢于斗争、敢于胜利的大无畏气概，铸就了生命至上、举国同心、舍生忘死、尊重科学、命运与共的伟大抗疫精神。要在全社会大力弘扬伟大抗疫精神，使之转化为全面建设社会主义现代化国家、实现中华民族伟大复兴的强大力量。

1 月 12 日，中国完全自主研制的新型万吨级驱逐舰首舰南昌舰归建入列。

2 月 23 日，统筹推进新冠肺炎疫情防控和经济社会发展工作部署会议召开。习近平讲话强调，要变压力为动力、善于化危为机，有序恢复生产生活秩序，强化“六稳”举措，加大政策调节力度，把我国发展的巨大潜力和强大动能充分释放出来。4 月 17 日，中央政治局会议提出，在加大“六稳”工作力度的同时，全面落实“六保”任务。

3 月 6 日，决战决胜脱贫攻坚座谈会召开。习近平讲话强调，要动员全党全国全社会力量，凝心聚力打赢脱贫攻坚战，确保如期完成脱贫攻坚目标任务，确保全面建成小康社会。11 月 23 日，我国最后 9 个贫困县实现贫困退出。

3 月 26 日，习近平出席二十国集团领导人应对新冠肺炎特别峰会并发表《携手抗疫，共克时艰》讲话。5 月 18 日，在第 73 届世界卫生大会视频会议开幕式上发表《团结合作战胜疫情，共同构建人类卫生健康共同体》致辞。6 月 17 日，主持中非团结抗疫特别峰会并发表《团结抗疫，共克时艰》主旨讲话。到 2020 年 12 月，中国已向 150 个国家和 13 个国际组织提供抗疫援助，有力支持了世界各国疫情防控。

3 月 30 日，中共中央、国务院印发《关于构建更加完善的要素市场化配置体制机制的意见》。

4 月 10 日，习近平在中央财经委员会第七次会议上讲话提出，要

考试笔记

构建以国内大循环为主体、国内国际双循环相互促进的新发展格局。

4月13日，中共中央办公厅印发《关于持续解决困扰基层的形式主义问题为决胜全面建成小康社会提供坚强作风保证的通知》。

5月11日，中共中央、国务院印发《关于新时代加快完善社会主义市场经济体制的意见》。

5月28日，十三届全国人大三次会议通过《中华人民共和国民法典》和《关于建立健全香港特别行政区维护国家安全的法律制度和执行机制的决定》。

6月30日，十三届全国人大常委会第二十次会议通过《中华人民共和国香港特别行政区维护国家安全法》。

7月23日，中国首次火星探测任务天问一号探测器成功发射，迈出了我国自主开展行星探测第一步。2021年5月15日，天问一号成功着陆火星。22日，祝融号火星车驶抵火星表面并开展科学巡测，标志着首次火星探测任务取得圆满成功。

8月28—29日，中央第七次西藏工作座谈会召开。习近平讲话强调，面对新形势新任务，必须全面贯彻新时代党的治藏方略，铸牢中华民族共同体意识，努力建设团结富裕文明和谐美丽的社会主义现代化新西藏。

9月17日，国务院常务会议确定推进与企业发展、群众生活密切相关的高频事项“跨省通办”的措施。24日，国务院办公厅印发《关于加快推进政务服务“跨省通办”的指导意见》，提出140项“跨省通办”事项清单。

9月22日，习近平在第75届联合国大会一般性辩论上发表讲话强调，要树立命运共同体意识和合作共赢理念，坚定不移构建开放型世界经济，树立新发展理念，坚持走多边主义道路，改革完善全球治理体系。宣布中国支持联合国发挥核心作用重大举措。宣布中国二氧化碳排放力争于2030年前达到峰值，努力争取2060年前实现碳中和。

9月25—26日，第三次中央新疆工作座谈会召开。习近平讲话指出，要完整准确贯彻新时代党的治疆方略，牢牢扭住新疆工作总目标，依法治疆、团结稳疆、文化润疆、富民兴疆、长期建疆，努力建设团结和谐、繁荣富裕、文明进步、安居乐业、生态良好的新时代中国特色社会主义新疆。

9 月 30 日，中共中央印发《中国共产党中央委员会工作条例》，把“坚持党对一切工作的领导，确保党中央集中统一领导”作为中央委员会开展工作必须把握的第一条原则。这是坚持和完善党的领导制度体系的关键之举，是强化“两个维护”制度保障的标志性成果。

10 月 23 日，习近平在纪念中国人民志愿军抗美援朝出国作战 70 周年大会上讲话指出，在波澜壮阔的抗美援朝战争中，英雄的中国人民志愿军锻造了伟大抗美援朝精神。我们要铭记抗美援朝战争的艰辛历程和伟大胜利，敢于斗争、善于斗争，知难而进、坚韧向前，把新时代中国特色社会主义伟大事业不断推向前进。

10 月 26—29 日，中共十九届五中全会召开。全会通过《关于制定国民经济和社会发展第十四个五年规划和二〇三五年远景目标的建议》。全会提出，“十四五”时期是我国全面建成小康社会、实现第一个百年奋斗目标之后，乘势而上开启全面建设社会主义现代化国家新征程、向第二个百年奋斗目标进军的第一个五年。要坚定不移贯彻创新、协调、绿色、开放、共享的新发展理念，以推动高质量发展为主题，加快构建以国内大循环为主体、国内国际双循环相互促进的新发展格局。29 日，习近平在全会第二次全体会议上讲话指出，进入新发展阶段，是中华民族伟大复兴历史进程的大跨越。

11 月 15 日，中国与东盟十国及日本、韩国、澳大利亚、新西兰共同签署《区域全面经济伙伴关系协定》。

11 月 16—17 日，中央全面依法治国工作会议召开。习近平讲话强调，坚定不移走中国特色社会主义法治道路，为全面建设社会主义现代化国家、实现中华民族伟大复兴的中国梦提供有力法治保障。会议总结并阐述了习近平法治思想。12 月 1 日，中共中央印发《法治中国建设规划（2020—2025 年）》。

11 月 28 日，“奋斗者”号全海深载人潜水器成功完成万米海试并胜利返航。

12 月 16 日，中共中央、国务院印发《关于实现巩固拓展脱贫攻坚成果同乡村振兴有效衔接的意见》。

12 月 24 日、25 日，习近平在中央政治局民主生活会上讲话强

考试笔记

调，必须增强政治意识，善于从政治上看问题，善于把握政治大局，不断提高政治判断力、政治领悟力、政治执行力。

12 月 25 日，中共中央印发修订后的《中国共产党党员权利保障条例》。

12 月 26 日，十三届全国人大常委会第二十四次会议通过《中华人民共和国长江保护法》。这是首部全国性流域立法。

12 月 30 日，习近平在中央全面深化改革委员会第 17 次会议上讲话指出，全面深化改革取得历史性伟大成就，要坚定改革信心，汇聚改革合力，推动新发展阶段改革取得更大突破。十八届三中全会召开七年多来，各方面共推出 2485 个改革方案，十八届三中全会提出的改革目标任务总体如期完成。

本年，党中央、国务院统筹推进疫情防控和经济社会发展，围绕市场主体的急需制定和实施宏观政策，稳住了经济基本盘。经过艰苦努力，我国率先实现复工复产，经济恢复好于预期，全年国内生产总值超过 100 万亿元、增长 2.3%，城镇新增就业 1186 万人，宏观调控积累了新的经验。

2021年

1 月 4 日，中共中央、国务院印发《关于全面推进乡村振兴加快农业农村现代化的意见》。指出，新发展阶段“三农”工作依然极端重要，须臾不可放松，务必抓紧抓实。要坚持把解决好“三农”问题作为全党工作重中之重，把全面推进乡村振兴作为实现中华民族伟大复兴的一项重大任务，举全党全社会之力加快农业农村现代化，让广大农民过上更加美好的生活。

1 月 11 日，习近平在省部级主要领导干部学习贯彻党的十九届五中全会精神专题研讨班开班式上讲话，阐述把握新发展阶段、贯彻新发展理念、构建新发展格局。

1 月 22 日，习近平在十九届中央纪委五次全会上讲话指出，全面从严治党首先要从政治上看，不断提高政治判断力、政治领悟力、政治执行力。必须清醒看到，腐败这个党执政的最大风险仍然存在，存量还未清底，增量仍有发生。要健全贯彻党中央重大决策部署督查问责机制，加强对贯彻新发展理念、构建新发展格局、推动高质量发展等决策部署落实情况的监督检查。同日，国务院办公厅印发《关于推动药品集中带量采购工作常态化制度化开展的意见》。

考试笔记

1月25日，习近平出席世界经济论坛“达沃斯议程”对话会并发表特别致辞，提出我们要解决好这个时代面临的四大课题：加强宏观经济政策协调，共同推动世界经济强劲、可持续、平衡、包容增长；摒弃意识形态偏见，共同走和平共处、互利共赢之路；克服发达国家和发展中国家发展鸿沟，共同推动各国发展繁荣；携手应对全球性挑战，共同缔造人类美好未来。解决问题的出路是维护和践行多边主义，推动构建人类命运共同体。

1月30日，全球第一台“华龙一号”核电机组——福建福清核电5号机组投入商业运行。

2月2日，国务院印发《关于加快建立健全绿色低碳循环发展经济体系的指导意见》。

2月20日，党史学习教育动员大会召开。习近平讲话指出，在全党开展党史学习教育，是党中央立足党的百年历史新起点、统筹中华民族伟大复兴战略全局和世界百年未有之大变局、为动员全党全国满怀信心投身全面建设社会主义现代化国家而作出的重大决策。全党同志要做到学史明理、学史增信、学史崇德、学史力行，学党史、悟思想、办实事、开新局。讲话阐明党史学习教育的重点和工作要求，对党史学习教育进行全面动员和部署，要求树立正确党史观。此前，15日，中共中央印发《关于在全党开展党史学习教育的通知》。这次会议后，习近平《论中国共产党历史》《毛泽东邓小平江泽民胡锦涛关于中国共产党历史论述摘编》《习近平新时代中国特色社会主义思想学习问答》《中国共产党简史》等党史学习教育用书出版。

2月25日，全国脱贫攻坚总结表彰大会召开。习近平宣告，我国脱贫攻坚战取得了全面胜利，现行标准下9899万农村贫困人口全部脱贫，832个贫困县全部摘帽，12.8万个贫困村全部出列，区域性整体贫困得到解决，完成了消除绝对贫困的艰巨任务。习近平讲话指出，脱贫攻坚伟大斗争，锻造形成了上下同心、尽锐出战、精准务实、开拓创新、攻坚克难、不负人民的脱贫攻坚精神。我们走出了一

考试笔记

条中国特色减贫道路，形成了中国特色反贫困理论。脱贫摘帽不是终点，而是新生活、新奋斗的起点。解决发展不平衡不充分问题、缩小城乡区域发展差距、实现人的全面发展和全体人民共同富裕仍然任重道远。要切实做好巩固拓展脱贫攻坚成果同乡村振兴有效衔接各项工作，让脱贫基础更加稳固、成效更可持续。

3月11日，十三届全国人大四次会议通过《关于修改〈中华人民共和国全国人民代表大会组织法〉的决定》《关于修改〈中华人民共和国全国人民代表大会议事规则〉的决定》《关于完善香港特别行政区选举制度的决定》。

3月15日，习近平在中央财经委员会第九次会议上讲话指出，我国平台经济发展正处在关键时期，要着眼长远、兼顾当前，补齐短板、强化弱项，营造创新环境，解决突出矛盾和问题，推动平台经济规范健康持续发展；实现碳达峰、碳中和是一场广泛而深刻的经济社会系统性变革，要把碳达峰、碳中和纳入生态文明建设整体布局，拿出抓铁有痕的劲头，如期实现2030年前碳达峰、2060年前碳中和的目标。5月26日，碳达峰碳中和工作领导小组第一次全体会议召开。

3月25日，习近平在福建考察时指出，要在党史学习教育中做到学史明理，明理是增信、崇德、力行的前提。要从党的辉煌成就、艰辛历程、历史经验、优良传统中深刻领悟中国共产党为什么能、马克思主义为什么行、中国特色社会主义为什么好等道理，弄清楚其中的历史逻辑、理论逻辑、实践逻辑。要深刻领悟坚持中国共产党领导的历史必然性，坚定对党的领导的自信。要深刻领悟马克思主义及其中国化创新理论的真理性，增强自觉贯彻落实党的创新理论的坚定性。要深刻领悟中国特色社会主义道路的正确性，坚定不移走中国特色社会主义这条唯一正确的道路。

3月27日，中共中央印发《关于加强对“一把手”和领导班子监督的意见》。

4月14日，国务院常务会议通过《中华人民共和国市场主体登记管理条例》。近年来通过推进商事制度等改革，市场主体不断培育壮大，登记在册的市场主体总数由2012年的近5500万户增加到2021年4月份的1.43亿户，增长160%。

4月16日，中共中央印发修订后的《中国共产党普通高等学校基层组织工作条例》。

4月22日，习近平出席领导人气候峰会并发表讲话，阐述构建人与自然生命共同体理念，强调要坚持人与自然和谐共生，坚持绿色发展，坚持系统治理，坚持以人为本，坚持多边主义，坚持共同但有区别的责任原则。

4月23日，中共中央、国务院印发《关于新时代推动中部地区高质量发展的意见》。

4月27日，习近平在广西考察时指出，学史增信，就是要增强信仰、信念、信心，这是我们战胜一切强敌、克服一切困难、夺取一切胜利的强大精神力量。要增强对马克思主义、共产主义的信仰，增强对中国特色社会主义的信念，增强对实现中华民族伟大复兴的信心。

4月29日，十三届全国人大常委会第二十八次会议通过《中华人民共和国乡村振兴促进法》。同日，中国空间站天和核心舱发射成功，标志着我国空间站建造进入全面实施阶段。5月29日，天舟二号货运飞船发射成功。30日，天舟二号货运飞船与天和核心舱完成自主快速交会对接。

5月11日，国家统计局公布第七次全国人口普查主要数据，截至2020年11月1日零时，全国人口共141178万人。

5月13日，习近平在河南南阳实地了解南水北调中线工程建设管理运行和库区移民安置等情况时指出，人民就是江山，共产党打江山、守江山，守的是人民的心，为的是让人民过上好日子。我们党的百年奋斗史就是为人民谋幸福的历史。14日，习近平主持召开推进南水北调后续工程高质量发展座谈会。

5月21日，习近平出席全球健康峰会并发表讲话，就提高应对重大突发公共卫生事件能力和水平，提出五点意见：坚持人民至上、生命至上；坚持科学施策，统筹系统应对；坚持同舟共济，倡导团结合作；坚持公平合理，弥合“免疫鸿沟”；坚持标本兼治，完善治理体系。强调要坚定不移推进抗疫国际合作，共同推动构建人类卫生健康共同体，共同守护人类健康美好未来。

5月22日，中共中央印发《中国共产党组织工作条例》。

考试笔记

5月28日，习近平在中国科学院第二十次院士大会、中国工程院第十五次院士大会、中国科协第十次全国代表大会上讲话指出，要加快建设科技强国，实现高水平科技自立自强。

6月9日，习近平在青海考察时指出，在党史学习教育中做到学史崇德，就是要引导广大党员、干部传承红色基因，涵养高尚的道德品质。一要崇尚对党忠诚的大德，二要崇尚造福人民的公德，三要崇尚严于律己的品德。

6月17日，神舟十二号载人飞船发射升空，与天和核心舱完成自主快速交会对接。三名航天员先后进入天和核心舱，标志着中国人首次进入自己的空间站。

6月18日，中国共产党历史展览馆开馆。习近平参观"'不忘初心、牢记使命'中国共产党历史展览"，并带领党员领导同志重温入党誓词。强调，党的历史是最生动、最有说服力的教科书。我们党的一百年，是矢志践行初心使命的一百年，是筚路蓝缕奠基立业的一百年，是创造辉煌开辟未来的一百年。回望过往的奋斗路，眺望前方的奋进路，必须把党的历史学习好、总结好，把党的宝贵经验传承好、发扬好，铭记奋斗历程，担当历史使命，从党的奋斗历史中汲取前进力量。要教育引导广大党员、干部通过参观学习，更加自觉地不忘初心、牢记使命，增强"四个意识"，坚定"四个自信"，始终在思想上政治上行动上同党中央保持高度一致，坚定理想信念，学好用好党的创新理论，赓续红色血脉，发扬光荣传统，发挥先锋模范作用，团结带领全国各族人民，更好立足新发展阶段、贯彻新发展理念、构建新发展格局，全面做好改革发展稳定各项工作，汇聚起全面建设社会主义现代化国家、实现中华民族伟大复兴中国梦的磅礴力量。

考试笔记

第三节 中共中央关于党的百年奋斗重大成就和历史经验的决议

重要考点1

关于中国共产党的初心使命的论述

中国共产党自一九二一年成立以来，始终把为中国人民谋幸福、为中华民族谋复兴作为自己的初心使命，始终坚持共产主义理想和社会主义信念，团结带领全国各族人民为争取民族独立、人民解放和实现国家富强、人民幸福而不懈奋斗，已经走过一百年光辉历程。

一百年来，党领导人民浴血奋战、百折不挠，创造了新民主主义革命的伟大成就；自力更生、发愤图强，创造了社会主义革命和建设的伟大成就；解放思想、锐意进取，创造了改革开放和社会主义现代化建设的伟大成就；自信自强、守正创新，创造了新时代中国特色社会主义的伟大成就。党和人民百年奋斗，书写了中华民族几千年历史上最恢宏的史诗。

总结党的百年奋斗重大成就和历史经验，是在建党百年历史条件下开启全面建设社会主义现代化国家新征程、在新时代坚持和发展中国特色社会主义的需要；是增强政治意识、大局意识、核心意识、看齐意识，坚定道路自信、理论自信、制度自信、文化自信，做到坚决维护习近平同志党中央的核心、全党的核心地位，坚决维护党中央权威和集中统一领导，确保全党步调一致向前进的需要；是推进党的自我革命、提高全党斗争本领和应对风险挑战能力、永葆党的生机活力、团结带领全国各族人民为实现中华民族伟大复兴的中国梦而继续奋斗的需要。全党要坚持唯物史观和正确党史观，从党的百年奋斗中看清楚过去我们为什么能够成功、弄明白未来我们怎样才能继续成功，从而更加坚定、更加自觉地践行初心使命，在新时代更好坚持和发展中国特色社会主义。

考试笔记

重要考点2

关于中国共产党百年奋斗主题的论述

习近平总书记指出："中国共产党一经诞生，就把为中国人民谋幸福、为中华民族谋复兴确立为自己的初心使命。一百年来，中国共产党团结带领中国人民进行的一切奋斗、一切牺牲、一切创造，归结起来就是一个主题：实现中华民族伟大复兴。"这个重大论断，源自中国共产党百年辉煌历史，又从新的历史高度和理论高度凝练概括党的百年辉煌历史，进一步深化了我们对中国共产党历史规律和历史经验的认识，对于我们深入学习贯彻党的十九届六中全会通过的《中共中央关于党的百年奋斗重大成就和历史经验的决议》，具有重要意义。

重要考点3

关于伟大建党精神的论述

在庆祝中国共产党成立100周年大会上，习近平总书记首次提出并精辟概括伟大建党精神：一百年前，中国共产党的先驱们创建了中国共产党，形成了坚持真理、坚守理想，践行初心、担当使命，不怕牺牲、英勇斗争，对党忠诚、不负人民的伟大建党精神，这是中国共产党的精神之源。一百年来，一代代中国共产党人弘扬伟大建党精神，在长期奋斗中构建起中国共产党人的精神谱系，锤炼出鲜明的政治品格。

《中共中央关于党的百年奋斗重大成就和历史经验的决议》明确指出，在革命斗争中，党弘扬坚持真理、坚守理想，践行初心、担当使命，不怕牺牲、英勇斗争，对党忠诚、不负人民的伟大建党精神，实施和推进党的建设伟大工程，提出着重从思想上建党的原则，坚持民主集中制，坚持理论联系实际、密切联系群众、批评和自我批评三大优良作风，形成统一战线、武装斗争、党的建设三大法宝，努力建设全国范围的、广大群众性的、思想上政治上组织上完全巩固的马克思主义政党。党从一九四二年开始在全党进行整风，这场马克思主义思想教育运动收到巨大成效。党制定《关于若干历史问题的决议》，使全党对中国革命基本问题的认识达到一致。党的七大为建立新民主主义的新中国制定了正确路线方针政策，使全党在思想上政治上组织上达到空前统一和团结。

考试笔记

重要考点4

中国共产党百年奋斗的历史意义

一百年来，党始终践行初心使命，团结带领全国各族人民绘就了人类发展史上的壮美画卷，中华民族伟大复兴展现出前所未有的光明前景。

1. 党的百年奋斗从根本上改变了中国人民的前途命运

近代以后，中国人民深受三座大山压迫，被西方列强辱为“东亚病夫”。一百年来，党领导人民经过波澜壮阔的伟大斗争，中国人民彻底摆脱了被欺负、被压迫、被奴役的命运，成为国家、社会和自己命运的主人，人民民主不断发展，十四亿多人口实现全面小康，中国人民对美好生活的向往不断变为现实。今天，中国人民更加自信、自立、自强，极大增强了志气、骨气、底气，在历史进程中积累的强大能量充分爆发出来，焕发出前所未有的历史主动精神、历史创造精神，正在信心百倍书写着新时代中国发展的伟大历史。

2. 党的百年奋斗开辟了实现中华民族伟大复兴的正确道路

近代以后，创造了灿烂文明的中华民族遭遇到文明难以赓续的深重危机，呈现在世界面前的是一派衰败凋零的景象。一百年来，党领导人民不懈奋斗、不断进取，成功开辟了实现中华民族伟大复兴的正确道路。中国从四分五裂、一盘散沙到高度统一、民族团结，从积贫积弱、一穷二白到全面小康、繁荣富强，从被动挨打、饱受欺凌到独立自主、坚定自信，仅用几十年时间就走完发达国家几百年走过的工业化历程，创造了经济快速发展和社会长期稳定两大奇迹。今天，中华民族向世界展现的是一派欣欣向荣的气象，巍然屹立于世界东方。

3. 党的百年奋斗展示了马克思主义的强大生命力

马克思主义揭示了人类社会发展规律，是认识世界、改造世界的科学真理。同时，坚持和发展马克思主义，从理论到实践都需要全世界的马克思主义者进行极为艰巨、极具挑战性的努力。一百年来，党坚持把马克思主义写在自己的旗帜上，不断推进马克思主义中国化时代化，用博大胸怀吸收人类创造的一切优秀文明成果，用马克思主义中国化的科学理论引领伟大实践。马克思主义的科学性和真理性在中国得到充分检验，马克思主义的人民性和实践性在中国得到充分贯彻，马克思主义的开放性和时代性在中国得到充分彰显。马克思主义中国化时代化不断取得成功，使马克思主义以崭新形象展现在世界上，使世界范围内社会主义和资本主义两种意识形态、两种社会制度的历史演进及其较量发生了有利于社会主义的重大转变。

4. 党的百年奋斗深刻影响了世界历史进程

党和人民事业是人类进步事业的重要组成部分。一百年来，党既为中国人民谋幸福、为中华民族谋复兴，也为人类谋进步、为世界谋大同，以自强不息的奋斗深刻改变了世界发展的趋势和格局。党领导人民成功走出中国式现代化道路，创造了人类文明新形态，拓展了发展中国家走向现代化的途径，给世界上那些既希望加快发展又希望保持自身独立性的国家和民族提供了全新选择。党推动构建人类命运共同体，为解决人类重大问题，建设持久和平、普遍安全、共同繁荣、开放包容、清洁美丽的世界贡献了中国智慧、中国方案、中国力量，成为推动人类发展进步的重要力量。

5. 党的百年奋斗锻造了走在时代前列的中国共产党

党成立时只有五十多名党员，今天已成为拥有九千五百多万名党员、领导着十四亿多人口大国、具有重大全球影响力的世界第一大执政党。一百年来，党坚持性质宗旨，坚持理想信念，坚守初心使命，勇于自我革命，在生死斗争和艰苦奋斗中经受住各种风险考验、付出巨大牺牲，锤炼出鲜明政治品格，形成了以伟大建党精神为源头的精神谱系，保持了党的先进性和纯洁性，党的执政能力和领导水平不断提高，正领导中国人民在中国特色社会主义道路上不可逆转地走向中华民族伟大复兴，无愧为伟大光荣正确的党。

考试笔记

重要考点5

中国共产党百年奋斗的历史经验

一百年来，党领导人民进行伟大奋斗，在进取中突破，于挫折中奋起，从总结中提高，积累了宝贵的历史经验。

1. 坚持党的领导

中国共产党是领导我们事业的核心力量。中国人民和中华民族之所以能够扭转近代以后的历史命运、取得今天的伟大成就，最根本的是有中国共产党的坚强领导。历史和现实都证明，没有中国共产党，就没有新中国，就没有中华民族伟大复兴。治理好我们这个世界上最大的政党和人口最多的国家，必须坚持党的全面领导特别是党中央集中统一领导，坚持民主集中制，确保党始终总揽全局、协调各方。只要我们坚持党的全面领导不动摇，坚决维护党的核心和党中央权威，充分发挥党的领导政治优势，把党的领导落实到党和国家事业各领域各方面各环节，就一定能够确保全党全军全国各族人民团结一致向前进。

2. 坚持人民至上

党的根基在人民、血脉在人民、力量在人民，人民是党执政兴国的最大底气。民心是最大的政治，正义是最强的力量。党的最大政治优势是密切联系群众，党执政后的最大危险是脱离群众。党代表中国最广大人民根本利益，没有任何自己特殊的利益，从来不代表任何利益集团、任何权势团体、任何特权阶层的利益，这是党立于不败之地的根本所在。只要我们始终坚持全心全意为人民服务的根本宗旨，坚持党的群众路线，始终牢记江山就是人民、人民就是江山，坚持一切为了人民、一切依靠人民，坚持为人民执政、靠人民执政，坚持发展

考试笔记

为了人民、发展依靠人民、发展成果由人民共享，坚定不移走全体人民共同富裕道路，就一定能够领导人民夺取中国特色社会主义新的更大胜利，任何想把中国共产党同中国人民分割开来、对立起来的企图就永远不会得逞。

3. 坚持理论创新

马克思主义是我们立党立国、兴党强国的根本指导思想。马克思主义理论不是教条而是行动指南，必须随着实践发展而发展，必须中国化才能落地生根、本土化才能深入人心。党之所以能够领导人民在一次次求索、一次次挫折、一次次开拓中完成中国其他各种政治力量不可能完成的艰巨任务，根本在于坚持解放思想、实事求是、与时俱进、求真务实，坚持把马克思主义基本原理同中国具体实际相结合、同中华优秀传统文化相结合，坚持实践是检验真理的唯一标准，坚持一切从实际出发，及时回答时代之问、人民之问，不断推进马克思主义中国化时代化。习近平同志指出，当代中国的伟大社会变革，不是简单延续我国历史文化的母版，不是简单套用马克思主义经典作家设想的模板，不是其他国家社会主义实践的再版，也不是国外现代化发展的翻版。只要我们勇于结合新的实践不断推进理论创新、善于用新的理论指导新的实践，就一定能够让马克思主义在中国大地上展现出更强大、更有说服力的真理力量。

4. 坚持独立自主

独立自主是中华民族精神之魂，是我们立党立国的重要原则。走自己的路，是党百年奋斗得出的历史结论。党历来坚持独立自主开拓前进道路，坚持把国家和民族发展放在自己力量的基点上，坚持中国的事情必须由中国人民自己作主张、自己来处理。人类历史上没有一个民族、一个国家可以通过依赖外部力量、照搬外国模式、跟在他人后面亦步亦趋实现强大和振兴。那样做的结果，不是必然遭遇失败，就是必然成为他人的附庸。只要我们坚持独立自主、自力更生，既虚心学习借鉴国外的有益经验，又坚定民族自尊心和自信心，不信邪、不怕压，就一定能够把中国发展进步的命运始终牢牢掌握在自己手中。

5. 坚持中国道路

方向决定道路，道路决定命运。党在百年奋斗中始终坚持从我国

考试笔记

国情出发，探索并形成符合中国实际的正确道路。中国特色社会主义道路是创造人民美好生活、实现中华民族伟大复兴的康庄大道。脚踏中华大地，传承中华文明，走符合中国国情的正确道路，党和人民就具有无比广阔的舞台，具有无比深厚的历史底蕴，具有无比强大的前进定力。只要我们既不走封闭僵化的老路，也不走改旗易帜的邪路，坚定不移走中国特色社会主义道路，就一定能够把我国建设成为富强民主文明和谐美丽的社会主义现代化强国。

6. 坚持胸怀天下

大道之行，天下为公。党始终以世界眼光关注人类前途命运，从人类发展大潮流、世界变化大格局、中国发展大历史正确认识和处理同外部世界的关系，坚持开放、不搞封闭，坚持互利共赢、不搞零和博弈，坚持主持公道、伸张正义，站在历史正确的一边，站在人类进步的一边。只要我们坚持和平发展道路，既通过维护世界和平发展自己，又通过自身发展维护世界和平，同世界上一切进步力量携手前进，不依附别人，不掠夺别人，永远不称霸，就一定能够不断为人类文明进步贡献智慧和力量，同世界各国人民一道，推动历史车轮向着光明的前途前进。

7. 坚持开拓创新

创新是一个国家、一个民族发展进步的不竭动力。越是伟大的事业，越充满艰难险阻，越需要艰苦奋斗，越需要开拓创新。党领导人民披荆斩棘、上下求索、奋力开拓、锐意进取，不断推进理论创新、实践创新、制度创新、文化创新以及其他各方面创新，敢为天下先，走出了前人没有走出的路，任何艰难险阻都没能阻挡住党和人民前进的步伐。只要我们顺应时代潮流，回应人民要求，勇于推进改革，准确识变、科学应变、主动求变，永不僵化、永不停滞，就一定能够创造出更多令人刮目相看的人间奇迹。

8. 坚持敢于斗争

敢于斗争、敢于胜利，是党和人民不可战胜的强大精神力量。党和人民取得的一切成就，不是天上掉下来的，不是别人恩赐的，而是通过不断斗争取得的。党在内忧外患中诞生、在历经磨难中成长、在攻坚克难中壮大，为了人民、国家、民族，为了理想信念，无论敌人

考试笔记

如何强大、道路如何艰险、挑战如何严峻，党总是绝不畏惧、绝不退缩，不怕牺牲、百折不挠。只要我们把握新的伟大斗争的历史特点，抓住和用好历史机遇，下好先手棋、打好主动仗，发扬斗争精神，增强斗争本领，凝聚起全党全国人民的意志和力量，就一定能够战胜一切可以预见和难以预见的风险挑战。

9. 坚持统一战线

团结就是力量。建立最广泛的统一战线，是党克敌制胜的重要法宝，也是党执政兴国的重要法宝。党始终坚持大团结大联合，团结一切可以团结的力量，调动一切可以调动的积极因素，促进政党关系、民族关系、宗教关系、阶层关系、海内外同胞关系和谐，最大限度凝聚起共同奋斗的力量。只要我们不断巩固和发展各民族大团结、全国人民大团结、全体中华儿女大团结，铸牢中华民族共同体意识，形成海内外全体中华儿女心往一处想、劲往一处使的生动局面，就一定能够汇聚起实现中华民族伟大复兴的磅礴伟力。

10. 坚持自我革命

勇于自我革命是中国共产党区别于其他政党的显著标志。自我革命精神是党永葆青春活力的强大支撑。先进的马克思主义政党不是天生的，而是在不断自我革命中淬炼而成的。党历经百年沧桑更加充满活力，其奥秘就在于始终坚持真理、修正错误。党的伟大不在于不犯错误，而在于从不讳疾忌医，积极开展批评和自我批评，敢于直面问题，勇于自我革命。只要我们不断清除一切损害党的先进性和纯洁性的因素，不断清除一切侵蚀党的健康肌体的病毒，就一定能够确保党不变质、不变色、不变味，确保党在新时代坚持和发展中国特色社会主义的历史进程中始终成为坚强领导核心。

以上十个方面，是经过长期实践积累的宝贵经验，是党和人民共同创造的精神财富，必须倍加珍惜、长期坚持，并在新时代实践中不断丰富和发展。

考试笔记

第三章 文化工作方针政策

第一节 关于实施中华优秀传统文化传承发展工程的意见

考点1

指导思想和基本原则

指导思想

高举中国特色社会主义伟大旗帜，全面贯彻党的十八大和十八届三中、四中、五中、六中全会精神，坚持以马克思列宁主义、毛泽东思想、邓小平理论、“三个代表”重要思想、科学发展观为指导，深入贯彻习近平总书记系列重要讲话精神和治国理政新理念新思想新战略，紧紧围绕实现中华民族伟大复兴的中国梦，深入贯彻新发展理念，坚持以人民为中心的工作导向，坚持以社会主义核心价值观为引领，坚持创造性转化、创新性发展，坚守中华文化立场、传承中华文化基因，不忘本来、吸收外来、面向未来，汲取中国智慧、弘扬中国精神、传播中国价值，不断增强中华优秀传统文化的生命力和影响力，创造中华文化新辉煌。

基本原则

——牢牢把握社会主义先进文化前进方向。坚持中国特色社会主义文化发展道路，立足于巩固马克思主义在意识形态领域的指导地

考试笔记

位、巩固全党全国人民团结奋斗的共同思想基础，弘扬社会主义核心价值观，培育民族精神和时代精神，解决现实问题、助推社会发展。

——坚持以人民为中心的工作导向。坚持为了人民、依靠人民、共建共享，注重文化熏陶和实践养成，把跨越时空的思想理念、价值标准、审美风范转化为人们的精神追求和行为习惯，不断增强人民群众的文化参与感、获得感和认同感，形成向上向善的社会风尚。

——坚持创造性转化和创新性发展。坚持辩证唯物主义和历史唯物主义，秉持客观、科学、礼敬的态度，取其精华、去其糟粕，扬弃继承、转化创新，不复古泥古，不简单否定，不断赋予新的时代内涵和现代表达形式，不断补充、拓展、完善，使中华民族最基本的文化基因与当代文化相适应、与现代社会相协调。

——坚持交流互鉴、开放包容。以我为主、为我所用，取长补短、择善而从，既不简单拿来，也不盲目排外，吸收借鉴国外优秀文明成果，积极参与世界文化的对话交流，不断丰富和发展中华文化。

——坚持统筹协调、形成合力。加强党的领导，充分发挥政府主导作用和市场积极作用，鼓励和引导社会力量广泛参与，推动形成有利于传承发展中华优秀传统文化的体制机制和社会环境。

考点2

中华优秀传统文化的核心思想理念

中华民族和中国人民在修齐治平、尊时守位、知常达变、开物成务、建功立业过程中培育和形成的基本思想理念，如革故鼎新、与时俱进的思想，脚踏实地、实事求是的思想，惠民利民、安民富民的思想，道法自然、天人合一的思想等，可以为人们认识和改造世界提供有益启迪，可以为治国理政提供有益借鉴。传承发展中华优秀传统文化，就要大力弘扬讲仁爱、重民本、守诚信、崇正义、尚和合、求大同等核心思想理念。

考试笔记

考点3

中华优秀传统美德的基本内容

中华优秀传统文化蕴含着丰富的道德理念和规范，如天下兴亡、匹夫有责的担当意识，精忠报国、振兴中华的爱国情怀，崇德向善、见贤思齐的社会风尚，孝悌忠信、礼义廉耻的荣辱观念，体现着评判是非曲直的价值标准，潜移默化地影响着中国人的行为方式。传承发展中华优秀传统文化，就要大力弘扬自强不息、敬业乐群、扶危济困、见义勇为、孝老爱亲等中华传统美德。

考点4

中华人文精神的基本内容

中华优秀传统文化积淀着多样、珍贵的精神财富，如求同存异、和而不同的处世方法，文以载道、以文化人的教化思想，形神兼备、情景交融的美学追求，俭约自守、中和泰和的生活理念等，是中国人民思想观念、风俗习惯、生活方式、情感样式的集中表达，滋养了独特丰富的文学艺术、科学技术、人文学术，至今仍然具有深刻影响。传承发展中华优秀传统文化，就要大力弘扬有利于促进社会和谐、鼓励人们向上向善的思想文化内容。

考试笔记

第二节 中共中央关于坚持和完善中国特色社会主义制度推进国家治理体系和治理能力现代化若干重大问题的决定

考点

坚持和完善繁荣发展社会主义先进文化的制度，巩固全体人民团结奋斗的共同思想基础的主要内容

发展社会主义先进文化、广泛凝聚人民精神力量，是国家治理体系和治理能力现代化的深厚支撑。必须坚定文化自信，牢牢把握社会主义先进文化前进方向，围绕举旗帜、聚民心、育新人、兴文化、展形象的使命任务，坚持为人民服务、为社会主义服务，坚持百花齐放、百家争鸣，坚持创造性转化、创新性发展，激发全民族文化创造活力，更好构筑中国精神、中国价值、中国力量。

1. 坚持马克思主义在意识形态领域指导地位的根本制度

全面贯彻落实习近平新时代中国特色社会主义思想，健全用党的创新理论武装全党、教育人民工作体系，完善党委（党组）理论学习中心组等各层级学习制度，建设和用好网络学习平台。深入实施马克思主义理论研究和建设工程，把坚持以马克思主义为指导全面落实到思想理论建设、哲学社会科学研究、教育教学各方面。加强和改进学校思想政治教育，建立全员、全程、全方位育人体制机制。落实意识形态工作责任制，注意区分政治原则问题、思想认识问题、学术观点问题，旗帜鲜明反对和抵制各种错误观点。

2. 坚持以社会主义核心价值观引领文化建设制度

推动理想信念教育常态化、制度化，弘扬民族精神和时代精神，加强党史、新中国史、改革开放史教育，加强爱国主义、集体主义、社会主义教育，实施公民道德建设工程，推进新时代文明实践中心建

设。坚持依法治国和以德治国相结合，完善弘扬社会主义核心价值观的法律政策体系，把社会主义核心价值观要求融入法治建设和社会治理，体现到国民教育、精神文明创建、文化产品创作生产全过程。推进中华优秀传统文化传承发展工程。完善青少年理想信念教育齐抓共管机制。健全志愿服务体系。完善诚信建设长效机制，健全覆盖全社会的征信体系，加强失信惩戒。

3. 健全人民文化权益保障制度

坚持以人民为中心的工作导向，完善文化产品创作生产传播的引导激励机制，推出更多群众喜爱的文化精品。完善城乡公共文化服务体系，优化城乡文化资源配置，推动基层文化惠民工程扩大覆盖面、增强实效性，健全支持开展群众性文化活动机制，鼓励社会力量参与公共文化服务体系建设。

4. 完善坚持正确导向的舆论引导工作机制

坚持党管媒体原则，坚持团结稳定鼓劲、正面宣传为主，唱响主旋律、弘扬正能量。构建网上网下一体、内宣外宣联动的主流舆论格局，建立以内容建设为根本、先进技术为支撑、创新管理为保障的全媒体传播体系。改进和创新正面宣传，完善舆论监督制度，健全重大舆情和突发事件舆论引导机制。建立健全网络综合治理体系，加强和创新互联网内容建设，落实互联网企业信息管理主体责任，全面提高网络治理能力，营造清朗的网络空间。

5. 建立健全把社会效益放在首位、社会效益和经济效益相统一的文化创作生产体制机制

深化文化体制改革，加快完善遵循社会主义先进文化发展规律、体现社会主义市场经济要求、有利于激发文化创新创造活力的文化管理体制和生产经营机制。健全现代文化产业体系和市场体系，完善以高质量发展为导向的文化经济政策。完善文化企业履行社会责任制度，健全引导新型文化业态健康发展机制。完善文化和旅游融合发展体制机制。加强文艺创作引导，完善倡导讲品位讲格调讲责任、抵制低俗庸俗媚俗的工作机制。

考试笔记

第三节　中共中央关于制定国民经济和社会发展第十四个五年规划和二〇三五年远景目标的建议

考点

繁荣发展文化事业和文化产业，提高国家文化软实力的主要内容

坚持马克思主义在意识形态领域的指导地位，坚定文化自信，坚持以社会主义核心价值观引领文化建设，加强社会主义精神文明建设，围绕举旗帜、聚民心、育新人、兴文化、展形象的使命任务，促进满足人民文化需求和增强人民精神力量相统一，推进社会主义文化强国建设。

1. 提高社会文明程度

推动形成适应新时代要求的思想观念、精神面貌、文明风尚、行为规范。深入开展习近平新时代中国特色社会主义思想学习教育，推进马克思主义理论研究和建设工程。推动理想信念教育常态化制度化，加强党史、新中国史、改革开放史、社会主义发展史教育，加强爱国主义、集体主义、社会主义教育，弘扬党和人民在各个历史时期奋斗中形成的伟大精神，推进公民道德建设，实施文明创建工程，拓展新时代文明实践中心建设。健全志愿服务体系，广泛开展志愿服务关爱行动。弘扬诚信文化，推进诚信建设。提倡艰苦奋斗、勤俭节约，开展以劳动创造幸福为主题的宣传教育。加强家庭、家教、家风建设。加强网络文明建设，发展积极健康的网络文化。

2. 提升公共文化服务水平

全面繁荣新闻出版、广播影视、文学艺术、哲学社会科学事业。实施文艺作品质量提升工程，加强现实题材创作生产，不断推出反映时代新气象、讴歌人民新创造的文艺精品。推进媒体深度融合，实施

考试笔记

全媒体传播工程，做强新型主流媒体，建强用好县级融媒体中心。推进城乡公共文化服务体系一体建设，创新实施文化惠民工程，广泛开展群众性文化活动，推动公共文化数字化建设。加强国家重大文化设施和文化项目建设，推进国家版本馆、国家文献储备库、智慧广电等工程。传承弘扬中华优秀传统文化，加强文物古籍保护、研究、利用，强化重要文化和自然遗产、非物质文化遗产系统性保护，加强各民族优秀传统手工艺保护和传承，建设长城、大运河、长征、黄河等国家文化公园。广泛开展全民健身运动，增强人民体质。筹办好北京冬奥会、冬残奥会。

3. 健全现代文化产业体系

坚持把社会效益放在首位、社会效益和经济效益相统一，深化文化体制改革，完善文化产业规划和政策，加强文化市场体系建设，扩大优质文化产品供给。实施文化产业数字化战略，加快发展新型文化企业、文化业态、文化消费模式。规范发展文化产业园区，推动区域文化产业带建设。推动文化和旅游融合发展，建设一批富有文化底蕴的世界级旅游景区和度假区，打造一批文化特色鲜明的国家级旅游休闲城市和街区，发展红色旅游和乡村旅游。以讲好中国故事为着力点，创新推进国际传播，加强对外文化交流和多层次文明对话。

第四节　关于深化国有文艺院团改革的意见

考点1

总体要求

1. 指导思想

以习近平新时代中国特色社会主义思想为指导，深入贯彻党的十九大和十九届二中、三中、四中全会精神，紧紧围绕举旗帜、聚民心、育新人、兴文化、展形象的使命任务，突出问题导向，坚持分类

考试笔记

指导，以演出为中心环节，凝聚共识，激发国有文艺院团生机活力，创作生产思想精深、艺术精湛、制作精良的舞台艺术佳作，不断满足人民向往美好生活的精神文化需求。

2. 工作原则

——加强党的领导。充分发挥党把方向、谋大局、定政策、促改革的作用，把党的领导贯穿国有文艺院团改革发展全过程，为国有文艺院团改革发展提供坚强的政治保证和组织保证。

——遵循艺术发展规律。把加强舞台艺术精品创作作为重点任务，把提高质量作为文艺作品的生命线，以创作规划为先导，引导广大文艺工作者深入生活、扎根人民进行文艺创造，推动形成艺术精品和文艺人才不断涌现的生动局面。

——坚持社会效益优先。坚持以社会主义核心价值观为引领，始终把社会效益放在首位，努力实现社会效益和经济效益相统一，推动以更多优秀作品传递真善美，引导艺术工作者自觉追求德艺双馨，讲品位讲格调讲责任，抵制低俗庸俗媚俗。

——坚持以改革促发展。突出问题导向，加强政府支持和政策引导，优化资源配置，发挥社会力量和市场机制作用，不断增强发展活力。

3. 主要目标

建立和完善剧本质高量多、剧目纷呈多彩、剧场布局合理、院团人才辈出的可持续发展体制机制和政策体系，实现国有文艺院团创演质量、管理水平、服务效能大幅提升，巩固和发挥国有文艺院团舞台艺术创作生产的主导地位和引领作用。

考点2

重点任务

1. 明确功能定位

国有文艺院团是繁荣发展社会主义文艺的中坚力量，是提供公共文化服务、发展文化产业的重要力量。国家直属院团要强化“国家队”意识，着力创作体现国家水准和民族特色、具有国际影响力的优秀舞台艺术作品，示范带动本艺术门类发展。省（自治区、直辖市）属院团要充分挖掘地方特色资源，做强区域优势艺术门类，成为本区域舞台艺术创作生产的引领者和推动者。市（地、州、盟）和县（市、区、旗）属院团原则上以服务基层群众为主要任务，更多承担政策宣传、公共服务、惠民演出、艺术普及等工作。国家和省级院团要积极承担国家和当地重大主题性创作演出任务，加强对基层文艺院团的业务指导和队伍培训。

2. 分类推进改革

已明确保留事业单位性质的国有文艺院团，要突出和强化公益属性，完善财政、人事、收入分配等各项政策，进一步增强活力。已组建的演艺企业集团，要充分发挥聚合优势，努力成为骨干文化企业。未列入保留事业单位性质范围的国有文艺院团，要着力提高市场适应能力和发展活力，创造条件转企改制。

3. 激发国有文艺院团内生动力

实行政事分开、事企分开、管办分离，改进政府管理和服务方式，强化政策引导、激励和保障，为国有文艺院团营造更好发展环境。完善转企改制国有文艺院团（以下简称转制院团）法人治理结构，强化内部运行机制和经营管理创新，形成体现文化企业特点、符合现代企业制度要求的资产组织形式和经营管理模式。建立健全国有文艺院团内部决策和制约机制，实行重大决策、重要人事任免、重大项目安排、大额度资金运作集体讨论并按规定程序执行。发挥职工（代表）大会职能，强化民主管理。

4. 建立健全扶持优秀剧本创作的长效机制

坚持以人民为中心的创作导向，加强现实题材、爱国主义题材、重大革命和历史题材、青少年题材、军事题材等剧本创作，深入挖掘中华文化底蕴，积极反映新时代中国特色社会主义伟大实践，提高原创能力。加强艺术创作研究机构建设，鼓励国有文艺院团或艺术研究院（所）设立创作室等创作机构。中央和地方各类艺术基金，有条件的要将剧本创作资助纳入有关中长期规划，加强对剧本、编导、作曲等原创性、基础性环节和优秀创作人才的资助。支持剧本创作人员培

考试笔记

养，注重扶持县级以下基层文化机构创作人才。各级政府及有关部门要支持国有文艺院团提升自身创作生产能力，为剧作家采风、深入生活提供条件。鼓励探索签约创作、招标创作、跨地跨界联手创作和联合攻关创作等机制，形成重点剧本重点攻关、重点创作主体重点培育的格局。加强剧本创作知识产权保护。对接中国民族民间文艺基础资源数据库，系统整理优秀传统经典剧本，充分吸收新创、改编剧本，搭建优秀剧本推介交易平台，为国有文艺院团投排剧目提供便捷服务。

5. 建立健全促进剧目生产表演的有效机制

建立导向正确、内容鲜活、群众喜爱、常演常新的剧目生产表演机制，设立艺术委员会或艺术总监岗位，加强剧目生产选题论证评估。根据国有文艺院团的艺术样式，聚焦经典代表作、新编和改编剧目、现实题材原创新作等不同题材，适应不同演出条件，满足不同观演人群需要，推出优秀剧目演出的经典版、驻场版、巡演版，形成剧目生产题材和版本多样化机制。实施中国戏曲像音像工程，利用现有文化资源数据库，搭建戏曲剧种剧目数据共享平台，促进剧目生产现代化。加强舞台剧目生产和影视剧生产的衔接融合，推动媒体与国有文艺院团积极合作，充分利用广播电视、网络视听、新媒体等传播渠道，不断提升舞台剧目的传播力和影响力。鼓励有条件的国有文艺院团探索剧目股份制、项目制等多种灵活方式。

6. 建立健全鼓励演职员多演出的激励机制

以艺德艺风建设为重点，综合考核演出数量和质量，根据考核结果合理确定演职员的收入分配、职称评定和福利保障，为演职员充分施展才华创造良好的体制机制环境。建立健全收入分配激励机制，细化奖励性绩效工资发放等级和档次。按照多演出多得酬劳的原则，适当拉开演职员收入水平差距，演出收入向业务骨干和作出突出业绩的人才倾斜、向一线演员倾斜、向关键岗位和特殊岗位倾斜。允许国有文艺院团对高层次人才、关键岗位、业务骨干或紧缺急需人才实行协议工资、项目工资、年薪制等分配方式。根据演出数量、质量等因素，合理确定保留事业单位性质的国有文艺院团绩效工资总量，单位内部分配时可根据需要设立创作、演出、高层次人才补贴等绩效工资项目。转制院团取得的公益性演出收入可以发放人员劳务费。建立符合舞台艺术特点的人才评价机制，在职称评定中重点考察不同艺术门类人才在艺术表演和剧目创作生产中体现的能力、业绩，推行艺术创作作品与论文、专著等效评价，合理配置高级岗位中重要演职员比例。加大对杂技、舞蹈、管乐、戏曲武功等特殊岗位演员保障力度，国有文艺院团依法参加工伤保险，鼓励购买人身意外伤害保险，提高职业伤害保障水平。建立特殊岗位演员培训制度，提高转岗就业能力，积极引导并支持其从事基层公共文化服务、艺术院校教师以及院团编（指）导、艺术普及培训等工作。

7. 建立健全布局合理的剧场供应机制

采取改（扩）建、新建、租赁、委托经营等多种方式，科学合理增加剧场和观众座席数，建立健全城乡统筹规划、存量盘活优化、增量不断扩大、布局动态平衡的剧场供应机制。支持各地结合经济发展水平、相关规划、文化基础和社会需求等因素，加强剧院（场）等设施场所建设，配套建设舞台演出设施。促进国有文艺院团和剧场深度合作，支持“团场合作”、“以团带场”或“以场带团”。积极利用城乡公共设施和场地建设户外演出设施。加强演出设施设备安全保障。鼓励党政机关、学校、国有企事业单位等的各类文体设施免费或优惠提供给国有文艺院团开展公益性演出。鼓励有条件的地方建立国有文艺院团驻场演出制度。加快文艺演出院线建设，整合剧场和剧目资源，促进优质演艺资源共建共享。

8. 建立健全国有文艺院团双效统一的体制机制

建立健全把社会效益放在首位、实现社会效益和经济效益相统一的文艺创作生产体制机制。开展国有文艺院团社会效益评价考核，重点考核创作、演出和艺术普及等方面绩效，考核结果以适当形式向社会公开，强化考核结果转化利用。支持国有文艺院团以内容创作生产为主业，健全内容导向和艺术质量管理制度，建立深入生活、扎根人民的常态化工作机制。支持国有文艺院团参与中华文化走出去工作。引导国有文艺院团积极参与公共文化服务和社会艺术普及活动，推动优质文艺资源进企业、进农村、进校园、进社区、进军营。鼓励社会力量通过投资或捐助设施设备、资助项目、赞助活动、提供产品和服务等方式支持国有文艺院团发展。

考试笔记

第五节 习近平总书记在文艺工作座谈会上的讲话

重要考点

《在文艺工作座谈会上的讲话》重要精神

2014 年 10 月 15 日，习近平同志主持召开文艺工作座谈会并发表重要讲话，从实现中华民族伟大复兴需要中华文化繁荣兴盛、创作无愧于时代的优秀作品、坚持以人民为中心的创作导向、中国精神是社会主义文艺的灵魂、加强和改进党对文艺工作的领导五个层面，对新时代文艺工作作了系统阐发，引领着未来中国文艺事业的总航向。

第六节 习近平总书记在中国文联十大、中国作协九大开幕式上的讲话

重要考点

《在中国文联十大、中国作协九大开幕式上的讲话》重要精神

一、充分认识讲话的重大意义

习近平总书记在中国文联十大、中国作协九大开幕式上的重要讲话，高度评价了文艺战线取得的显著成绩和做出的重要贡献，充分肯定了文艺界出现的新气象新面貌，深刻论述了文艺和文艺工作在实现“两个一百年”奋斗目标和中华民族伟大复兴中国梦中的重要地位作用，科学分析了我国文艺事业发展面临的形势和任务，对广大文艺工

作者提出了四点殷切希望，对文联作协工作提出了明确要求。这一重要讲话是习近平总书记继文艺工作座谈会后又一次与文艺工作者的面对面谈心，是文艺工作座谈会重要讲话的姊妹篇。讲话站在新的历史起点上，从实现中华民族伟大复兴的历史高度，从贯彻落实“五位一体”总体布局和“四个全面”战略布局的时代高度，深刻揭示了社会主义文艺发展规律，进一步回答了事关我国文艺事业长远发展的重大问题，创造性地丰富和发展了马克思主义文艺观，是中国特色社会主义文艺理论的又一次重大创新，是指导文艺工作、引领文艺创作、推动文艺事业的又一纲领性文献，具有重大现实意义和深远历史意义。

二、全面把握、深刻理解讲话的内涵要义

要把学习贯彻习近平总书记在中国文联十大、中国作协九大开幕式上的重要讲话，同学习贯彻习近平总书记关于文艺工作的系列重要讲话结合起来，系统掌握其中的新思想、新观点、新论断、新要求。

要准确理解和把握文艺的重要地位和作用。深刻认识文运同国运相牵，文脉同国脉相连，实现中华民族伟大复兴，需要坚忍不拔的伟大精神，也需要振奋人心的伟大作品。团结引导广大作家和文学工作者进一步增强责任意识和使命意识，更加自觉地坚持以人民为中心的创作导向，坚持为人民服务、为社会主义服务，坚持百花齐放、百家争鸣，坚持创造性转化、创新性发展，高擎民族精神火炬，吹响时代前进号角，把艺术理想融入党和人民事业之中，做到胸中有大义、心里有人民、肩头有责任、笔下有乾坤。

要深刻领会习近平总书记对文艺工作者的殷切希望。深刻领会讲话关于坚定文化自信、用文艺振奋民族精神的重要论述，团结引导广大作家和文学工作者把培育和弘扬社会主义核心价值观作为根本任务，坚定不移用中国人独特的思想、情感、审美去创作属于这个时代、又有鲜明中国风格的优秀作品。深刻领会讲话关于坚持服务人民、用积极的文艺歌颂人民的重要论述，团结引导广大作家和文学工作者进一步走入生活、贴近人民，用有筋骨、有道德、有温度的作品，鼓舞人们在黑暗面前不气馁、在困难面前不低头，用理性之光、正义之光、善良之光照亮生活。深刻领会讲话关于勇于创新创造、用

考试笔记

精湛的艺术推动文化创新发展的重要论述，团结引导广大作家和文学工作者把创作生产优秀作品作为中心环节，不断推进文艺创新、提高文艺创作质量，努力为人民创造文化杰作、为人类贡献不朽作品。深刻领会讲话关于坚守艺术理想、用高尚的文艺引领社会风尚的重要论述，团结引导广大作家和文学工作者以深厚的文化修养、高尚的人格魅力、文质兼美的作品赢得尊重，成为先进文化的践行者、社会风尚的引领者，在为祖国、为人民立德立言中成就自我、实现价值。

要认真学习贯彻习近平总书记对做好作协工作提出的明确要求。深化改革，工作向基层倾斜，服务向最广大文艺工作者拓展，防止和克服机关化、行政化倾向，不断增强组织活力。加强引领，突出政治性、先进性、群众性，不断增强组织向心力。加强联络，延伸工作手臂，加强对新的文学组织、文学群体的团结引导，不断增强组织的吸引力，哪里有作家和文学工作者，作协的工作就要做到哪里。要增强本领，加强能力建设，强化行业服务、行业管理、行业自律，不断增强行业影响力。加强沟通，成为作家和文学工作者的温馨之家，把文学界的力量发动起来，把人民群众中蕴藏的创作能量激发出来，推动文学事业呈现百花齐放的繁荣景象。

要深入学习贯彻习近平总书记关于加强和改进党对文艺工作领导的重要论述。深入学习贯彻党的十八届六中全会精神，按照全面从严治党的要求，加强作协组织党的建设。加强和改进文学理论和评论工作，褒优贬劣，激浊扬清，更加有效地引导创作、推出精品、提高审美、引领风尚。多为作家办实事、做好事、解难事，政治上充分信任、思想上主动引导、工作上创造条件、生活上关心照顾，营造有利于出人才、出精品的良好环境。

考试笔记

第七节　习近平总书记在中国文联十一大、中国作协十大开幕式上的讲话

重要考点

《在中国文联十一大、中国作协十大开幕式上的讲话》重要精神

一、充分认识重要讲话的重大意义

习近平总书记在中国文联十一大、中国作协十大开幕式上的重要讲话，高度评价了党的百年奋斗历程中文艺工作发挥的重要作用，充分肯定了党的十八大以来文艺战线取得的丰硕成果，深刻阐明了新时代新征程上文艺工作肩负的重大使命，科学回答了事关文艺事业发展的一系列重大问题，对广大文艺工作者提出殷切希望，对做好文联作协工作提出明确要求。这一重要讲话丰富发展了马克思主义文艺观，是马克思主义文艺理论中国化的最新成果，是推动作协工作和文学事业铸就新时代雄伟艺术高峰的纲领性文献，为广大作家和文学工作者树立大历史观、大时代观，推进新时代文学事业繁荣发展提供了根本遵循，具有重大现实意义和深远历史意义。

二、全面把握、深刻理解讲话的内涵要义

要把学习贯彻习近平总书记在中国文联十一大、中国作协十大开幕式上的重要讲话，同学习贯彻习近平总书记关于文艺工作的系列重要讲话结合起来，系统掌握其中的新思想、新观点、新论断、新要求，用习近平新时代中国特色社会主义思想凝心聚魂。

要深刻认识党的百年奋斗凝结着我国文化奋斗的历史，进一步增强历史使命感和时代责任感。一百年来，在党的领导下，广大文艺工作者高擎民族精神火炬，吹响时代前行号角，为革命、建设、改革事业发挥了文艺的特殊作用。在新时代新征程上，广大文学工作者要心

考试笔记

系“国之大者”，胸怀“两个大局”，不断增强文化自觉、坚定文化自信，以强烈的历史主动精神和艺术创造为社会主义文化强国建设、实现中华民族伟大复兴的中国梦提供强大的价值引导力、文化凝聚力、精神推动力。

要深刻认识习近平总书记对文艺工作者提出的希望要求，进一步强化服务大局、服务时代、服务人民的自觉性和坚定性。要心系民族复兴伟业，热忱描绘新时代新征程的恢宏气象，把文学创造写到民族复兴的历史上，写在人民奋斗的征程中；坚守人民立场，把人民放在心中最高位置，创作更多满足人民文化需求和增强人民精神力量的优秀作品；坚持守正创新，把提高质量作为作品的生命线，以学习前人的礼敬之心和超越前人的竞胜之心，不断提升文学作品的精神能量、文化内涵、艺术价值，开拓文艺新境界；用情用力讲好中国故事，创作更多彰显中国审美旨趣、传播当代中国价值观念、反映全人类共同价值追求的精品力作，向世界展现可信、可爱、可敬的中国形象；坚持弘扬正道，坚守艺术理想，追求德艺双馨，以高尚的操守和文质兼美的作品，为历史存正气、为世人弘美德、为自身留清名。

要深刻认识习近平总书记对作协工作提出的要求，不断发挥好作协系统的组织优势。要坚持党的理论和路线方针政策，紧扣“做人的工作”这一任务，聚焦创作生产优秀作品这一中心环节，尊重和遵循文艺规律，不断深化改革，优化职能，健全体制，完善机制，强化行业服务、行业管理、行业自律，引领广大作家和文学工作者听党话、跟党走，繁荣创作、服务人民，铸就新时代的文艺高峰。

考试
笔记

第八节　党的十九大报告关于坚定文化自信，推动社会主义文化繁荣兴盛的部署和要求

重要考点

党的十九大报告关于坚定文化自信，推动社会主义文化繁荣兴盛的部署和要求

文化是一个国家、一个民族的灵魂。文化兴国运兴，文化强民族强。没有高度的文化自信，没有文化的繁荣兴盛，就没有中华民族伟大复兴。要坚持中国特色社会主义文化发展道路，激发全民族文化创新创造活力，建设社会主义文化强国。

中国特色社会主义文化，源自于中华民族五千多年文明历史所孕育的中华优秀传统文化，熔铸于党领导人民在革命、建设、改革中创造的革命文化和社会主义先进文化，植根于中国特色社会主义伟大实践。发展中国特色社会主义文化，就是以马克思主义为指导，坚守中华文化立场，立足当代中国现实，结合当今时代条件，发展面向现代化、面向世界、面向未来的，民族的科学的大众的社会主义文化，推动社会主义精神文明和物质文明协调发展。要坚持为人民服务、为社会主义服务，坚持百花齐放、百家争鸣，坚持创造性转化、创新性发展，不断铸就中华文化新辉煌。

1. 牢牢掌握意识形态工作领导权

意识形态决定文化前进方向和发展道路。必须推进马克思主义中国化时代化大众化，建设具有强大凝聚力和引领力的社会主义意识形态，使全体人民在理想信念、价值理念、道德观念上紧紧团结在一起。要加强理论武装，推动新时代中国特色社会主义思想深入人心。深化马克思主义理论研究和建设，加快构建中国特色哲学社会科学，加强中国特色新型智库建设。坚持正确舆论导向，高度重视传播手段建设和创新，提高新闻舆论传播力、引导力、影响力、

考试笔记

公信力。加强互联网内容建设，建立网络综合治理体系，营造清朗的网络空间。落实意识形态工作责任制，加强阵地建设和管理，注意区分政治原则问题、思想认识问题、学术观点问题，旗帜鲜明反对和抵制各种错误观点。

2. 培育和践行社会主义核心价值观

社会主义核心价值观是当代中国精神的集中体现，凝结着全体人民共同的价值追求。要以培养担当民族复兴大任的时代新人为着眼点，强化教育引导、实践养成、制度保障，发挥社会主义核心价值观对国民教育、精神文明创建、精神文化产品创作生产传播的引领作用，把社会主义核心价值观融入社会发展各方面，转化为人们的情感认同和行为习惯。坚持全民行动、干部带头，从家庭做起，从娃娃抓起。深入挖掘中华优秀传统文化蕴含的思想观念、人文精神、道德规范，结合时代要求继承创新，让中华文化展现出永久魅力和时代风采。

3. 加强思想道德建设

人民有信仰，国家有力量，民族有希望。要提高人民思想觉悟、道德水准、文明素养，提高全社会文明程度。广泛开展理想信念教育，深化中国特色社会主义和中国梦宣传教育，弘扬民族精神和时代精神，加强爱国主义、集体主义、社会主义教育，引导人们树立正确的历史观、民族观、国家观、文化观。深入实施公民道德建设工程，推进社会公德、职业道德、家庭美德、个人品德建设，激励人们向上向善、孝老爱亲，忠于祖国、忠于人民。加强和改进思想政治工作，深化群众性精神文明创建活动。弘扬科学精神，普及科学知识，开展移风易俗、弘扬时代新风行动，抵制腐朽落后文化侵蚀。推进诚信建设和志愿服务制度化，强化社会责任意识、规则意识、奉献意识。

4. 繁荣发展社会主义文艺

社会主义文艺是人民的文艺，必须坚持以人民为中心的创作导向，在深入生活、扎根人民中进行无愧于时代的文艺创造。要繁荣文艺创作，坚持思想精深、艺术精湛、制作精良相统一，加强现实题材创作，不断推出讴歌党、讴歌祖国、讴歌人民、讴歌英雄的精品力作。发扬学术民主、艺术民主，提升文艺原创力，推动文艺创新。倡导讲品位、讲格调、讲责任，抵制低俗、庸俗、媚俗。加强文艺队伍建设，造就一大批德艺双馨名家大师，培育一大批高水平创作人才。

考试笔记

5. 推动文化事业和文化产业发展

满足人民过上美好生活的新期待，必须提供丰富的精神食粮。要深化文化体制改革，完善文化管理体制，加快构建把社会效益放在首位、社会效益和经济效益相统一的体制机制。完善公共文化服务体系，深入实施文化惠民工程，丰富群众性文化活动。加强文物保护利用和文化遗产保护传承。健全现代文化产业体系和市场体系，创新生产经营机制，完善文化经济政策，培育新型文化业态。广泛开展全民健身活动，加快推进体育强国建设，筹办好北京冬奥会、冬残奥会。加强中外人文交流，以我为主、兼收并蓄。推进国际传播能力建设，讲好中国故事，展现真实、立体、全面的中国，提高国家文化软实力。

第九节　中共中央关于繁荣发展社会主义文艺的意见

重要考点1

做好文艺工作的重大意义和指导思想

1. 充分认识文艺工作的重要作用

文艺是民族精神的火炬，是时代前进的号角，最能代表一个民族的风貌，最能引领一个时代的风气。文艺事业是党和人民事业的重要组成部分。我们党历来高度重视文艺工作，在革命、建设、改革各个时期，充分运用文艺引领时代风尚、鼓舞人民前进、推动社会进步。实现中华民族伟大复兴，离不开中华文化繁荣兴盛，离不开文艺事业繁荣发展。举精神旗帜、立精神支柱、建精神家园，是当代中国文艺

考试笔记

的崇高使命。弘扬中国精神、传播中国价值、凝聚中国力量，是文艺工作者的神圣职责。

2. 准确把握文艺工作面临的形势

当前，我国文艺创作生产活跃，内容形式丰富，风格手法多样，涌现了一大批人民喜爱的优秀作品，呈现出百花竞放、蓬勃发展的生动景象。广大文艺工作者辛勤耕耘、服务人民，取得了显著成绩，做出了重要贡献。随着改革开放和社会主义现代化建设深入推进，我国经济社会发展取得巨大成就，现代科学技术日新月异，对外交流交往不断加深，国际地位显著提升，人民精神文化需求日益增长，为文艺发展提供了坚实基础、内在动力、广阔空间。同时，意识形态领域形势十分复杂，巩固思想文化阵地、维护国家文化安全的任务更加紧迫；在思想活跃、观念碰撞、文化交融的背景下，文艺领域还存在价值扭曲、浮躁粗俗、娱乐至上、唯市场化等问题，价值引领的任务艰巨迫切；文艺创作生产存在有数量缺质量、有"高原"缺"高峰"，抄袭模仿、千篇一律、粗制滥造等问题，推出精品力作的任务依然繁重；文艺评论存在"缺席"、"缺位"现象，对优秀作品推介不够，对不良现象批评乏力，文艺评论辨善恶、鉴美丑、促繁荣的作用有待强化。文艺环境、业态、格局深刻调整，创作、传播、消费深刻变化，新的文艺组织和文艺群体大量出现，引导、管理、服务的体制机制、手段方法亟须改革创新。

3. 文艺工作的指导思想和方针原则

高举中国特色社会主义伟大旗帜，以马克思列宁主义、毛泽东思想、邓小平理论、"三个代表"重要思想、科学发展观为指导，深入学习贯彻习近平总书记系列重要讲话精神，紧紧围绕全面建成小康社会、全面深化改革、全面依法治国、全面从严治党的战略布局，深入贯彻党的十八大和十八届三中、四中全会精神，坚持社会主义先进文化前进方向，全面贯彻"二为"方向和"双百"方针，紧紧依靠广大文艺工作者，坚持以人民为中心，以社会主义核心价值观为引领，以中国精神为灵魂，以中国梦为时代主题，以中华优秀传统文化为根脉，以创新为动力，以创作生产优秀作品为中心环节，深入实践、深入生活、深入群众，推出更多无愧于民族、无愧于时代的文艺精品，不断满足人民精神文化需求，建设社会主义文化强国，为实现“两个一百年”奋斗目标、实现中华民族伟大复兴的中国梦提供强大的价值引导力、文化凝聚力、精神推动力。

考试笔记

重要考点2

坚持以人民为中心的创作导向

1. 为人民抒写、为人民抒情

社会主义文艺本质上是人民的文艺，人民的需要是文艺存在的根本价值。解决好“为了谁、依靠谁、我是谁”的问题，牢固树立人民是历史创造者的观点，自觉以最广大人民为服务对象和表现主体，在人民生产生活中进行美的发现和美的创造。生动展现人民创造历史的伟大进程，用现实主义精神和浪漫主义情怀观照现实生活，歌颂光明、抒发理想，鞭挞丑恶、抵制低俗，给人民信心和力量。紧跟时代发展，把握人民对文艺作品质量、品位、风格等的期盼，创作生产更多人民喜闻乐见的优秀作品，推动人民精神文化生活不断迈上新台阶。

2. 深入生活、扎根人民

生活是文艺创作的源头活水，人民是文艺工作者的衣食父母。大力倡导文艺工作者深入生活、扎根人民，虚心向人民学习、向实践学习，不断进行生活的积累和艺术的提炼。制定支持文艺工作者长期深入生活的经济政策，健全长效保障机制，为他们蹲点生活、挂职锻炼、采风创作提供必要的工作条件和成果展示平台。完善激励机制，把深入生活纳入文艺单位目标管理和领导班子业绩考核，作为文艺工作者业务考核、职称评定、表彰奖励的重要依据。发挥知名作家艺术家的带头作用，使深入生活、扎根人民在文艺界蔚然成风。

3. 面向基层、服务群众

坚持重心下移，把各种文艺惠民措施纳入公共文化服务体系建设规划，推行菜单式服务，以实效为标准，提升质量和水平。创新形式、持续开展“文化进万家”、“送欢乐下基层”、“心连心”、文化艺术志愿服务、农村电影放映、全民阅读等活动，深入推进服务农民、服务基层文化建设先进集体创建活动。组织实施基层群众文化建设工程，发挥农家书屋、社区书屋效用，落实乡镇文化站职能，在编制总量内健全社区文化中心专兼职岗位，落实国家规定的工资待遇政策。促进"送文化"与群众需求有效对接，加大政府对面向基层文艺产品和服务的购买力度。建立"结对子、种文化"工作机制，组织专业文艺工作者到基层教、学、帮、带。实施农村中小学艺术教育计划，鼓励艺术院校毕业生到农村中小学任教。

4. 激发人民创造活力、繁荣群众文艺

充分尊重人民群众的主体地位和首创精神，使蕴藏于群众中的创造活力充分迸发。制定繁荣群众文艺发展规划，健全群众文艺工作网络，发挥好基层文联、作协、文化馆（站）、群艺馆在群众文艺创作中的引领作用，壮大民间文艺力量。完善群众文艺扶持机制，扶持引导业余文艺社团、民营剧团、演出队、老年大学以及青少年文艺群体、网络文艺社群、社区和企业文艺骨干、乡土文化能人等广泛开展创作活动，创新载体形式，展示群众文艺创作优秀成果。提高社区文化、村镇文化、企业文化、校园文化、军营文化、网络文化建设水平，培育积极健康、多姿多彩的文化形态，引导群众在参与中自我表现、自我教育、自我服务。普及文艺知识，培养文艺爱好，提高全民文化素养。鼓励群众文艺与旅游、体育等相关产业相结合。

5. 建立经得起人民检验的评价标准

评价文艺作品，要以最广大人民的根本利益为出发点和落脚点，坚持把社会效益放在首位，努力实现社会效益和经济效益、社会价值和市场价值相统一，绝不让文艺成为市场的奴隶。建立健全反映文艺作品质量的综合评价体系，完善影视剧、文艺演出、美术和文艺类出版物等创作生产出版的立项、采购、评审标准，完善文艺作品推介传播等环节的评估标准，把票房收入、收视率、收听率、点击率、发行量等量化指标，与专家评价和群众认可统一起来，推动文艺健康发展。把服务群众和引领群众结合起来，既满足人民多样化精神文化需求，又加强引导、克服浮躁，讲品位、讲格调，坚决抵制趋利媚俗之风。

考试
笔记

重要考点3

让中国精神成为社会主义文艺的灵魂

1. 聚焦中国梦的时代主题

实现中华民族伟大复兴的中国梦，是当代文艺创作的鲜明主题。深入开展中国梦主题文艺创作活动，生动反映改革开放和社会主义现代化建设的伟大实践，全面展示中国特色社会主义发展前景，着力书写人们寻梦的理想和追梦的奋斗，汇聚起同心共筑中国梦的强大精神力量。不断丰富拓展中国梦的表现内容，既讲好国家民族宏大故事，又讲好百姓身边日常故事，用生动的艺术形象和叙事体现中国梦的丰富内涵，见人、见事、见精神。

2. 培育和弘扬社会主义核心价值观

社会主义核心价值观是中国精神的集中体现和时代表达。坚持以社会主义核心价值观引领文艺创作生产，实现核心价值观的全方位贯穿、深层次融入，通过精彩的故事、鲜活的语言、丰满的形象，使核心价值观生动活泼、活灵活现地体现在文艺作品中，潜移默化、滋养人心，让人们在文化熏陶中感悟认同社会主流价值。运用各种形式，艺术展现党史国史上的重大事件、重要人物，让光辉业绩、革命传统一代一代传承光大。大力支持文艺单位和作家艺术家从社会生活、当代人物中挖掘题材，讴歌真善美，贬斥假恶丑，彰显信仰之美、崇高之美，引导人们向往和追求讲道德、尊道德、守道德的生活。文学、艺术、电影、出版等方面的基金、资金，重点支持传递向上向善价值观的青少年文艺创作和推广。

3. 唱响爱国主义主旋律

爱国主义是中国精神最深层、最根本的内容，也是文艺创作的永恒追求。坚持唯物史观，不管历史条件发生任何变化，凡是为中华民族做出历史贡献的英雄，都应得到尊敬、受到颂扬，被人民记忆、由文艺书写。组织和支持爱国主义题材文艺创作，大力讴歌民族英雄，倾诉家国情怀，弘扬集体主义精神，不断增强做中国人的骨气和底

考试笔记

气。正确反映中华民族五千多年文明史、中国人民近代以来斗争史、中国共产党奋斗史、中华人民共和国发展史、当代中国改革开放史，生动反映各族人民维护祖国统一、海外儿女心向祖国的心路历程。旗帜鲜明反对历史虚无主义，抵制否定中华文明、破坏民族团结、歪曲党史国史、诋毁国家形象、丑化人民群众的言论和行为，反对以洋为尊、唯洋是从，引导人民树立和坚持正确的历史观、民族观、国家观、文化观，不断增强中国特色社会主义道路自信、理论自信、制度自信。拓展爱国主义题材的表现空间，不断丰富形式、创新手法，增强艺术魅力。充分运用重要纪念日、民族传统节日等时间节点，集中展映展播展示群众喜爱的爱国主义优秀作品，开展丰富多彩的群众性文化活动。

4. 传承和弘扬中华优秀传统文化

中华优秀传统文化是中华民族的精神命脉，是我们屹立于世界文化之林的坚实根基。坚守中华文化立场，坚持古为今用、推陈出新，秉持客观科学礼敬的态度，努力实现创造性转化和创新性发展。弃其糟粕、取其精华，从传统文化中提炼符合当今时代需要的思想理念、道德规范、价值追求，赋予新意、创新形式，进行艺术转化和提升，创作更多具有中华文化底色、鲜明中国精神的文艺作品。实施中华文化传承工程，通过国民教育、民间传承、礼仪规范、政策引导和舆论宣传、文艺创作等各个方面，传承中华文化基因。做好古籍整理、经典出版、义理阐释、社会普及工作。加强对中华诗词、音乐舞蹈、书法绘画、曲艺杂技和历史文化纪录片、动画片、出版物等的扶持。发展民族民间艺术，保护和发掘我国少数民族文艺成果及资源，保护和传承非物质文化遗产。实施地方戏曲振兴计划，做好京剧“像音像”工作，挖掘整理优秀传统剧目，推进数字化保存和传播。推进基层国有文艺院团排练演出场所建设，政府采购戏曲项目，提供公共文化服务，推进戏曲进校园。扶持中华文化基因校园传承工作，建设一批中华优秀传统文化教育基地。

考试笔记

重要考点4

创作无愧于时代的优秀作品

1. 把创作优秀作品作为中心环节

牢固树立精品意识，推出更多思想精深、艺术精湛、制作精良，体现时代文化成就、代表国家文化形象的文艺精品。组织实施中国当代文学艺术创作工程，科学编制现实题材、爱国主义题材、重大革命和历史题材、青少年题材等专项创作规划，优化创作生产平台，重点支持文学、影视剧、戏剧、音乐、美术等创作。提高组织化程度，集中力量、集聚资源，推出一批有筋骨、有道德、有温度、艺术震撼力强的大作力作，努力形成文艺创作生产的“高峰”。中央和地方设立文艺创作专项资金或基金，加大对创作生产的投入，加强对评论、宣传和推广的保障。发挥精神文明建设“五个一工程”等的示范导向作用，加大评奖成果的宣传展示。办好媒体文艺栏目节目，实施中国文艺原创精品出版项目。

2. 把创新精神贯穿创作生产全过程

坚持思想性、艺术性相统一，坚持内容为王、创意致胜，提高文艺原创能力，在探索中突破超越，在融合中出新出彩，着力增强文艺作品的吸引力、感染力。重点扶持文学、剧本、作曲等原创性、基础性环节，注重富有个性化的创造，避免过多过滥的重复改编。把继承创新和交流借鉴统一起来，深入挖掘和提炼优秀传统文化中的有益思想艺术价值，积极吸收各国优秀文化成果，使文艺更加符合时代进步潮流，更好引领社会风尚。推动文艺与新技术、新业态、新模式、新媒体有机融合，以数字化技术为先导，积极推动文艺创作生产方式的变革和进步，丰富创作手段，拓展艺术空间，不断增强艺术表现力、核心竞争力。

3. 高度重视和切实加强文艺理论和评论工作

坚持以马克思主义为指导，继承中国传统文艺理论评论优秀遗产，批判借鉴外国文艺理论，研究梳理、弘扬创新中华美学精神，推

考试笔记

动美德、美学、美文相结合，展现当代中国审美风范。实施马克思主义文艺理论与评论建设工程，深入研究中国特色社会主义文艺理论，编好用好马克思主义文艺理论教材，把马克思主义中国化最新成果贯穿到课堂教学和文艺评论实践各环节。扶持重点文艺评论力量，发挥好各级文艺评论组织、研究机构、高等学校的积极作用。办好重点文艺评论报刊、网站和栏目，丰富表达形式，拓展传播途径。坚持运用历史的、人民的、艺术的、美学的观点评判和鉴赏作品，褒优贬劣、激浊扬清。

4. 大力发展网络文艺

网络文艺充满活力，发展潜力巨大。坚持“重在建设和发展、管理、引导并重”的方针，实施网络文艺精品创作和传播计划，鼓励推出优秀网络原创作品，推动网络文学、网络音乐、网络剧、微电影、网络演出、网络动漫等新兴文艺类型繁荣有序发展，促进传统文艺与网络文艺创新性融合，鼓励作家艺术家积极运用网络创作传播优秀作品。充分发挥新媒体的独特优势，把握传播规律，加强重点文艺网站建设，善于运用微博、微信、移动客户端等载体，促进优秀作品多渠道传输、多平台展示、多终端推送。加强内容管理，创新管理方式，规范传播秩序，让正能量引领网络文艺发展。

5. 加强文艺阵地建设

进一步加强领导、加强规划、加大投入，充分发挥报纸、期刊、电台、电视台、网络媒体、图书音像电子出版物的积极作用，建好用好剧场、电影院、文化馆（站）、群艺馆、美术馆、工人文化宫、文化广场、基层综合性文化服务中心等各类文艺阵地。因地制宜、因时制宜，采用群众喜闻乐见的方式，举办各种展映展播展演展览和品读鉴赏传唱活动，让优秀文艺作品走进基层群众特别是广大青少年。切实增强政治意识、责任意识、阵地意识，按照谁主管谁负责和属地管理原则，加强对各类文艺阵地的管理，做到守土有责、守土负责、守土尽责，绝不给错误文艺思潮和不良文艺作品提供传播渠道。

6. 推动优秀文艺作品走出去

运用文艺形式讲好中国故事、展示中国魅力，是树立当代中国良好形象、提升国家文化软实力的重要战略任务。深入挖掘博大精深的传统文化、多姿多彩的民族文化、昂扬向上的红色文化、充满生机的当代文化，创作生产符合对外传播规律、易于让国外受众接受的优秀作品，不断增强中国文艺的吸引力感召力。加强统筹指导，完善协调机制，把实施丝绸之路文化项目、丝绸之路影视桥、丝路书香等项目纳入国家“一带一路”倡议，制定文化交流合作专项计划。实施中国当代作品翻译工程，遴选具有代表性的中国当代文艺作品，进行多语种翻译、出版、播映、展示。充分利用国内和国际、政府和民间多种对外交流渠道和活动平台，把文艺走出去纳入人文交流机制，向世界推介我国优秀文艺作品。

考试笔记

重要考点5

建设德艺双馨的文艺队伍

1. 加强思想道德建设

文艺工作者是灵魂的工程师，必须把思想道德建设放在首位。深化马克思主义文艺观学习教育，引导文艺工作者成为党的文艺方针政策的拥护者、践行者，成为时代风气的先行者、先倡者。深化社会主义核心价值观学习教育，引导文艺工作者打牢世界观、人生观、价值观的根底，明确是非、善恶、美丑的界限，摒弃低俗、庸俗、媚俗现象，弘扬公德良序，树立新风正气。组织开展“做人民喜爱的文艺工作者”活动，引导文艺工作者牢记文化担当和社会责任，不断提高学养、涵养、修养。广泛开展职业道德职业精神教育，引导文艺工作者自觉遵守《中国文艺工作者职业道德公约》，处理好义利关系，反对拜金主义、享乐主义、极端个人主义，秉持职业操守，树立良好形象。

2. 培养造就文艺领军人物和高素质文艺人才

着眼于培养大批有影响的各领域文艺领军人物，造就大批人民喜爱的名家大师和民族文化代表人物，深入实施文化名家暨“四个一批”人才工程，进一步加大文艺名家资助扶持、宣传推介力度，实施好国家“千人计划”、“万人计划”文化艺术人才项目，加大国内文化

考试笔记

艺术领军人才和青年拔尖人才培养支持力度。加强马克思主义文艺理论评论队伍建设，实施文艺理论评论队伍培养计划。做好各类文艺人才培训工作，实施基层文化队伍培训计划、民族地区文艺人才培养计划。加强和改进专业艺术教育工作，优化专业结构，提高教学质量。落实重大文化项目首席专家制度，完善文艺人才职称职务评聘措施和办法，支持特殊专业艺术人才的学历、职称认定。

3. 做好新的文艺组织和文艺群体工作

新的文艺组织和文艺群体已经成为文化艺术领域的有生力量。要扩大工作覆盖面，延伸联系手臂，完善工作机制，创新组织方式，做好团结、引导、服务工作，发挥好新的文艺组织和文艺群体在繁荣发展社会主义文艺中的积极作用。各级宣传、文化、新闻出版广电部门和文联、作协，要在项目申报、教育培训、展演展示、评比奖励等方面创造条件，在发展会员、职称评定等方面提供便利。文化园区、新的文艺群体聚居区所在县（区）以及街道、乡镇党委和政府要切实加强管理和服务。

下篇

法律基础

考试笔记

第一章　宪法及宪法相关法

第一节　宪法

一般考点1

我国的基本制度

我国的基本制度是社会主义制度。社会主义制度包含：根本政治制度；基本经济制度；基本分配制度；基本政治制度。

第一条　中华人民共和国是工人阶级领导的、以工农联盟为基础的人民民主专政的社会主义国家。

社会主义制度是中华人民共和国的根本制度。中国共产党领导是中国特色社会主义最本质的特征。禁止任何组织或者个人破坏社会主义制度。

社会主义制度内容包括：

（1）根本政治制度：人民代表大会制度。

（2）基本经济制度：公有制经济为主体，多种所有制经济共同发展。

（3）基本分配制度：按劳分配为主体，多种分配方式并存。

（4）基本政治制度：中国共产党领导的多党合作和政治协商制度、民族区域自治制度以及基层群众自治制度。

考试笔记

一般考点2

我国的根本任务

国家的根本任务是，沿着中国特色社会主义道路，集中力量进行社会主义现代化建设。中国各族人民将继续在中国共产党领导下，在马克思列宁主义、毛泽东思想、邓小平理论、“三个代表”重要思想、科学发展观、习近平新时代中国特色社会主义思想指引下，坚持人民民主专政，坚持社会主义道路，坚持改革开放，不断完善社会主义的各项制度，发展社会主义市场经济，发展社会主义民主，健全社会主义法治，贯彻新发展理念，自力更生，艰苦奋斗，逐步实现工业、农业、国防和科学技术的现代化，推动物质文明、政治文明、精神文明、社会文明、生态文明协调发展，把我国建设成为富强民主文明和谐美丽的社会主义现代化强国，实现中华民族伟大复兴。

一般考点3

我国的基本国策

基本国策，是国家赖以生存发展的基本准则和保障。《宪法》关于我国的基本国策包括：计划生育的基本国策；环境保护的基本国策；耕地保护的基本国策；科教兴国的基本国策；对外开放的基本国策。

一般考点4

国家发展文化事业、加强社会主义精神文明建设有关规定

第二十二条　国家发展为人民服务、为社会主义服务的文学艺术

考试笔记

事业、新闻广播电视事业、出版发行事业、图书馆博物馆文化馆和其他文化事业，开展群众性的文化活动。

国家保护名胜古迹、珍贵文物和其他重要历史文化遗产。

第二十四条　国家通过普及理想教育、道德教育、文化教育、纪律和法制教育，通过在城乡不同范围的群众中制定和执行各种守则、公约，加强社会主义精神文明的建设。

国家倡导社会主义核心价值观，提倡爱祖国、爱人民、爱劳动、爱科学、爱社会主义的公德，在人民中进行爱国主义、集体主义和国际主义、共产主义的教育，进行辩证唯物主义和历史唯物主义的教育，反对资本主义的、封建主义的和其他的腐朽思想。

第四十七条　中华人民共和国公民有进行科学研究、文学艺术创作和其他文化活动的自由。国家对于从事教育、科学、技术、文学、艺术和其他文化事业的公民的有益于人民的创造性工作，给以鼓励和帮助。

一般考点5

公民的基本权利和义务

第三十三条　凡具有中华人民共和国国籍的人都是中华人民共和国公民。

中华人民共和国公民在法律面前一律平等。

国家尊重和保障人权。

任何公民享有宪法和法律规定的权利，同时必须履行宪法和法律规定的义务。

第三十四条　中华人民共和国年满十八周岁的公民，不分民族、种族、性别、职业、家庭出身、宗教信仰、教育程度、财产状况、居住期限，都有选举权和被选举权；但是依照法律被剥夺政治权利的人除外。

第三十五条　中华人民共和国公民有言论、出版、集会、结社、

考试笔记

游行、示威的自由。

第三十六条 中华人民共和国公民有宗教信仰自由。

任何国家机关、社会团体和个人不得强制公民信仰宗教或者不信仰宗教，不得歧视信仰宗教的公民和不信仰宗教的公民。

国家保护正常的宗教活动。任何人不得利用宗教进行破坏社会秩序、损害公民身体健康、妨碍国家教育制度的活动。

宗教团体和宗教事务不受外国势力的支配。

第三十七条 中华人民共和国公民的人身自由不受侵犯。

任何公民，非经人民检察院批准或者决定或者人民法院决定，并由公安机关执行，不受逮捕。

禁止非法拘禁和以其他方法非法剥夺或者限制公民的人身自由，禁止非法搜查公民的身体。

第三十八条 中华人民共和国公民的人格尊严不受侵犯。禁止用任何方法对公民进行侮辱、诽谤和诬告陷害。

第三十九条 中华人民共和国公民的住宅不受侵犯。禁止非法搜查或者非法侵入公民的住宅。

第四十条 中华人民共和国公民的通信自由和通信秘密受法律的保护。除因国家安全或者追查刑事犯罪的需要，由公安机关或者检察机关依照法律规定的程序对通信进行检查外，任何组织或者个人不得以任何理由侵犯公民的通信自由和通信秘密。

第四十一条 中华人民共和国公民对于任何国家机关和国家工作人员，有提出批评和建议的权利；对于任何国家机关和国家工作人员的违法失职行为，有向有关国家机关提出申诉、控告或者检举的权利，但是不得捏造或者歪曲事实进行诬告陷害。

对于公民的申诉、控告或者检举，有关国家机关必须查清事实，负责处理。任何人不得压制和打击报复。

由于国家机关和国家工作人员侵犯公民权利而受到损失的人，有依照法律规定取得赔偿的权利。

第四十二条 中华人民共和国公民有劳动的权利和义务。

国家通过各种途径，创造劳动就业条件，加强劳动保护，改善劳动条件，并在发展生产的基础上，提高劳动报酬和福利待遇。

考试笔记

劳动是一切有劳动能力的公民的光荣职责。国有企业和城乡集体经济组织的劳动者都应当以国家主人翁的态度对待自己的劳动。国家提倡社会主义劳动竞赛，奖励劳动模范和先进工作者。国家提倡公民从事义务劳动。

国家对就业前的公民进行必要的劳动就业训练。

第四十三条　中华人民共和国劳动者有休息的权利。

国家发展劳动者休息和休养的设施，规定职工的工作时间和休假制度。

第四十四条　国家依照法律规定实行企业事业组织的职工和国家机关工作人员的退休制度。退休人员的生活受到国家和社会的保障。

第四十五条　中华人民共和国公民在年老、疾病或者丧失劳动能力的情况下，有从国家和社会获得物质帮助的权利。国家发展为公民享受这些权利所需要的社会保险、社会救济和医疗卫生事业。

国家和社会保障残废军人的生活，抚恤烈士家属，优待军人家属。

国家和社会帮助安排盲、聋、哑和其他有残疾的公民的劳动、生活和教育。

第四十六条　中华人民共和国公民有受教育的权利和义务。

国家培养青年、少年、儿童在品德、智力、体质等方面全面发展。

第四十七条　中华人民共和国公民有进行科学研究、文学艺术创作和其他文化活动的自由。国家对于从事教育、科学、技术、文学、艺术和其他文化事业的公民的有益于人民的创造性工作，给以鼓励和帮助。

第四十八条　中华人民共和国妇女在政治的、经济的、文化的、社会的和家庭的生活等各方面享有同男子平等的权利。

国家保护妇女的权利和利益，实行男女同工同酬，培养和选拔妇女干部。

第四十九条　婚姻、家庭、母亲和儿童受国家的保护。

夫妻双方有实行计划生育的义务。

父母有抚养教育未成年子女的义务，成年子女有赡养扶助父母的

考试笔记

义务。

禁止破坏婚姻自由，禁止虐待老人、妇女和儿童。

第五十条　中华人民共和国保护华侨的正当的权利和利益，保护归侨和侨眷的合法的权利和利益。

第五十一条　中华人民共和国公民在行使自由和权利的时候，不得损害国家的、社会的、集体的利益和其他公民的合法的自由和权利。

第五十二条　中华人民共和国公民有维护国家统一和全国各民族团结的义务。

第五十三条　中华人民共和国公民必须遵守宪法和法律，保守国家秘密，爱护公共财产，遵守劳动纪律，遵守公共秩序，尊重社会公德。

第五十四条　中华人民共和国公民有维护祖国的安全、荣誉和利益的义务，不得有危害祖国的安全、荣誉和利益的行为。

第五十五条　保卫祖国、抵抗侵略是中华人民共和国每一个公民的神圣职责。

依照法律服兵役和参加民兵组织是中华人民共和国公民的光荣义务。

第五十六条　中华人民共和国公民有依照法律纳税的义务。

第二节　国旗法

重要考点1

国旗图案

第二条　中华人民共和国国旗是五星红旗。

中华人民共和国国旗按照中国人民政治协商会议第一届全体会议主席团公布的国旗制法说明制作。

考试笔记

第三条 国旗的通用尺度为国旗制法说明中所列明的五种尺度。特殊情况使用其他尺度的国旗，应当按照通用尺度成比例适当放大或者缩小。

国旗、旗杆的尺度比例应当适当，并与使用目的、周围建筑、周边环境相适应。

第四条 中华人民共和国国旗是中华人民共和国的象征和标志。

每个公民和组织，都应当尊重和爱护国旗。

重要考点2

国旗的升挂和使用有关规定

第五条 下列场所或者机构所在地，应当每日升挂国旗：

（一）北京天安门广场、新华门；

（二）中国共产党中央委员会，全国人民代表大会常务委员会，国务院，中央军事委员会，中国共产党中央纪律检查委员会、国家监察委员会，最高人民法院，最高人民检察院；中国人民政治协商会议全国委员会；

（三）外交部；

（四）出境入境的机场、港口、火车站和其他边境口岸，边防海防哨所。

第六条 下列机构所在地应当在工作日升挂国旗：

（一）中国共产党中央各部门和地方各级委员会；

（二）国务院各部门；

（三）地方各级人民代表大会常务委员会；

（四）地方各级人民政府；

（五）中国共产党地方各级纪律检查委员会、地方各级监察委员会；

（六）地方各级人民法院和专门人民法院；

（七）地方各级人民检察院和专门人民检察院；

（八）中国人民政治协商会议地方各级委员会；

（九）各民主党派、各人民团体；

（十）中央人民政府驻香港特别行政区有关机构、中央人民政府驻澳门特别行政区有关机构。

学校除寒假、暑假和休息日外，应当每日升挂国旗。有条件的幼儿园参照学校的规定升挂国旗。

图书馆、博物馆、文化馆、美术馆、科技馆、纪念馆、展览馆、体育馆、青少年宫等公共文化体育设施应当在开放日升挂、悬挂国旗。

第七条　国庆节、国际劳动节、元旦、春节和国家宪法日等重要节日、纪念日，各级国家机关、各人民团体以及大型广场、公园等公共活动场所应当升挂国旗；企业事业组织，村民委员会、居民委员会，居民院（楼、小区）有条件的应当升挂国旗。

民族自治地方在民族自治地方成立纪念日和主要传统民族节日应当升挂国旗。

举行宪法宣誓仪式时，应当在宣誓场所悬挂国旗。

第八条　举行重大庆祝、纪念活动，大型文化、体育活动，大型展览会，可以升挂国旗。

第十八条　在直立的旗杆上升降国旗，应当徐徐升降。升起时，必须将国旗升至杆顶；降下时，不得使国旗落地。

下半旗时，应当先将国旗升至杆顶，然后降至旗顶与杆顶之间的距离为旗杆全长的三分之一处；降下时，应当先将国旗升至杆顶，然后再降下。

第十九条　不得升挂或者使用破损、污损、褪色或者不合规格的国旗，不得倒挂、倒插或者以其他有损国旗尊严的方式升挂、使用国旗。

不得随意丢弃国旗。破损、污损、褪色或者不合规格的国旗应当按照国家有关规定收回、处置。大型群众性活动结束后，活动主办方应当收回或者妥善处置活动现场使用的国旗。

第二十条　国旗及其图案不得用作商标、授予专利权的外观设计和商业广告，不得用于私人丧事活动等不适宜的情形。

考试笔记

第三节 国歌法

重要考点1

国歌名称

第二条 中华人民共和国国歌是《义勇军进行曲》。

第三条 中华人民共和国国歌是中华人民共和国的象征和标志。

一切公民和组织都应当尊重国歌，维护国歌的尊严。

重要考点2

奏唱、使用国歌的有关规定

第四条 在下列场合，应当奏唱国歌：

（一）全国人民代表大会会议和地方各级人民代表大会会议的开幕、闭幕；中国人民政治协商会议全国委员会会议和地方各级委员会会议的开幕、闭幕；

（二）各政党、各人民团体的各级代表大会等；

（三）宪法宣誓仪式；

（四）升国旗仪式；

（五）各级机关举行或者组织的重大庆典、表彰、纪念仪式等；

（六）国家公祭仪式；

（七）重大外交活动；

（八）重大体育赛事；

（九）其他应当奏唱国歌的场合。

第六条 奏唱国歌，应当按照本法附件所载国歌的歌词和曲谱，不得采取有损国歌尊严的奏唱形式。

第七条 奏唱国歌时，在场人员应当肃立，举止庄重，不得有不

考试笔记

尊重国歌的行为。

第八条　国歌不得用于或者变相用于商标、商业广告，不得在私人丧事活动等不适宜的场合使用，不得作为公共场所的背景音乐等。

第十五条　在公共场合，故意篡改国歌歌词、曲谱，以歪曲、贬损方式奏唱国歌，或者以其他方式侮辱国歌的，由公安机关处以警告或者十五日以下拘留；构成犯罪的，依法追究刑事责任。

第四节　国徽法

重要考点1

国徽图案

第二条　中华人民共和国国徽，中间是五星照耀下的天安门，周围是谷穗和齿轮。

中华人民共和国国徽按照1950年中央人民政府委员会通过的《中华人民共和国国徽图案》和中央人民政府委员会办公厅公布的《中华人民共和国国徽图案制作说明》制作。

第三条　中华人民共和国国徽是中华人民共和国的象征和标志。

一切组织和公民，都应当尊重和爱护国徽。

重要考点2

悬挂、使用国徽的有关规定

第四条　下列机构应当悬挂国徽：

（一）各级人民代表大会常务委员会；

（二）各级人民政府；

考试笔记

（三）中央军事委员会；

（四）各级监察委员会；

（五）各级人民法院和专门人民法院；

（六）各级人民检察院和专门人民检察院；

（七）外交部；

（八）国家驻外使馆、领馆和其他外交代表机构；

（九）中央人民政府驻香港特别行政区有关机构、中央人民政府驻澳门特别行政区有关机构。

国徽应当悬挂在机关正门上方正中处。

第五条　下列场所应当悬挂国徽：

（一）北京天安门城楼、人民大会堂；

（二）县级以上各级人民代表大会及其常务委员会会议厅，乡、民族乡、镇的人民代表大会会场；

（三）各级人民法院和专门人民法院的审判庭；

（四）宪法宣誓场所；

（五）出境入境口岸的适当场所。

第六条　下列机构的印章应当刻有国徽图案：

（一）全国人民代表大会常务委员会，国务院，中央军事委员会，国家监察委员会，最高人民法院，最高人民检察院；

（二）全国人民代表大会各专门委员会和全国人民代表大会常务委员会办公厅、工作委员会，国务院各部、各委员会、各直属机构、国务院办公厅以及国务院规定应当使用刻有国徽图案印章的办事机构，中央军事委员会办公厅以及中央军事委员会规定应当使用刻有国徽图案印章的其他机构；

（三）县级以上地方各级人民代表大会常务委员会、人民政府、监察委员会、人民法院、人民检察院，专门人民法院，专门人民检察院；

（四）国家驻外使馆、领馆和其他外交代表机构。

第七条　本法第六条规定的机构应当在其网站首页显著位置使用国徽图案。

网站使用的国徽图案标准版本在中国人大网和中国政府网上

发布。

第八条　下列文书、出版物等应当印有国徽图案：

（一）全国人民代表大会常务委员会、中华人民共和国主席和国务院颁发的荣誉证书、任命书、外交文书；

（二）中华人民共和国主席、副主席，全国人民代表大会常务委员会委员长、副委员长，国务院总理、副总理、国务委员，中央军事委员会主席、副主席，国家监察委员会主任，最高人民法院院长和最高人民检察院检察长以职务名义对外使用的信封、信笺、请柬等；

（三）全国人民代表大会常务委员会公报、国务院公报、最高人民法院公报和最高人民检察院公报的封面；

（四）国家出版的法律、法规正式版本的封面。

第九条　标示国界线的界桩、界碑和标示领海基点方位的标志碑以及其他用于显示国家主权的标志物可以使用国徽图案。

中国人民银行发行的法定货币可以使用国徽图案。

第十条　下列证件、证照可以使用国徽图案：

（一）国家机关工作人员的工作证件、执法证件等；

（二）国家机关颁发的营业执照、许可证书、批准证书、资格证书、权利证书等；

（三）居民身份证，中华人民共和国护照等法定出入境证件。

国家机关和武装力量的徽章可以将国徽图案作为核心图案。

公民在庄重的场合可以佩戴国徽徽章，表达爱国情感。

第十一条　外事活动和国家驻外使馆、领馆以及其他外交代表机构对外使用国徽图案的办法，由外交部规定，报国务院批准后施行。

第十二条　在本法规定的范围以外需要悬挂国徽或者使用国徽图案的，由全国人民代表大会常务委员会办公厅或者国务院办公厅会同有关主管部门规定。

第十三条　国徽及其图案不得用于：

（一）商标、授予专利权的外观设计、商业广告；

（二）日常用品、日常生活的陈设布置；

（三）私人庆吊活动；

（四）国务院办公厅规定不得使用国徽及其图案的其他场合。

第十四条　不得悬挂破损、污损或者不合规格的国徽。

第十八条　在公共场合故意以焚烧、毁损、涂划、玷污、践踏等方式侮辱中华人民共和国国徽的，依法追究刑事责任；情节较轻的，由公安机关处以十五日以下拘留。

考试笔记

第二章 民法典

第一节 《民法典》总则编

一般考点1

自然人的民事权利能力

第十三条 自然人从出生时起到死亡时止，具有民事权利能力，依法享有民事权利，承担民事义务。

第十四条 自然人的民事权利能力一律平等。

第十五条 自然人的出生时间和死亡时间，以出生证明、死亡证明记载的时间为准；没有出生证明、死亡证明的，以户籍登记或者其他有效身份登记记载的时间为准。有其他证据足以推翻以上记载时间的，以该证据证明的时间为准。

第十六条 涉及遗产继承、接受赠与等胎儿利益保护的，胎儿视为具有民事权利能力。但是，胎儿娩出时为死体的，其民事权利能力自始不存在。

一般考点2

法人的定义和范围

第五十七条 法人是具有民事权利能力和民事行为能力，依法独立享有民事权利和承担民事义务的组织。

考试笔记

第五十八条　法人应当依法成立。

法人应当有自己的名称、组织机构、住所、财产或者经费。法人成立的具体条件和程序，依照法律、行政法规的规定。

设立法人，法律、行政法规规定须经有关机关批准的，依照其规定。

第五十九条　法人的民事权利能力和民事行为能力，从法人成立时产生，到法人终止时消灭。

第六十条　法人以其全部财产独立承担民事责任。

第六十一条　依照法律或者法人章程的规定，代表法人从事民事活动的负责人，为法人的法定代表人。

法定代表人以法人名义从事的民事活动，其法律后果由法人承受。

法人章程或者法人权力机构对法定代表人代表权的限制，不得对抗善意相对人。

一般考点3

非法人组织的定义和范围

第一百零二条　非法人组织是不具有法人资格，但是能够依法以自己的名义从事民事活动的组织。

非法人组织包括个人独资企业、合伙企业、不具有法人资格的专业服务机构等。

考试笔记

第二节　《民法典》人格权编

一般考点1

姓名权和名称权

第一千零一十二条　自然人享有姓名权，有权依法决定、使用、变更或者许可他人使用自己的姓名，但是不得违背公序良俗。

第一千零一十三条　法人、非法人组织享有名称权，有权依法决定、使用、变更、转让或者许可他人使用自己的名称。

第一千零一十四条　任何组织或者个人不得以干涉、盗用、假冒等方式侵害他人的姓名权或者名称权。

第一千零一十五条　自然人应当随父姓或者母姓，但是有下列情形之一的，可以在父姓和母姓之外选取姓氏：

（一）选取其他直系长辈血亲的姓氏；

（二）因由法定扶养人以外的人扶养而选取扶养人姓氏；

（三）有不违背公序良俗的其他正当理由。

少数民族自然人的姓氏可以遵从本民族的文化传统和风俗习惯。

第一千零一十六条　自然人决定、变更姓名，或者法人、非法人组织决定、变更、转让名称的，应当依法向有关机关办理登记手续，但是法律另有规定的除外。

民事主体变更姓名、名称的，变更前实施的民事法律行为对其具有法律约束力。

第一千零一十七条　具有一定社会知名度，被他人使用足以造成公众混淆的笔名、艺名、网名、译名、字号、姓名和名称的简称等，参照适用姓名权和名称权保护的有关规定。

考试笔记

一般考点2

肖像权

第一千零一十八条　自然人享有肖像权，有权依法制作、使用、公开或者许可他人使用自己的肖像。

肖像是通过影像、雕塑、绘画等方式在一定载体上所反映的特定自然人可以被识别的外部形象。

第一千零一十九条　任何组织或者个人不得以丑化、污损，或者利用信息技术手段伪造等方式侵害他人的肖像权。未经肖像权人同意，不得制作、使用、公开肖像权人的肖像，但是法律另有规定的除外。

未经肖像权人同意，肖像作品权利人不得以发表、复制、发行、出租、展览等方式使用或者公开肖像权人的肖像。

第一千零二十条　合理实施下列行为的，可以不经肖像权人同意：

（一）为个人学习、艺术欣赏、课堂教学或者科学研究，在必要范围内使用肖像权人已经公开的肖像；

（二）为实施新闻报道，不可避免地制作、使用、公开肖像权人的肖像；

（三）为依法履行职责，国家机关在必要范围内制作、使用、公开肖像权人的肖像；

（四）为展示特定公共环境，不可避免地制作、使用、公开肖像权人的肖像；

（五）为维护公共利益或者肖像权人合法权益，制作、使用、公开肖像权人的肖像的其他行为。

第一千零二十一条　当事人对肖像许可使用合同中关于肖像使用条款的理解有争议的，应当作出有利于肖像权人的解释。

第一千零二十二条　当事人对肖像许可使用期限没有约定或者约定不明确的，任何一方当事人可以随时解除肖像许可使用合同，但是

考试笔记

应当在合理期限之前通知对方。当事人对肖像许可使用期限有明确约定，肖像权人有正当理由的，可以解除肖像许可使用合同，但是应当在合理期限之前通知对方。因解除合同造成对方损失的，除不可归责于肖像权人的事由外，应当赔偿损失。

第一千零二十三条 对姓名等的许可使用，参照适用肖像许可使用的有关规定。

对自然人声音的保护，参照适用肖像权保护的有关规定。

一般考点3

名誉权和荣誉权

第一千零二十四条 民事主体享有名誉权。任何组织或者个人不得以侮辱、诽谤等方式侵害他人的名誉权。

名誉是对民事主体的品德、声望、才能、信用等的社会评价。

第一千零二十五条 行为人为公共利益实施新闻报道、舆论监督等行为，影响他人名誉的，不承担民事责任，但是有下列情形之一的除外：

（一）捏造、歪曲事实；

（二）对他人提供的严重失实内容未尽到合理核实义务；

（三）使用侮辱性言辞等贬损他人名誉。

第一千零二十六条 认定行为人是否尽到前条第二项规定的合理核实义务，应当考虑下列因素：

（一）内容来源的可信度；

（二）对明显可能引发争议的内容是否进行了必要的调查；

（三）内容的时限性；

（四）内容与公序良俗的关联性；

（五）受害人名誉受贬损的可能性；

（六）核实能力和核实成本。

第一千零二十七条 行为人发表的文学、艺术作品以真人真事或

考试笔记

者特定人为描述对象，含有侮辱、诽谤内容，侵害他人名誉权的，受害人有权依法请求该行为人承担民事责任。

行为人发表的文学、艺术作品不以特定人为描述对象，仅其中的情节与该特定人的情况相似的，不承担民事责任。

第一千零二十八条　民事主体有证据证明报刊、网络等媒体报道的内容失实，侵害其名誉权的，有权请求该媒体及时采取更正或者删除等必要措施。

第一千零二十九条　民事主体可以依法查询自己的信用评价；发现信用评价不当的，有权提出异议并请求采取更正、删除等必要措施。信用评价人应当及时核查，经核查属实的，应当及时采取必要措施。

第一千零三十条　民事主体与征信机构等信用信息处理者之间的关系，适用本编有关个人信息保护的规定和其他法律、行政法规的有关规定。

第一千零三十一条　民事主体享有荣誉权。任何组织或者个人不得非法剥夺他人的荣誉称号，不得诋毁、贬损他人的荣誉。

获得的荣誉称号应当记载而没有记载的，民事主体可以请求记载；获得的荣誉称号记载错误的，民事主体可以请求更正。

一般考点4

隐私权和个人信息保护

第一千零三十二条　自然人享有隐私权。任何组织或者个人不得以刺探、侵扰、泄露、公开等方式侵害他人的隐私权。

隐私是自然人的私人生活安宁和不愿为他人知晓的私密空间、私密活动、私密信息。

第一千零三十三条　除法律另有规定或者权利人明确同意外，任何组织或者个人不得实施下列行为：

（一）以电话、短信、即时通讯工具、电子邮件、传单等方式侵扰他人的私人生活安宁；

考试笔记

（二）进入、拍摄、窥视他人的住宅、宾馆房间等私密空间；

（三）拍摄、窥视、窃听、公开他人的私密活动；

（四）拍摄、窥视他人身体的私密部位；

（五）处理他人的私密信息；

（六）以其他方式侵害他人的隐私权。

第一千零三十四条　自然人的个人信息受法律保护。

个人信息是以电子或者其他方式记录的能够单独或者与其他信息结合识别特定自然人的各种信息，包括自然人的姓名、出生日期、身份证件号码、生物识别信息、住址、电话号码、电子邮箱、健康信息、行踪信息等。

个人信息中的私密信息，适用有关隐私权的规定；没有规定的，适用有关个人信息保护的规定。

第一千零三十五条　处理个人信息的，应当遵循合法、正当、必要原则，不得过度处理，并符合下列条件：

（一）征得该自然人或者其监护人同意，但是法律、行政法规另有规定的除外；

（二）公开处理信息的规则；

（三）明示处理信息的目的、方式和范围；

（四）不违反法律、行政法规的规定和双方的约定。

个人信息的处理包括个人信息的收集、存储、使用、加工、传输、提供、公开等。

第一千零三十六条　处理个人信息，有下列情形之一的，行为人不承担民事责任：

（一）在该自然人或者其监护人同意的范围内合理实施的行为；

（二）合理处理该自然人自行公开的或者其他已经合法公开的信息，但是该自然人明确拒绝或者处理该信息侵害其重大利益的除外；

（三）为维护公共利益或者该自然人合法权益，合理实施的其他行为。

第一千零三十七条　自然人可以依法向信息处理者查阅或者复制其个人信息；发现信息有错误的，有权提出异议并请求及时采取更正等必要措施。

考试笔记

自然人发现信息处理者违反法律、行政法规的规定或者双方的约定处理其个人信息的，有权请求信息处理者及时删除。

第一千零三十八条　信息处理者不得泄露或者篡改其收集、存储的个人信息；未经自然人同意，不得向他人非法提供其个人信息，但是经过加工无法识别特定个人且不能复原的除外。

信息处理者应当采取技术措施和其他必要措施，确保其收集、存储的个人信息安全，防止信息泄露、篡改、丢失；发生或者可能发生个人信息泄露、篡改、丢失的，应当及时采取补救措施，按照规定告知自然人并向有关主管部门报告。

第一千零三十九条　国家机关、承担行政职能的法定机构及其工作人员对于履行职责过程中知悉的自然人的隐私和个人信息，应当予以保密，不得泄露或者向他人非法提供。

第三节　《民法典》侵权责任编

一般考点

关于用工单位责任和劳务派遣单位、劳务用工单位责任，个人劳务关系中的侵权责任

第一千一百九十一条　用人单位的工作人员因执行工作任务造成他人损害的，由用人单位承担侵权责任。用人单位承担侵权责任后，可以向有故意或者重大过失的工作人员追偿。

劳务派遣期间，被派遣的工作人员因执行工作任务造成他人损害的，由接受劳务派遣的用工单位承担侵权责任；劳务派遣单位有过错的，承担相应的责任。

第一千一百九十二条　个人之间形成劳务关系，提供劳务一方因劳务造成他人损害的，由接受劳务一方承担侵权责任。接受劳务一方承担侵权责任后，可以向有故意或者重大过失的提供劳务一方追

考试笔记

偿。提供劳务一方因劳务受到损害的，根据双方各自的过错承担相应的责任。

提供劳务期间，因第三人的行为造成提供劳务一方损害的，提供劳务一方有权请求第三人承担侵权责任，也有权请求接受劳务一方给予补偿。接受劳务一方补偿后，可以向第三人追偿。

一般考点2

安全保障义务人责任

第一千一百九十八条　宾馆、商场、银行、车站、机场、体育场馆、娱乐场所等经营场所、公共场所的经营者、管理者或者群众性活动的组织者，未尽到安全保障义务，造成他人损害的，应当承担侵权责任。

因第三人的行为造成他人损害的，由第三人承担侵权责任；经营者、管理者或者组织者未尽到安全保障义务的，承担相应的补充责任。经营者、管理者或者组织者承担补充责任后，可以向第三人追偿。

一般考点3

损害赔偿有关规定

第一千一百七十九条　侵害他人造成人身损害的，应当赔偿医疗费、护理费、交通费、营养费、住院伙食补助费等为治疗和康复支出的合理费用，以及因误工减少的收入。造成残疾的，还应当赔偿辅助器具费和残疾赔偿金；造成死亡的，还应当赔偿丧葬费和死亡赔偿金。

第一千一百八十条　因同一侵权行为造成多人死亡的，可以以相同数额确定死亡赔偿金。

第一千一百八十一条　被侵权人死亡的，其近亲属有权请求侵权人承担侵权责任。被侵权人为组织，该组织分立、合并的，承继权利

考试笔记

的组织有权请求侵权人承担侵权责任。

被侵权人死亡的，支付被侵权人医疗费、丧葬费等合理费用的人有权请求侵权人赔偿费用，但是侵权人已经支付该费用的除外。

第一千一百八十二条　侵害他人人身权益造成财产损失的，按照被侵权人因此受到的损失或者侵权人因此获得的利益赔偿；被侵权人因此受到的损失以及侵权人因此获得的利益难以确定，被侵权人和侵权人就赔偿数额协商不一致，向人民法院提起诉讼的，由人民法院根据实际情况确定赔偿数额。

第一千一百八十三条　侵害自然人人身权益造成严重精神损害的，被侵权人有权请求精神损害赔偿。

因故意或者重大过失侵害自然人具有人身意义的特定物造成严重精神损害的，被侵权人有权请求精神损害赔偿。

第一千一百八十四条　侵害他人财产的，财产损失按照损失发生时的市场价格或者其他合理方式计算。

第一千一百八十五条　故意侵害他人知识产权，情节严重的，被侵权人有权请求相应的惩罚性赔偿。

第一千一百八十六条　受害人和行为人对损害的发生都没有过错的，依照法律的规定由双方分担损失。

第一千一百八十七条　损害发生后，当事人可以协商赔偿费用的支付方式。协商不一致的，赔偿费用应当一次性支付；一次性支付确有困难的，可以分期支付，但是被侵权人有权请求提供相应的担保。

第四节　《民法典》合同编

考点1

买卖合同有关规定

第五百九十五条　买卖合同是出卖人转移标的物的所有权于买受

人，买受人支付价款的合同。

第五百九十六条 买卖合同的内容一般包括标的物的名称、数量、质量、价款、履行期限、履行地点和方式、包装方式、检验标准和方法、结算方式、合同使用的文字及其效力等条款。

第五百九十七条 因出卖人未取得处分权致使标的物所有权不能转移的，买受人可以解除合同并请求出卖人承担违约责任。

法律、行政法规禁止或者限制转让的标的物，依照其规定。

第五百九十八条 出卖人应当履行向买受人交付标的物或者交付提取标的物的单证，并转移标的物所有权的义务。

第五百九十九条 出卖人应当按照约定或者交易习惯向买受人交付提取标的物单证以外的有关单证和资料。

第六百条 出卖具有知识产权的标的物的，除法律另有规定或者当事人另有约定外，该标的物的知识产权不属于买受人。

第六百零一条 出卖人应当按照约定的时间交付标的物。约定交付期限的，出卖人可以在该交付期限内的任何时间交付。

第六百零二条 当事人没有约定标的物的交付期限或者约定不明确的，适用本法第五百一十条、第五百一十一条第四项的规定。

第六百零三条 出卖人应当按照约定的地点交付标的物。

当事人没有约定交付地点或者约定不明确，依据本法第五百一十条的规定仍不能确定的，适用下列规定：

（一）标的物需要运输的，出卖人应当将标的物交付给第一承运人以运交给买受人；

（二）标的物不需要运输，出卖人和买受人订立合同时知道标的物在某一地点的，出卖人应当在该地点交付标的物；不知道标的物在某一地点的，应当在出卖人订立合同时的营业地交付标的物。

第六百零四条 标的物毁损、灭失的风险，在标的物交付之前由出卖人承担，交付之后由买受人承担，但是法律另有规定或者当事人另有约定的除外。

第六百零五条 因买受人的原因致使标的物未按照约定的期限交付的，买受人应当自违反约定时起承担标的物毁损、灭失的风险。

第六百零六条 出卖人出卖交由承运人运输的在途标的物，除当

考试笔记

事人另有约定外，毁损、灭失的风险自合同成立时起由买受人承担。

第六百零七条　出卖人按照约定将标的物运送至买受人指定地点并交付给承运人后，标的物毁损、灭失的风险由买受人承担。

当事人没有约定交付地点或者约定不明确，依据本法第六百零三条第二款第一项的规定标的物需要运输的，出卖人将标的物交付给第一承运人后，标的物毁损、灭失的风险由买受人承担。

第六百零八条　出卖人按照约定或者依据本法第六百零三条第二款第二项的规定将标的物置于交付地点，买受人违反约定没有收取的，标的物毁损、灭失的风险自违反约定时起由买受人承担。

第六百零九条　出卖人按照约定未交付有关标的物的单证和资料的，不影响标的物毁损、灭失风险的转移。

第六百一十条　因标的物不符合质量要求，致使不能实现合同目的的，买受人可以拒绝接受标的物或者解除合同。买受人拒绝接受标的物或者解除合同的，标的物毁损、灭失的风险由出卖人承担。

第六百一十一条　标的物毁损、灭失的风险由买受人承担的，不影响因出卖人履行义务不符合约定，买受人请求其承担违约责任的权利。

第六百一十二条　出卖人就交付的标的物，负有保证第三人对该标的物不享有任何权利的义务，但是法律另有规定的除外。

第六百一十三条　买受人订立合同时知道或者应当知道第三人对买卖的标的物享有权利的，出卖人不承担前条规定的义务。

第六百一十四条　买受人有确切证据证明第三人对标的物享有权利的，可以中止支付相应的价款，但是出卖人提供适当担保的除外。

第六百一十五条　出卖人应当按照约定的质量要求交付标的物。出卖人提供有关标的物质量说明的，交付的标的物应当符合该说明的质量要求。

第六百一十六条　当事人对标的物的质量要求没有约定或者约定不明确，依据本法第五百一十条的规定仍不能确定的，适用本法第五百一十一条第一项的规定。

第六百一十七条　出卖人交付的标的物不符合质量要求的，买受人可以依据本法第五百八十二条至第五百八十四条的规定请求承担违约责任。

第六百一十八条　当事人约定减轻或者免除出卖人对标的物瑕疵承担的责任，因出卖人故意或者重大过失不告知买受人标的物瑕疵的，出卖人无权主张减轻或者免除责任。

第六百一十九条　出卖人应当按照约定的包装方式交付标的物。对包装方式没有约定或者约定不明确，依据本法第五百一十条的规定仍不能确定的，应当按照通用的方式包装；没有通用方式的，应当采取足以保护标的物且有利于节约资源、保护生态环境的包装方式。

第六百二十条　买受人收到标的物时应当在约定的检验期限内检验。没有约定检验期限的，应当及时检验。

第六百二十一条　当事人约定检验期限的，买受人应当在检验期限内将标的物的数量或者质量不符合约定的情形通知出卖人。买受人怠于通知的，视为标的物的数量或者质量符合约定。

当事人没有约定检验期限的，买受人应当在发现或者应当发现标的物的数量或者质量不符合约定的合理期限内通知出卖人。买受人在合理期限内未通知或者自收到标的物之日起二年内未通知出卖人的，视为标的物的数量或者质量符合约定；但是，对标的物有质量保证期的，适用质量保证期，不适用该二年的规定。

出卖人知道或者应当知道提供的标的物不符合约定的，买受人不受前两款规定的通知时间的限制。

第六百二十二条　当事人约定的检验期限过短，根据标的物的性质和交易习惯，买受人在检验期限内难以完成全面检验的，该期限仅视为买受人对标的物的外观瑕疵提出异议的期限。

约定的检验期限或者质量保证期短于法律、行政法规规定期限的，应当以法律、行政法规规定的期限为准。

第六百二十三条　当事人对检验期限未作约定，买受人签收的送货单、确认单等载明标的物数量、型号、规格的，推定买受人已经对数量和外观瑕疵进行检验，但是有相关证据足以推翻的除外。

第六百二十四条　出卖人依照买受人的指示向第三人交付标的物，出卖人和买受人约定的检验标准与买受人和第三人约定的检验标准不一致的，以出卖人和买受人约定的检验标准为准。

考试笔记

第六百二十五条　依照法律、行政法规的规定或者按照当事人的约定，标的物在有效使用年限届满后应予回收的，出卖人负有自行或者委托第三人对标的物予以回收的义务。

第六百二十六条　买受人应当按照约定的数额和支付方式支付价款。对价款的数额和支付方式没有约定或者约定不明确的，适用本法第五百一十条、第五百一十一条第二项和第五项的规定。

第六百二十七条　买受人应当按照约定的地点支付价款。对支付地点没有约定或者约定不明确，依据本法第五百一十条的规定仍不能确定的，买受人应当在出卖人的营业地支付；但是，约定支付价款以交付标的物或者交付提取标的物单证为条件的，在交付标的物或者交付提取标的物单证的所在地支付。

第六百二十八条　买受人应当按照约定的时间支付价款。对支付时间没有约定或者约定不明确，依据本法第五百一十条的规定仍不能确定的，买受人应当在收到标的物或者提取标的物单证的同时支付。

第六百二十九条　出卖人多交标的物的，买受人可以接收或者拒绝接收多交的部分。买受人接收多交部分的，按照约定的价格支付价款；买受人拒绝接收多交部分的，应当及时通知出卖人。

第六百三十条　标的物在交付之前产生的孳息，归出卖人所有；交付之后产生的孳息，归买受人所有。但是，当事人另有约定的除外。

第六百三十一条　因标的物的主物不符合约定而解除合同的，解除合同的效力及于从物。因标的物的从物不符合约定被解除的，解除的效力不及于主物。

第六百三十二条　标的物为数物，其中一物不符合约定的，买受人可以就该物解除。但是，该物与他物分离使标的物的价值显受损害的，买受人可以就数物解除合同。

第六百三十三条　出卖人分批交付标的物的，出卖人对其中一批标的物不交付或者交付不符合约定，致使该批标的物不能实现合同目的的，买受人可以就该批标的物解除。

出卖人不交付其中一批标的物或者交付不符合约定，致使之后其他各批标的物的交付不能实现合同目的的，买受人可以就该批以及之后其他各批标的物解除。

考试笔记

买受人如果就其中一批标的物解除，该批标的物与其他各批标的物相互依存的，可以就已经交付和未交付的各批标的物解除。

第六百三十四条　分期付款的买受人未支付到期价款的数额达到全部价款的五分之一，经催告后在合理期限内仍未支付到期价款的，出卖人可以请求买受人支付全部价款或者解除合同。

出卖人解除合同的，可以向买受人请求支付该标的物的使用费。

第六百三十五条　凭样品买卖的当事人应当封存样品，并可以对样品质量予以说明。出卖人交付的标的物应当与样品及其说明的质量相同。

第六百三十六条　凭样品买卖的买受人不知道样品有隐蔽瑕疵的，即使交付的标的物与样品相同，出卖人交付的标的物的质量仍然应当符合同种物的通常标准。

第六百三十七条　试用买卖的当事人可以约定标的物的试用期限。对试用期限没有约定或者约定不明确，依据本法第五百一十条的规定仍不能确定的，由出卖人确定。

第六百三十八条　试用买卖的买受人在试用期内可以购买标的物，也可以拒绝购买。试用期限届满，买受人对是否购买标的物未作表示的，视为购买。

试用买卖的买受人在试用期内已经支付部分价款或者对标的物实施出卖、出租、设立担保物权等行为的，视为同意购买。

第六百三十九条　试用买卖的当事人对标的物使用费没有约定或者约定不明确的，出卖人无权请求买受人支付。

第六百四十条　标的物在试用期内毁损、灭失的风险由出卖人承担。

第六百四十一条　当事人可以在买卖合同中约定买受人未履行支付价款或者其他义务的，标的物的所有权属于出卖人。

出卖人对标的物保留的所有权，未经登记，不得对抗善意第三人。

第六百四十二条　当事人约定出卖人保留合同标的物的所有权，在标的物所有权转移前，买受人有下列情形之一，造成出卖人损害的，除当事人另有约定外，出卖人有权取回标的物：

（一）未按照约定支付价款，经催告后在合理期限内仍未支付；

考试笔记

（二）未按照约定完成特定条件；

（三）将标的物出卖、出质或者作出其他不当处分。

出卖人可以与买受人协商取回标的物；协商不成的，可以参照适用担保物权的实现程序。

第六百四十三条　出卖人依据前条第一款的规定取回标的物后，买受人在双方约定或者出卖人指定的合理回赎期限内，消除出卖人取回标的物的事由的，可以请求回赎标的物。

买受人在回赎期限内没有回赎标的物，出卖人可以以合理价格将标的物出卖给第三人，出卖所得价款扣除买受人未支付的价款以及必要费用后仍有剩余的，应当返还买受人；不足部分由买受人清偿。

第六百四十四条　招标投标买卖的当事人的权利和义务以及招标投标程序等，依照有关法律、行政法规的规定。

第六百四十五条　拍卖的当事人的权利和义务以及拍卖程序等，依照有关法律、行政法规的规定。

第六百四十六条　法律对其他有偿合同有规定的，依照其规定；没有规定的，参照适用买卖合同的有关规定。

第六百四十七条　当事人约定易货交易，转移标的物的所有权的，参照适用买卖合同的有关规定。

考点2

委托合同有关规定

第九百一十九条　委托合同是委托人和受托人约定，由受托人处理委托人事务的合同。

第九百二十条　委托人可以特别委托受托人处理一项或者数项事务，也可以概括委托受托人处理一切事务。

第九百二十一条　委托人应当预付处理委托事务的费用。受托人为处理委托事务垫付的必要费用，委托人应当偿还该费用并支付利息。

第九百二十二条　受托人应当按照委托人的指示处理委托事务。

考试笔记

需要变更委托人指示的，应当经委托人同意；因情况紧急，难以和委托人取得联系的，受托人应当妥善处理委托事务，但是事后应当将该情况及时报告委托人。

第九百二十三条 受托人应当亲自处理委托事务。经委托人同意，受托人可以转委托。转委托经同意或者追认的，委托人可以就委托事务直接指示转委托的第三人，受托人仅就第三人的选任及其对第三人的指示承担责任。转委托未经同意或者追认的，受托人应当对转委托的第三人的行为承担责任；但是，在紧急情况下受托人为了维护委托人的利益需要转委托第三人的除外。

第九百二十四条 受托人应当按照委托人的要求，报告委托事务的处理情况。委托合同终止时，受托人应当报告委托事务的结果。

第九百二十五条 受托人以自己的名义，在委托人的授权范围内与第三人订立的合同，第三人在订立合同时知道受托人与委托人之间的代理关系的，该合同直接约束委托人和第三人；但是，有确切证据证明该合同只约束受托人和第三人的除外。

第九百二十六条 受托人以自己的名义与第三人订立合同时，第三人不知道受托人与委托人之间的代理关系的，受托人因第三人的原因对委托人不履行义务，受托人应当向委托人披露第三人，委托人因此可以行使受托人对第三人的权利。但是，第三人与受托人订立合同时如果知道该委托人就不会订立合同的除外。

受托人因委托人的原因对第三人不履行义务，受托人应当向第三人披露委托人，第三人因此可以选择受托人或者委托人作为相对人主张其权利，但是第三人不得变更选定的相对人。

委托人行使受托人对第三人的权利的，第三人可以向委托人主张其对受托人的抗辩。第三人选定委托人作为其相对人的，委托人可以向第三人主张其对受托人的抗辩以及受托人对第三人的抗辩。

第九百二十七条 受托人处理委托事务取得的财产，应当转交给委托人。

第九百二十八条 受托人完成委托事务的，委托人应当按照约定向其支付报酬。

因不可归责于受托人的事由，委托合同解除或者委托事务不能完

考试笔记

成的，委托人应当向受托人支付相应的报酬。当事人另有约定的，按照其约定。

第九百二十九条　有偿的委托合同，因受托人的过错造成委托人损失的，委托人可以请求赔偿损失。无偿的委托合同，因受托人的故意或者重大过失造成委托人损失的，委托人可以请求赔偿损失。

受托人超越权限造成委托人损失的，应当赔偿损失。

第九百三十条　受托人处理委托事务时，因不可归责于自己的事由受到损失的，可以向委托人请求赔偿损失。

第九百三十一条　委托人经受托人同意，可以在受托人之外委托第三人处理委托事务。因此造成受托人损失的，受托人可以向委托人请求赔偿损失。

第九百三十二条　两个以上的受托人共同处理委托事务的，对委托人承担连带责任。

第九百三十三条　委托人或者受托人可以随时解除委托合同。因解除合同造成对方损失的，除不可归责于该当事人的事由外，无偿委托合同的解除方应当赔偿因解除时间不当造成的直接损失，有偿委托合同的解除方应当赔偿对方的直接损失和合同履行后可以获得的利益。

第九百三十四条　委托人死亡、终止或者受托人死亡、丧失民事行为能力、终止的，委托合同终止；但是，当事人另有约定或者根据委托事务的性质不宜终止的除外。

第九百三十五条　因委托人死亡或者被宣告破产、解散，致使委托合同终止将损害委托人利益的，在委托人的继承人、遗产管理人或者清算人承受委托事务之前，受托人应当继续处理委托事务。

第九百三十六条　因受托人死亡、丧失民事行为能力或者被宣告破产、解散，致使委托合同终止的，受托人的继承人、遗产管理人、法定代理人或者清算人应当及时通知委托人。因委托合同终止将损害委托人利益的，在委托人作出善后处理之前，受托人的继承人、遗产管理人、法定代理人或者清算人应当采取必要措施。

考点3

考试笔记

行纪合同有关规定

第九百五十一条　行纪合同是行纪人以自己的名义为委托人从事贸易活动，委托人支付报酬的合同。

第九百五十二条　行纪人处理委托事务支出的费用，由行纪人负担，但是当事人另有约定的除外。

第九百五十三条　行纪人占有委托物的，应当妥善保管委托物。

第九百五十四条　委托物交付给行纪人时有瑕疵或者容易腐烂、变质的，经委托人同意，行纪人可以处分该物；不能与委托人及时取得联系的，行纪人可以合理处分。

第九百五十五条　行纪人低于委托人指定的价格卖出或者高于委托人指定的价格买入的，应当经委托人同意；未经委托人同意，行纪人补偿其差额的，该买卖对委托人发生效力。

行纪人高于委托人指定的价格卖出或者低于委托人指定的价格买入的，可以按照约定增加报酬；没有约定或者约定不明确，依据本法第五百一十条的规定仍不能确定的，该利益属于委托人。

委托人对价格有特别指示的，行纪人不得违背该指示卖出或者买入。

第九百五十六条　行纪人卖出或者买入具有市场定价的商品，除委托人有相反的意思表示外，行纪人自己可以作为买受人或者出卖人。

行纪人有前款规定情形的，仍然可以请求委托人支付报酬。

第九百五十七条　行纪人按照约定买入委托物，委托人应当及时受领。经行纪人催告，委托人无正当理由拒绝受领的，行纪人依法可以提存委托物。

委托物不能卖出或者委托人撤回出卖，经行纪人催告，委托人不取回或者不处分该物的，行纪人依法可以提存委托物。

第九百五十八条　行纪人与第三人订立合同的，行纪人对该合同直接享有权利、承担义务。

考试笔记

第三人不履行义务致使委托人受到损害的，行纪人应当承担赔偿责任，但是行纪人与委托人另有约定的除外。

第九百五十九条　行纪人完成或者部分完成委托事务的，委托人应当向其支付相应的报酬。委托人逾期不支付报酬的，行纪人对委托物享有留置权，但是当事人另有约定的除外。

第九百六十条　本章没有规定的，参照适用委托合同的有关规定。

重要考点1

合同的订立有关规定

第四百六十九条　当事人订立合同，可以采用书面形式、口头形式或者其他形式。

书面形式是合同书、信件、电报、电传、传真等可以有形地表现所载内容的形式。

以电子数据交换、电子邮件等方式能够有形地表现所载内容，并可以随时调取查用的数据电文，视为书面形式。

第四百七十条　合同的内容由当事人约定，一般包括下列条款：

（一）当事人的姓名或者名称和住所；

（二）标的；

（三）数量；

（四）质量；

（五）价款或者报酬；

（六）履行期限、地点和方式；

（七）违约责任；

（八）解决争议的方法。

当事人可以参照各类合同的示范文本订立合同。

第四百七十一条　当事人订立合同，可以采取要约、承诺方式或者其他方式。

第四百七十二条　要约是希望与他人订立合同的意思表示，该意思表示应当符合下列条件：

（一）内容具体确定；

（二）表明经受要约人承诺，要约人即受该意思表示约束。

第四百七十三条　要约邀请是希望他人向自己发出要约的表示。拍卖公告、招标公告、招股说明书、债券募集办法、基金招募说明书、商业广告和宣传、寄送的价目表等为要约邀请。

商业广告和宣传的内容符合要约条件的，构成要约。

第四百七十四条　要约生效的时间适用本法第一百三十七条的规定。

第四百七十五条　要约可以撤回。要约的撤回适用本法第一百四十一条的规定。

第四百七十六条　要约可以撤销，但是有下列情形之一的除外：

（一）要约人以确定承诺期限或者其他形式明示要约不可撤销；

（二）受要约人有理由认为要约是不可撤销的，并已经为履行合同做了合理准备工作。

第四百七十七条　撤销要约的意思表示以对话方式作出的，该意思表示的内容应当在受要约人作出承诺之前为受要约人所知道；撤销要约的意思表示以非对话方式作出的，应当在受要约人作出承诺之前到达受要约人。

第四百七十八条　有下列情形之一的，要约失效：

（一）要约被拒绝；

（二）要约被依法撤销；

（三）承诺期限届满，受要约人未作出承诺；

（四）受要约人对要约的内容作出实质性变更。

第四百七十九条　承诺是受要约人同意要约的意思表示。

第四百八十条　承诺应当以通知的方式作出；但是，根据交易习惯或者要约表明可以通过行为作出承诺的除外。

第四百八十一条　承诺应当在要约确定的期限内到达要约人。

要约没有确定承诺期限的，承诺应当依照下列规定到达：

（一）要约以对话方式作出的，应当即时作出承诺；

（二）要约以非对话方式作出的，承诺应当在合理期限内到达。

考试笔记

第四百八十二条　要约以信件或者电报作出的，承诺期限自信件载明的日期或者电报交发之日开始计算。信件未载明日期的，自投寄该信件的邮戳日期开始计算。要约以电话、传真、电子邮件等快速通讯方式作出的，承诺期限自要约到达受要约人时开始计算。

第四百八十三条　承诺生效时合同成立，但是法律另有规定或者当事人另有约定的除外。

第四百八十四条　以通知方式作出的承诺，生效的时间适用本法第一百三十七条的规定。

承诺不需要通知的，根据交易习惯或者要约的要求作出承诺的行为时生效。

第四百八十五条　承诺可以撤回。承诺的撤回适用本法第一百四十一条的规定。

第四百八十六条　受要约人超过承诺期限发出承诺，或者在承诺期限内发出承诺，按照通常情形不能及时到达要约人的，为新要约；但是，要约人及时通知受要约人该承诺有效的除外。

第四百八十七条　受要约人在承诺期限内发出承诺，按照通常情形能够及时到达要约人，但是因其他原因致使承诺到达要约人时超过承诺期限的，除要约人及时通知受要约人因承诺超过期限不接受该承诺外，该承诺有效。

第四百八十八条　承诺的内容应当与要约的内容一致。受要约人对要约的内容作出实质性变更的，为新要约。有关合同标的、数量、质量、价款或者报酬、履行期限、履行地点和方式、违约责任和解决争议方法等的变更，是对要约内容的实质性变更。

第四百八十九条　承诺对要约的内容作出非实质性变更的，除要约人及时表示反对或者要约表明承诺不得对要约的内容作出任何变更外，该承诺有效，合同的内容以承诺的内容为准。

第四百九十条　当事人采用合同书形式订立合同的，自当事人均签名、盖章或者按指印时合同成立。在签名、盖章或者按指印之前，当事人一方已经履行主要义务，对方接受时，该合同成立。

法律、行政法规规定或者当事人约定合同应当采用书面形式订立，当事人未采用书面形式但是一方已经履行主要义务，对方接受时，该合同成立。

第四百九十一条　当事人采用信件、数据电文等形式订立合同要求签订确认书的，签订确认书时合同成立。

当事人一方通过互联网等信息网络发布的商品或者服务信息符合要约条件的，对方选择该商品或者服务并提交订单成功时合同成立，但是当事人另有约定的除外。

第四百九十二条　承诺生效的地点为合同成立的地点。

采用数据电文形式订立合同的，收件人的主营业地为合同成立的地点；没有主营业地的，其住所地为合同成立的地点。当事人另有约定的，按照其约定。

第四百九十三条　当事人采用合同书形式订立合同的，最后签名、盖章或者按指印的地点为合同成立的地点，但是当事人另有约定的除外。

第四百九十四条　国家根据抢险救灾、疫情防控或者其他需要下达国家订货任务、指令性任务的，有关民事主体之间应当依照有关法律、行政法规规定的权利和义务订立合同。

依照法律、行政法规的规定负有发出要约义务的当事人，应当及时发出合理的要约。

依照法律、行政法规的规定负有作出承诺义务的当事人，不得拒绝对方合理的订立合同要求。

第四百九十五条　当事人约定在将来一定期限内订立合同的认购书、订购书、预订书等，构成预约合同。

当事人一方不履行预约合同约定的订立合同义务的，对方可以请求其承担预约合同的违约责任。

第四百九十六条　格式条款是当事人为了重复使用而预先拟定，并在订立合同时未与对方协商的条款。

采用格式条款订立合同的，提供格式条款的一方应当遵循公平原则确定当事人之间的权利和义务，并采取合理的方式提示对方注意免除或者减轻其责任等与对方有重大利害关系的条款，按照对方的要求，对该条款予以说明。提供格式条款的一方未履行提示或者说明义务，致使对方没有注意或者理解与其有重大利害关系的条款的，对方

考试笔记

考试笔记

可以主张该条款不成为合同的内容。

第四百九十七条　有下列情形之一的，该格式条款无效：

（一）具有本法第一编第六章第三节和本法第五百零六条规定的无效情形；

（二）提供格式条款一方不合理地免除或者减轻其责任、加重对方责任、限制对方主要权利；

（三）提供格式条款一方排除对方主要权利。

第四百九十八条　对格式条款的理解发生争议的，应当按照通常理解予以解释。对格式条款有两种以上解释的，应当作出不利于提供格式条款一方的解释。格式条款和非格式条款不一致的，应当采用非格式条款。

第四百九十九条　悬赏人以公开方式声明对完成特定行为的人支付报酬的，完成该行为的人可以请求其支付。

第五百条　当事人在订立合同过程中有下列情形之一，造成对方损失的，应当承担赔偿责任：

（一）假借订立合同，恶意进行磋商；

（二）故意隐瞒与订立合同有关的重要事实或者提供虚假情况；

（三）有其他违背诚信原则的行为。

第五百零一条　当事人在订立合同过程中知悉的商业秘密或者其他应当保密的信息，无论合同是否成立，不得泄露或者不正当地使用；泄露、不正当地使用该商业秘密或者信息，造成对方损失的，应当承担赔偿责任。

重要考点2

合同的效力有关规定

第五百零二条　依法成立的合同，自成立时生效，但是法律另有规定或者当事人另有约定的除外。

依照法律、行政法规的规定，合同应当办理批准等手续的，依照其规定。未办理批准等手续影响合同生效的，不影响合同中履行报批等义务条款以及相关条款的效力。应当办理申请批准等手续的当事人未履行义务的，对方可以请求其承担违反该义务的责任。

依照法律、行政法规的规定，合同的变更、转让、解除等情形应当办理批准等手续的，适用前款规定。

第五百零三条　无权代理人以被代理人的名义订立合同，被代理人已经开始履行合同义务或者接受相对人履行的，视为对合同的追认。

第五百零四条　法人的法定代表人或者非法人组织的负责人超越权限订立的合同，除相对人知道或者应当知道其超越权限外，该代表行为有效，订立的合同对法人或者非法人组织发生效力。

第五百零五条　当事人超越经营范围订立的合同的效力，应当依照本法第一编第六章第三节和本编的有关规定确定，不得仅以超越经营范围确认合同无效。

第五百零六条　合同中的下列免责条款无效：

（一）造成对方人身损害的；

（二）因故意或者重大过失造成对方财产损失的。

第五百零七条　合同不生效、无效、被撤销或者终止的，不影响合同中有关解决争议方法的条款的效力。

第五百零八条　本编对合同的效力没有规定的，适用本法第一编第六章的有关规定。

重要考点3

违约责任有关规定

第五百七十七条　当事人一方不履行合同义务或者履行合同义务不符合约定的，应当承担继续履行、采取补救措施或者赔偿损失等违约责任。

第五百七十八条　当事人一方明确表示或者以自己的行为表明不履行合同义务的，对方可以在履行期限届满前请求其承担违约责任。

考试笔记

考试笔记

第五百七十九条　当事人一方未支付价款、报酬、租金、利息，或者不履行其他金钱债务的，对方可以请求其支付。

第五百八十条　当事人一方不履行非金钱债务或者履行非金钱债务不符合约定的，对方可以请求履行，但是有下列情形之一的除外：

（一）法律上或者事实上不能履行；

（二）债务的标的不适于强制履行或者履行费用过高；

（三）债权人在合理期限内未请求履行。

有前款规定的除外情形之一，致使不能实现合同目的的，人民法院或者仲裁机构可以根据当事人的请求终止合同权利义务关系，但是不影响违约责任的承担。

第五百八十一条　当事人一方不履行债务或者履行债务不符合约定，根据债务的性质不得强制履行的，对方可以请求其负担由第三人替代履行的费用。

第五百八十二条　履行不符合约定的，应当按照当事人的约定承担违约责任。对违约责任没有约定或者约定不明确，依据本法第五百一十条的规定仍不能确定的，受损害方根据标的的性质以及损失的大小，可以合理选择请求对方承担修理、重作、更换、退货、减少价款或者报酬等违约责任。

第五百八十三条　当事人一方不履行合同义务或者履行合同义务不符合约定的，在履行义务或者采取补救措施后，对方还有其他损失的，应当赔偿损失。

第五百八十四条　当事人一方不履行合同义务或者履行合同义务不符合约定，造成对方损失的，损失赔偿额应当相当于因违约所造成的损失，包括合同履行后可以获得的利益；但是，不得超过违约一方订立合同时预见到或者应当预见到的因违约可能造成的损失。

第五百八十五条　当事人可以约定一方违约时应当根据违约情况向对方支付一定数额的违约金，也可以约定因违约产生的损失赔偿额的计算方法。

约定的违约金低于造成的损失的，人民法院或者仲裁机构可以根据当事人的请求予以增加；约定的违约金过分高于造成的损失的，人民法院或者仲裁机构可以根据当事人的请求予以适当减少。

考试笔记

当事人就迟延履行约定违约金的，违约方支付违约金后，还应当履行债务。

第五百八十六条　当事人可以约定一方向对方给付定金作为债权的担保。定金合同自实际交付定金时成立。

定金的数额由当事人约定；但是，不得超过主合同标的额的百分之二十，超过部分不产生定金的效力。实际交付的定金数额多于或者少于约定数额的，视为变更约定的定金数额。

第五百八十七条　债务人履行债务的，定金应当抵作价款或者收回。给付定金的一方不履行债务或者履行债务不符合约定，致使不能实现合同目的的，无权请求返还定金；收受定金的一方不履行债务或者履行债务不符合约定，致使不能实现合同目的的，应当双倍返还定金。

第五百八十八条　当事人既约定违约金，又约定定金的，一方违约时，对方可以选择适用违约金或者定金条款。

定金不足以弥补一方违约造成的损失的，对方可以请求赔偿超过定金数额的损失。

第五百八十九条　债务人按照约定履行债务，债权人无正当理由拒绝受领的，债务人可以请求债权人赔偿增加的费用。

在债权人受领迟延期间，债务人无须支付利息。

第五百九十条　当事人一方因不可抗力不能履行合同的，根据不可抗力的影响，部分或者全部免除责任，但是法律另有规定的除外。因不可抗力不能履行合同的，应当及时通知对方，以减轻可能给对方造成的损失，并应当在合理期限内提供证明。

当事人迟延履行后发生不可抗力的，不免除其违约责任。

第五百九十一条　当事人一方违约后，对方应当采取适当措施防止损失的扩大；没有采取适当措施致使损失扩大的，不得就扩大的损失请求赔偿。

当事人因防止损失扩大而支出的合理费用，由违约方负担。

第五百九十二条　当事人都违反合同的，应当各自承担相应的责任。

当事人一方违约造成对方损失，对方对损失的发生有过错的，可以减少相应的损失赔偿额。

第五百九十三条　当事人一方因第三人的原因造成违约的，应当

考试笔记

依法向对方承担违约责任。当事人一方和第三人之间的纠纷，依照法律规定或者按照约定处理。

第五百九十四条　因国际货物买卖合同和技术进出口合同争议提起诉讼或者申请仲裁的时效期间为四年。

考试笔记

第三章 税收法律制度

第一节 税收征收管理法

重要考点

纳税人、扣缴义务人缴纳或者解缴税款义务有关规定

第四条 法律、行政法规规定负有纳税义务的单位和个人为纳税人。

法律、行政法规规定负有代扣代缴、代收代缴税款义务的单位和个人为扣缴义务人。

纳税人、扣缴义务人必须依照法律、行政法规的规定缴纳税款、代扣代缴、代收代缴税款。

第二十五条 纳税人必须依照法律、行政法规规定或者税务机关依照法律、行政法规的规定确定的申报期限、申报内容如实办理纳税申报，报送纳税申报表、财务会计报表以及税务机关根据实际需要要求纳税人报送的其他纳税资料。

扣缴义务人必须依照法律、行政法规规定或者税务机关依照法律、行政法规的规定确定的申报期限、申报内容如实报送代扣代缴、代收代缴税款报告表以及税务机关根据实际需要要求扣缴义务人报送的其他有关资料。

第三十条 扣缴义务人依照法律、行政法规的规定履行代扣、代收税款的义务。对法律、行政法规没有规定负有代扣、代收税款义务

考试笔记

的单位和个人，税务机关不得要求其履行代扣、代收税款义务。

扣缴义务人依法履行代扣、代收税款义务时，纳税人不得拒绝。纳税人拒绝的，扣缴义务人应当及时报告税务机关处理。

税务机关按照规定付给扣缴义务人代扣、代收手续费。

第三十一条　纳税人、扣缴义务人按照法律、行政法规规定或者税务机关依照法律、行政法规的规定确定的期限，缴纳或者解缴税款。

纳税人因有特殊困难，不能按期缴纳税款的，经省、自治区、直辖市国家税务局、地方税务局批准，可以延期缴纳税款，但是最长不得超过三个月。

第三十二条　纳税人未按照规定期限缴纳税款的，扣缴义务人未按照规定期限解缴税款的，税务机关除责令限期缴纳外，从滞纳税款之日起，按日加收滞纳税款万分之五的滞纳金。

第六十七条　以暴力、威胁方法拒不缴纳税款的，是抗税，除由税务机关追缴其拒缴的税款、滞纳金外，依法追究刑事责任。情节轻微，未构成犯罪的，由税务机关追缴其拒缴的税款、滞纳金，并处拒缴税款一倍以上五倍以下的罚款。

第六十八条　纳税人、扣缴义务人在规定期限内不缴或者少缴应纳或者应解缴的税款，经税务机关责令限期缴纳，逾期仍未缴纳的，税务机关除依照本法第四十条的规定采取强制执行措施追缴其不缴或者少缴的税款外，可以处不缴或者少缴的税款百分之五十以上五倍以下的罚款。

第六十九条　扣缴义务人应扣未扣、应收而不收税款的，由税务机关向纳税人追缴税款，对扣缴义务人处应扣未扣、应收未收税款百分之五十以上三倍以下的罚款。

考试
笔记

第二节　个人所得税法

重要考点

关于个人纳税义务的规定

第一条　在中国境内有住所，或者无住所而一个纳税年度内在中国境内居住累计满一百八十三天的个人，为居民个人。居民个人从中国境内和境外取得的所得，依照本法规定缴纳个人所得税。

在中国境内无住所又不居住，或者无住所而一个纳税年度内在中国境内居住累计不满一百八十三天的个人，为非居民个人。非居民个人从中国境内取得的所得，依照本法规定缴纳个人所得税。

纳税年度，自公历一月一日起至十二月三十一日止。

第二条　下列各项个人所得，应当缴纳个人所得税：

（一）工资、薪金所得；

（二）劳务报酬所得；

（三）稿酬所得；

（四）特许权使用费所得；

（五）经营所得；

（六）利息、股息、红利所得；

（七）财产租赁所得；

（八）财产转让所得；

（九）偶然所得。

居民个人取得前款第一项至第四项所得（以下称综合所得），按纳税年度合并计算个人所得税；非居民个人取得前款第一项至第四项所得，按月或者按次分项计算个人所得税。纳税人取得前款第五项至第九项所得，依照本法规定分别计算个人所得税。

考试笔记

第三节　企业所得税法

重要考点

关于企业纳税义务的规定

第二条　企业分为居民企业和非居民企业。

本法所称居民企业，是指依法在中国境内成立，或者依照外国（地区）法律成立但实际管理机构在中国境内的企业。

本法所称非居民企业，是指依照外国（地区）法律成立且实际管理机构不在中国境内，但在中国境内设立机构、场所的，或者在中国境内未设立机构、场所，但有来源于中国境内所得的企业。

第三条　居民企业应当就其来源于中国境内、境外的所得缴纳企业所得税。

非居民企业在中国境内设立机构、场所的，应当就其所设机构、场所取得的来源于中国境内的所得，以及发生在中国境外但与其所设机构、场所有实际联系的所得，缴纳企业所得税。

非居民企业在中国境内未设立机构、场所的，或者虽设立机构、场所但取得的所得与其所设机构、场所没有实际联系的，应当就其来源于中国境内的所得缴纳企业所得税。

考试笔记

第四章 卫生法律制度

第一节 传染病防治法

重要考点

单位和个人在传染病防治工作中的义务

第十二条 在中华人民共和国领域内的一切单位和个人，必须接受疾病预防控制机构、医疗机构有关传染病的调查、检验、采集样本、隔离治疗等预防、控制措施，如实提供有关情况。疾病预防控制机构、医疗机构不得泄露涉及个人隐私的有关信息、资料。

卫生行政部门以及其他有关部门、疾病预防控制机构和医疗机构因违法实施行政管理或者预防、控制措施，侵犯单位和个人合法权益的，有关单位和个人可以依法申请行政复议或者提起诉讼。

第三十一条 任何单位和个人发现传染病病人或者疑似传染病病人时，应当及时向附近的疾病预防控制机构或者医疗机构报告。

第五十八条 卫生行政部门及其工作人员履行职责，应当自觉接受社会和公民的监督。单位和个人有权向上级人民政府及其卫生行政部门举报违反本法的行为。接到举报的有关人民政府或者其卫生行政部门，应当及时调查处理。

第六十六条 县级以上人民政府卫生行政部门违反本法规定，有下列情形之一的，由本级人民政府、上级人民政府卫生行政部门责令改正，通报批评；造成传染病传播、流行或者其他严重后果的，对负

考试笔记

有责任的主管人员和其他直接责任人员，依法给予行政处分；构成犯罪的，依法追究刑事责任：

（一）未依法履行传染病疫情通报、报告或者公布职责，或者隐瞒、谎报、缓报传染病疫情的；

（二）发生或者可能发生传染病传播时未及时采取预防、控制措施的；

（三）未依法履行监督检查职责，或者发现违法行为不及时查处的；

（四）未及时调查、处理单位和个人对下级卫生行政部门不履行传染病防治职责的举报的；

（五）违反本法的其他失职、渎职行为。

第七十七条　单位和个人违反本法规定，导致传染病传播、流行，给他人人身、财产造成损害的，应当依法承担民事责任。

第二节　突发公共卫生事件应急条例

重要考点1

不得隐瞒、缓报、谎报或者授意他人隐瞒、缓报、谎报突发事件的规定

第二十一条　任何单位和个人对突发事件，不得隐瞒、缓报、谎报或者授意他人隐瞒、缓报、谎报。

第四十五条　县级以上地方人民政府及其卫生行政主管部门未依照本条例的规定履行报告职责，对突发事件隐瞒、缓报、谎报或者授意他人隐瞒、缓报、谎报的，对政府主要领导人及其卫生行政主管部门主要负责人，依法给予降级或者撤职的行政处分；造成传染病传播、流行或者对社会公众健康造成其他严重危害后果的，依法给予开除的行政处分；构成犯罪的，依法追究刑事责任。关于不得隐瞒、缓报、谎报或者授意

他人隐瞒、缓报、谎报突发事件，突发事件举报制度的规定。

考试笔记

重要考点2

突发事件举报制度的规定

第二十四条 国家建立突发事件举报制度，公布统一的突发事件报告、举报电话。

任何单位和个人有权向人民政府及其有关部门报告突发事件隐患，有权向上级人民政府及其有关部门举报地方人民政府及其有关部门不履行突发事件应急处理职责，或者不按照规定履行职责的情况。接到报告、举报的有关人民政府及其有关部门，应当立即组织对突发事件隐患、不履行或者不按照规定履行突发事件应急处理职责的情况进行调查处理。

对举报突发事件有功的单位和个人，县级以上各级人民政府及其有关部门应当予以奖励。

第三节 公共场所卫生管理条例

重要考点

卫生许可证的有关规定

第四条 国家对公共场所实行“卫生许可证”制度。

“卫生许可证”由县以上卫生行政部门签发。

第八条 除公园、体育场（馆）、公共交通工具外的公共场所，经营单位应当及时向卫生行政部门申请办理“卫生许可证”。“卫生许可证”两年复核一次。

考试笔记

第十四条　凡有下列行为之一的单位或者个人，卫生防疫机构可以根据情节轻重，给予警告、罚款、停业整顿、吊销“卫生许可证”的行政处罚：

（一）卫生质量不符合国家卫生标准和要求，而继续营业的；

（二）未获得“健康合格证”，而从事直接为顾客服务的；

（三）拒绝卫生监督的；

（四）未取得“卫生许可证”，擅自营业的。

罚款一律上交国库。

第十六条　对罚款、停业整顿及吊销“卫生许可证”的行政处罚不服的，在接到处罚通知之日起 15 天内，可以向当地人民法院起诉。但对公共场所卫生质量控制的决定应立即执行。对处罚的决定不履行又逾期不起诉的，由卫生防疫机构向人民法院申请强制执行。

考试
笔记

第五章　安全法律制度

第一节　突发事件应对法

一般考点1

关于单位预防突发事件义务的规定

第二十二条　所有单位应当建立健全安全管理制度，定期检查本单位各项安全防范措施的落实情况，及时消除事故隐患；掌握并及时处理本单位存在的可能引发社会安全事件的问题，防止矛盾激化和事态扩大；对本单位可能发生的突发事件和采取安全防范措施的情况，应当按照规定及时向所在地人民政府或者人民政府有关部门报告。

一般考点2

关于公共场所和其他人员密集场所的经营单位或者管理单位预防突发事件义务的规定

第二十四条　公共交通工具、公共场所和其他人员密集场所的经营单位或者管理单位应当制定具体应急预案，为交通工具和有关场所配备报警装置和必要的应急救援设备、设施，注明其使用方法，并显著标明安全撤离的通道、路线，保证安全通道、出口的畅通。

考试笔记

有关单位应当定期检测、维护其报警装置和应急救援设备、设施，使其处于良好状态，确保正常使用。

一般考点3

关于突发事件信息报告义务的规定

第三十七条　国务院建立全国统一的突发事件信息系统。

县级以上地方各级人民政府应当建立或者确定本地区统一的突发事件信息系统，汇集、储存、分析、传输有关突发事件的信息，并与上级人民政府及其有关部门、下级人民政府及其有关部门、专业机构和监测网点的突发事件信息系统实现互联互通，加强跨部门、跨地区的信息交流与情报合作。

第三十八条　县级以上人民政府及其有关部门、专业机构应当通过多种途径收集突发事件信息。

县级人民政府应当在居民委员会、村民委员会和有关单位建立专职或者兼职信息报告员制度。

获悉突发事件信息的公民、法人或者其他组织，应当立即向所在地人民政府、有关主管部门或者指定的专业机构报告。

第三十九条　地方各级人民政府应当按照国家有关规定向上级人民政府报送突发事件信息。县级以上人民政府有关主管部门应当向本级人民政府相关部门通报突发事件信息。专业机构、监测网点和信息报告员应当及时向所在地人民政府及其有关主管部门报告突发事件信息。

有关单位和人员报送、报告突发事件信息，应当做到及时、客观、真实，不得迟报、谎报、瞒报、漏报。

考试笔记

一般考点4

关于禁止编造、传播虚假信息的规定

第五十四条 任何单位和个人不得编造、传播有关突发事件事态发展或者应急处置工作的虚假信息。

第六十五条 违反本法规定，编造并传播有关突发事件事态发展或者应急处置工作的虚假信息，或者明知是有关突发事件事态发展或者应急处置工作的虚假信息而进行传播的，责令改正，给予警告；造成严重后果的，依法暂停其业务活动或者吊销其执业许可证；负有直接责任的人员是国家工作人员的，还应当对其依法给予处分；构成违反治安管理行为的，由公安机关依法给予处罚。

第二节 安全生产法

重要考点1

关于生产经营单位的安全生产管理机构以及安全生产管理人员职责的规定

第二十四条 矿山、金属冶炼、建筑施工、运输单位和危险物品的生产、经营、储存、装卸单位，应当设置安全生产管理机构或者配备专职安全生产管理人员。

前款规定以外的其他生产经营单位，从业人员超过一百人的，应当设置安全生产管理机构或者配备专职安全生产管理人员；从业人员在一百人以下的，应当配备专职或者兼职的安全生产管理人员。

第二十五条 生产经营单位的安全生产管理机构以及安全生产管理人员履行下列职责：

考试笔记

（一）组织或者参与拟订本单位安全生产规章制度、操作规程和生产安全事故应急救援预案；

（二）组织或者参与本单位安全生产教育和培训，如实记录安全生产教育和培训情况；

（三）组织开展危险源辨识和评估，督促落实本单位重大危险源的安全管理措施；

（四）组织或者参与本单位应急救援演练；

（五）检查本单位的安全生产状况，及时排查生产安全事故隐患，提出改进安全生产管理的建议；

（六）制止和纠正违章指挥、强令冒险作业、违反操作规程的行为；

（七）督促落实本单位安全生产整改措施。

生产经营单位可以设置专职安全生产分管负责人，协助本单位主要负责人履行安全生产管理职责。

第二十六条　生产经营单位的安全生产管理机构以及安全生产管理人员应当恪尽职守，依法履行职责。

生产经营单位作出涉及安全生产的经营决策，应当听取安全生产管理机构以及安全生产管理人员的意见。

重要考点2

关于生产经营单位安全检查的规定

第四十三条　生产经营单位的安全生产管理人员应当根据本单位的生产经营特点，对安全生产状况进行经常性检查；对检查中发现的安全问题，应当立即处理；不能处理的，应当及时报告本单位有关负责人，有关负责人应当及时处理。检查及处理情况应当如实记录在案。

生产经营单位的安全生产管理人员在检查中发现重大事故隐患，依照前款规定向本单位有关负责人报告，有关负责人不及时处理的，安全生产管理人员可以向主管的负有安全生产监督管理职责的部门报

考试笔记

告，接到报告的部门应当依法及时处理。

第四十五条　两个以上生产经营单位在同一作业区域内进行生产经营活动，可能危及对方生产安全的，应当签订安全生产管理协议，明确各自的安全生产管理职责和应当采取的安全措施，并指定专职安全生产管理人员进行安全检查与协调。

第四十九条　生产经营单位不得将生产经营项目、场所、设备发包或者出租给不具备安全生产条件或者相应资质的单位或者个人。

生产经营项目、场所发包或者出租给其他单位的，生产经营单位应当与承包单位、承租单位签订专门的安全生产管理协议，或者在承包合同、租赁合同中约定各自的安全生产管理职责；生产经营单位对承包单位、承租单位的安全生产工作统一协调、管理，定期进行安全检查，发现安全问题的，应当及时督促整改。

第三节　消防法

重要考点1

关于消防安全检查告知承诺管理的规定

第十五条　公众聚集场所投入使用、营业前消防安全检查实行告知承诺管理。公众聚集场所在投入使用、营业前，建设单位或者使用单位应当向场所所在地的县级以上地方人民政府消防救援机构申请消防安全检查，作出场所符合消防技术标准和管理规定的承诺，提交规定的材料，并对其承诺和材料的真实性负责。

消防救援机构对申请人提交的材料进行审查；申请材料齐全、符合法定形式的，应当予以许可。消防救援机构应当根据消防技术标准和管理规定，及时对作出承诺的公众聚集场所进行核查。

申请人选择不采用告知承诺方式办理的，消防救援机构应当自受理申请之日起十个工作日内，根据消防技术标准和管理规定，对该场

考试笔记

所进行检查。经检查符合消防安全要求的，应当予以许可。

公众聚集场所未经消防救援机构许可的，不得投入使用、营业。消防安全检查的具体办法，由国务院应急管理部门制定。

重要考点2

团体、企业等单位消防安全职责有关规定

第十六条　机关、团体、企业、事业等单位应当履行下列消防安全职责：

（一）落实消防安全责任制，制定本单位的消防安全制度、消防安全操作规程，制定灭火和应急疏散预案；

（二）按照国家标准、行业标准配置消防设施、器材，设置消防安全标志，并定期组织检验、维修，确保完好有效；

（三）对建筑消防设施每年至少进行一次全面检测，确保完好有效，检测记录应当完整准确，存档备查；

（四）保障疏散通道、安全出口、消防车通道畅通，保证防火防烟分区、防火间距符合消防技术标准；

（五）组织防火检查，及时消除火灾隐患；

（六）组织进行有针对性的消防演练；

（七）法律、法规规定的其他消防安全职责。

单位的主要负责人是本单位的消防安全责任人。

第十七条　县级以上地方人民政府消防救援机构应当将发生火灾可能性较大以及发生火灾可能造成重大的人身伤亡或者财产损失的单位，确定为本行政区域内的消防安全重点单位，并由应急管理部门报本级人民政府备案。

消防安全重点单位除应当履行本法第十六条规定的职责外，还应当履行下列消防安全职责：

（一）确定消防安全管理人，组织实施本单位的消防安全管理工作；

（二）建立消防档案，确定消防安全重点部位，设置防火标志，

实行严格管理；

（三）实行每日防火巡查，并建立巡查记录；

（四）对职工进行岗前消防安全培训，定期组织消防安全培训和消防演练。

第十八条 同一建筑物由两个以上单位管理或者使用的，应当明确各方的消防安全责任，并确定责任人对共用的疏散通道、安全出口、建筑消防设施和消防车通道进行统一管理。

住宅区的物业服务企业应当对管理区域内的共用消防设施进行维护管理，提供消防安全防范服务。

第十九条 生产、储存、经营易燃易爆危险品的场所不得与居住场所设置在同一建筑物内，并应当与居住场所保持安全距离。

生产、储存、经营其他物品的场所与居住场所设置在同一建筑物内的，应当符合国家工程建设消防技术标准。

第二十条 举办大型群众性活动，承办人应当依法向公安机关申请安全许可，制定灭火和应急疏散预案并组织演练，明确消防安全责任分工，确定消防安全管理人员，保持消防设施和消防器材配置齐全、完好有效，保证疏散通道、安全出口、疏散指示标志、应急照明和消防车通道符合消防技术标准和管理规定。

第二十一条 禁止在具有火灾、爆炸危险的场所吸烟、使用明火。因施工等特殊情况需要使用明火作业的，应当按照规定事先办理审批手续，采取相应的消防安全措施；作业人员应当遵守消防安全规定。

进行电焊、气焊等具有火灾危险作业的人员和自动消防系统的操作人员，必须持证上岗，并遵守消防安全操作规程。

第二十八条 任何单位、个人不得损坏、挪用或者擅自拆除、停用消防设施、器材，不得埋压、圈占、遮挡消火栓或者占用防火间距，不得占用、堵塞、封闭疏散通道、安全出口、消防车通道。人员密集场所的门窗不得设置影响逃生和灭火救援的障碍物。

第二十九条 负责公共消防设施维护管理的单位，应当保持消防供水、消防通信、消防车通道等公共消防设施的完好有效。在修建道路以及停电、停水、截断通信线路时有可能影响消防队灭火救援的，有关单位必须事先通知当地消防救援机构。

考试笔记

重要考点3

消防安全许可有关规定

第八条　地方各级人民政府应当将包括消防安全布局、消防站、消防供水、消防通信、消防车通道、消防装备等内容的消防规划纳入城乡规划，并负责组织实施。

城乡消防安全布局不符合消防安全要求的，应当调整、完善；公共消防设施、消防装备不足或者不适应实际需要的，应当增建、改建、配置或者进行技术改造。

第九条　建设工程的消防设计、施工必须符合国家工程建设消防技术标准。建设、设计、施工、工程监理等单位依法对建设工程的消防设计、施工质量负责。

第十条　对按照国家工程建设消防技术标准需要进行消防设计的建设工程，实行建设工程消防设计审查验收制度。

第十一条　国务院住房和城乡建设主管部门规定的特殊建设工程，建设单位应当将消防设计文件报送住房和城乡建设主管部门审查，住房和城乡建设主管部门依法对审查的结果负责。

前款规定以外的其他建设工程，建设单位申请领取施工许可证或者申请批准开工报告时应当提供满足施工需要的消防设计图纸及技术资料。

第十二条　特殊建设工程未经消防设计审查或者审查不合格的，建设单位、施工单位不得施工；其他建设工程，建设单位未提供满足施工需要的消防设计图纸及技术资料的，有关部门不得发放施工许可证或者批准开工报告。

第十三条　国务院住房和城乡建设主管部门规定应当申请消防验收的建设工程竣工，建设单位应当向住房和城乡建设主管部门申请消防验收。

前款规定以外的其他建设工程，建设单位在验收后应当报住房和城乡建设主管部门备案，住房和城乡建设主管部门应当进行抽查。

考试笔记

依法应当进行消防验收的建设工程，未经消防验收或者消防验收不合格的，禁止投入使用；其他建设工程经依法抽查不合格的，应当停止使用。

第十四条 建设工程消防设计审查、消防验收、备案和抽查的具体办法，由国务院住房和城乡建设主管部门规定。

第十五条 公众聚集场所投入使用、营业前消防安全检查实行告知承诺管理。公众聚集场所在投入使用、营业前，建设单位或者使用单位应当向场所所在地的县级以上地方人民政府消防救援机构申请消防安全检查，作出场所符合消防技术标准和管理规定的承诺，提交规定的材料，并对其承诺和材料的真实性负责。

消防救援机构对申请人提交的材料进行审查；申请材料齐全、符合法定形式的，应当予以许可。消防救援机构应当根据消防技术标准和管理规定，及时对作出承诺的公众聚集场所进行核查。

申请人选择不采用告知承诺方式办理的，消防救援机构应当自受理申请之日起十个工作日内，根据消防技术标准和管理规定，对该场所进行检查。经检查符合消防安全要求的，应当予以许可。

公众聚集场所未经消防救援机构许可的，不得投入使用、营业。消防安全检查的具体办法，由国务院应急管理部门制定。

重要考点4

关于单位和个人火灾报警和救援义务的规定

第二条 消防工作贯彻预防为主、防消结合的方针，按照政府统一领导、部门依法监管、单位全面负责、公民积极参与的原则，实行消防安全责任制，建立健全社会化的消防工作网络。

第五条 任何单位和个人都有维护消防安全、保护消防设施、预防火灾、报告火警的义务。任何单位和成年人都有参加有组织的灭火工作的义务。

考试笔记

第四节　治安管理处罚法

重要考点1

关于扰乱文化、体育等大型群众性活动秩序的行为及其处罚的规定

第二十四条　有下列行为之一，扰乱文化、体育等大型群众性活动秩序的，处警告或者二百元以下罚款；情节严重的，处五日以上十日以下拘留，可以并处五百元以下罚款：

（一）强行进入场内的；

（二）违反规定，在场内燃放烟花爆竹或者其他物品的；

（三）展示侮辱性标语、条幅等物品的；

（四）围攻裁判员、运动员或者其他工作人员的；

（五）向场内投掷杂物，不听制止的；

（六）扰乱大型群众性活动秩序的其他行为。

因扰乱体育比赛秩序被处以拘留处罚的，可以同时责令其十二个月内不得进入体育场馆观看同类比赛；违反规定进入体育场馆的，强行带离现场。

重要考点2

关于举办大型活动违反有关规定的行为及其处罚的规定

第三十八条　举办文化、体育等大型群众性活动，违反有关规定，有发生安全事故危险的，责令停止活动，立即疏散。对组织者处五日以上十日以下拘留，并处二百元以上五百元以下罚款；情节较轻的，处五日以下拘留或者五百元以下罚款。

重要考点3

考试笔记

关于娱乐场、运动场等供社会公众活动的场所经营管理人员违反有关规定的行为及其处罚的规定

第三十九条　旅馆、饭店、影剧院、娱乐场、运动场、展览馆或者其他供社会公众活动的场所的经营管理人员，违反安全规定，致使该场所有发生安全事故危险，经公安机关责令改正，拒不改正的，处五日以下拘留。

重要考点4

关于恐怖、残忍表演的处罚的规定

第四十条　有下列行为之一的，处十日以上十五日以下拘留，并处五百元以上一千元以下罚款；情节较轻的，处五日以上十日以下拘留，并处二百元以上五百元以下罚款：

（一）组织、胁迫、诱骗不满十六周岁的人或者残疾人进行恐怖、残忍表演的；

（二）以暴力、威胁或者其他手段强迫他人劳动的；

（三）非法限制他人人身自由、非法侵入他人住宅或者非法搜查他人身体的。

重要考点5

关于伪造、变造或者买卖文艺演出票等有价票证、凭证等行为的处罚的规定

第五十二条　有下列行为之一的，处十日以上十五日以下拘留，

考试笔记

可以并处一千元以下罚款；情节较轻的，处五日以上十日以下拘留，可以并处五百元以下罚款：

（一）伪造、变造或者买卖国家机关、人民团体、企业、事业单位或者其他组织的公文、证件、证明文件、印章的；

（二）买卖或者使用伪造、变造的国家机关、人民团体、企业、事业单位或者其他组织的公文、证件、证明文件的；

（三）伪造、变造、倒卖车票、船票、航空客票、文艺演出票、体育比赛入场券或者其他有价票证、凭证的；

（四）伪造、变造船舶户牌，买卖或者使用伪造、变造的船舶户牌，或者涂改船舶发动机号码的。

重要考点6

关于组织播放淫秽音像、组织或者进行淫秽表演、聚众淫乱以及为上述活动提供条件的违法行为及其处罚的规定

第六十九条 有下列行为之一的，处十日以上十五日以下拘留，并处五百元以上一千元以下罚款：

（一）组织播放淫秽音像的；

（二）组织或者进行淫秽表演的；

（三）参与聚众淫乱活动的。

明知他人从事前款活动，为其提供条件的，依照前款的规定处罚。

考试笔记

第六章 知识产权法律制度

第一节 商标法

一般考点1

商标使用管理的有关规定

第四十八条 本法所称商标的使用，是指将商标用于商品、商品包装或者容器以及商品交易文书上，或者将商标用于广告宣传、展览以及其他商业活动中，用于识别商品来源的行为。

第四十九条 商标注册人在使用注册商标的过程中，自行改变注册商标、注册人名义、地址或者其他注册事项的，由地方工商行政管理部门责令限期改正；期满不改正的，由商标局撤销其注册商标。

注册商标成为其核定使用的商品的通用名称或者没有正当理由连续三年不使用的，任何单位或者个人可以向商标局申请撤销该注册商标。商标局应当自收到申请之日起九个月内做出决定。有特殊情况需要延长的，经国务院工商行政管理部门批准，可以延长三个月。

第五十条 注册商标被撤销、被宣告无效或者期满不再续展的，自撤销、宣告无效或者注销之日起一年内，商标局对与该商标相同或者近似的商标注册申请，不予核准。

第五十一条 违反本法第六条规定的，由地方工商行政管理部门责令限期申请注册，违法经营额五万元以上的，可以处违法经营额百分之二十以下的罚款，没有违法经营额或者违法经营额不足五万元

考试笔记

的，可以处一万元以下的罚款。

第五十二条 将未注册商标冒充注册商标使用的，或者使用未注册商标违反本法第十条规定的，由地方工商行政管理部门予以制止，限期改正，并可以予以通报，违法经营额五万元以上的，可以处违法经营额百分之二十以下的罚款，没有违法经营额或者违法经营额不足五万元的，可以处一万元以下的罚款。

第五十三条 违反本法第十四条第五款规定的，由地方工商行政管理部门责令改正，处十万元罚款。

第五十四条 对商标局撤销或者不予撤销注册商标的决定，当事人不服的，可以自收到通知之日起十五日内向商标评审委员会申请复审。商标评审委员会应当自收到申请之日起九个月内做出决定，并书面通知当事人。有特殊情况需要延长的，经国务院工商行政管理部门批准，可以延长三个月。当事人对商标评审委员会的决定不服的，可以自收到通知之日起三十日内向人民法院起诉。

第五十五条 法定期限届满，当事人对商标局做出的撤销注册商标的决定不申请复审或者对商标评审委员会做出的复审决定不向人民法院起诉的，撤销注册商标的决定、复审决定生效。

被撤销的注册商标，由商标局予以公告，该注册商标专用权自公告之日起终止。

一般考点2

注册商标专用权的保护的有关规定

第五十六条 注册商标的专用权，以核准注册的商标和核定使用的商品为限。

第五十七条 有下列行为之一的，均属侵犯注册商标专用权：

（一）未经商标注册人的许可，在同一种商品上使用与其注册商标相同的商标的；

（二）未经商标注册人的许可，在同一种商品上使用与其注册商标近似的商标，或者在类似商品上使用与其注册商标相同或者近似的商标，容易导致混淆的；

（三）销售侵犯注册商标专用权的商品的；

（四）伪造、擅自制造他人注册商标标识或者销售伪造、擅自制造的注册商标标识的；

（五）未经商标注册人同意，更换其注册商标并将该更换商标的商品又投入市场的；

（六）故意为侵犯他人商标专用权行为提供便利条件，帮助他人实施侵犯商标专用权行为的；

（七）给他人的注册商标专用权造成其他损害的。

第五十八条　将他人注册商标、未注册的驰名商标作为企业名称中的字号使用，误导公众，构成不正当竞争行为的，依照《中华人民共和国反不正当竞争法》处理。

第五十九条　注册商标中含有的本商品的通用名称、图形、型号，或者直接表示商品的质量、主要原料、功能、用途、重量、数量及其他特点，或者含有的地名，注册商标专用权人无权禁止他人正当使用。

三维标志注册商标中含有的商品自身的性质产生的形状、为获得技术效果而需有的商品形状或者使商品具有实质性价值的形状，注册商标专用权人无权禁止他人正当使用。

商标注册人申请商标注册前，他人已经在同一种商品或者类似商品上先于商标注册人使用与注册商标相同或者近似并有一定影响的商标的，注册商标专用权人无权禁止该使用人在原使用范围内继续使用该商标，但可以要求其附加适当区别标识。

第六十条　有本法第五十七条所列侵犯注册商标专用权行为之一，引起纠纷的，由当事人协商解决；不愿协商或者协商不成的，商标注册人或者利害关系人可以向人民法院起诉，也可以请求工商行政管理部门处理。

工商行政管理部门处理时，认定侵权行为成立的，责令立即停止侵权行为，没收、销毁侵权商品和主要用于制造侵权商品、伪造注册商标标识的工具，违法经营额五万元以上的，可以处违法经营额五倍

考试笔记

以下的罚款，没有违法经营额或者违法经营额不足五万元的，可以处二十五万元以下的罚款。对五年内实施两次以上商标侵权行为或者有其他严重情节的，应当从重处罚。销售不知道是侵犯注册商标专用权的商品，能证明该商品是自己合法取得并说明提供者的，由工商行政管理部门责令停止销售。

对侵犯商标专用权的赔偿数额的争议，当事人可以请求进行处理的工商行政管理部门调解，也可以依照《中华人民共和国民事诉讼法》向人民法院起诉。经工商行政管理部门调解，当事人未达成协议或者调解书生效后不履行的，当事人可以依照《中华人民共和国民事诉讼法》向人民法院起诉。

第六十一条　对侵犯注册商标专用权的行为，工商行政管理部门有权依法查处；涉嫌犯罪的，应当及时移送司法机关依法处理。

第六十二条　县级以上工商行政管理部门根据已经取得的违法嫌疑证据或者举报，对涉嫌侵犯他人注册商标专用权的行为进行查处时，可以行使下列职权：

（一）询问有关当事人，调查与侵犯他人注册商标专用权有关的情况；

（二）查阅、复制当事人与侵权活动有关的合同、发票、账簿以及其他有关资料；

（三）对当事人涉嫌从事侵犯他人注册商标专用权活动的场所实施现场检查；

（四）检查与侵权活动有关的物品；对有证据证明是侵犯他人注册商标专用权的物品，可以查封或者扣押。

工商行政管理部门依法行使前款规定的职权时，当事人应当予以协助、配合，不得拒绝、阻挠。

在查处商标侵权案件过程中，对商标权属存在争议或者权利人同时向人民法院提起商标侵权诉讼的，工商行政管理部门可以中止案件的查处。中止原因消除后，应当恢复或者终结案件查处程序。

第六十三条　侵犯商标专用权的赔偿数额，按照权利人因被侵权所受到的实际损失确定；实际损失难以确定的，可以按照侵权人因侵权所获得的利益确定；权利人的损失或者侵权人获得的利益难以确定的，参照该商标许可使用费的倍数合理确定。对恶意侵犯商标专用权，情节严重的，可以在按照上述方法确定数额的一倍以上五倍以下确定赔偿数额。赔偿数额应当包括权利人为制止侵权行为所支付的合理开支。

人民法院为确定赔偿数额，在权利人已经尽力举证，而与侵权行为相关的账簿、资料主要由侵权人掌握的情况下，可以责令侵权人提供与侵权行为相关的账簿、资料；侵权人不提供或者提供虚假的账簿、资料的，人民法院可以参考权利人的主张和提供的证据判定赔偿数额。

权利人因被侵权所受到的实际损失、侵权人因侵权所获得的利益、注册商标许可使用费难以确定的，由人民法院根据侵权行为的情节判决给予五百万元以下的赔偿。

人民法院审理商标纠纷案件，应权利人请求，对属于假冒注册商标的商品，除特殊情况外，责令销毁；对主要用于制造假冒注册商标的商品的材料、工具，责令销毁，且不予补偿；或者在特殊情况下，责令禁止前述材料、工具进入商业渠道，且不予补偿。

假冒注册商标的商品不得在仅去除假冒注册商标后进入商业渠道。

第六十四条　注册商标专用权人请求赔偿，被控侵权人以注册商标专用权人未使用注册商标提出抗辩的，人民法院可以要求注册商标专用权人提供此前三年内实际使用该注册商标的证据。注册商标专用权人不能证明此前三年内实际使用过该注册商标，也不能证明因侵权行为受到其他损失的，被控侵权人不承担赔偿责任。

销售不知道是侵犯注册商标专用权的商品，能证明该商品是自己合法取得并说明提供者的，不承担赔偿责任。

第六十五条　商标注册人或者利害关系人有证据证明他人正在实施或者即将实施侵犯其注册商标专用权的行为，如不及时制止将会使其合法权益受到难以弥补的损害的，可以依法在起诉前向人民法院申请采取责令停止有关行为和财产保全的措施。

第六十六条　为制止侵权行为，在证据可能灭失或者以后难以取得的情况下，商标注册人或者利害关系人可以依法在起诉前向人民法院申请保全证据。

考试笔记

第六十七条　未经商标注册人许可，在同一种商品上使用与其注册商标相同的商标，构成犯罪的，除赔偿被侵权人的损失外，依法追究刑事责任。

伪造、擅自制造他人注册商标标识或者销售伪造、擅自制造的注册商标标识，构成犯罪的，除赔偿被侵权人的损失外，依法追究刑事责任。

销售明知是假冒注册商标的商品，构成犯罪的，除赔偿被侵权人的损失外，依法追究刑事责任。

第六十八条　商标代理机构有下列行为之一的，由工商行政管理部门责令限期改正，给予警告，处一万元以上十万元以下的罚款；对直接负责的主管人员和其他直接责任人员给予警告，处五千元以上五万元以下的罚款；构成犯罪的，依法追究刑事责任：

（一）办理商标事宜过程中，伪造、变造或者使用伪造、变造的法律文件、印章、签名的；

（二）以诋毁其他商标代理机构等手段招徕商标代理业务或者以其他不正当手段扰乱商标代理市场秩序的；

（三）违反本法第四条、第十九条第三款和第四款规定的。

商标代理机构有前款规定行为的，由工商行政管理部门记入信用档案；情节严重的，商标局、商标评审委员会并可以决定停止受理其办理商标代理业务，予以公告。

商标代理机构违反诚实信用原则，侵害委托人合法利益的，应当依法承担民事责任，并由商标代理行业组织按照章程规定予以惩戒。

对恶意申请商标注册的，根据情节给予警告、罚款等行政处罚；对恶意提起商标诉讼的，由人民法院依法给予处罚。

第六十九条　从事商标注册、管理和复审工作的国家机关工作人员必须秉公执法，廉洁自律，忠于职守，文明服务。

商标局、商标评审委员会以及从事商标注册、管理和复审工作的国家机关工作人员不得从事商标代理业务和商品生产经营活动。

第七十条　工商行政管理部门应当建立健全内部监督制度，对负责商标注册、管理和复审工作的国家机关工作人员执行法律、行政法规和遵守纪律的情况，进行监督检查。

考试笔记

第七十一条 从事商标注册、管理和复审工作的国家机关工作人员玩忽职守、滥用职权、徇私舞弊，违法办理商标注册、管理和复审事项，收受当事人财物，牟取不正当利益，构成犯罪的，依法追究刑事责任；尚不构成犯罪的，依法给予处分。

第二节 著作权法

一般考点1

关于保护客体、著作权人及其权利的规定

第三条 本法所称的作品，是指文学、艺术和科学领域内具有独创性并能以一定形式表现的智力成果，包括：

（一）文字作品；

（二）口述作品；

（三）音乐、戏剧、曲艺、舞蹈、杂技艺术作品；

（四）美术、建筑作品；

（五）摄影作品；

（六）视听作品；

（七）工程设计图、产品设计图、地图、示意图等图形作品和模型作品；

（八）计算机软件；

（九）符合作品特征的其他智力成果。

第五条 本法不适用于：

（一）法律、法规，国家机关的决议、决定、命令和其他具有立法、行政、司法性质的文件，及其官方正式译文；

（二）单纯事实消息；

（三）历法、通用数表、通用表格和公式。

第九条 著作权人包括：

考试笔记

（一）作者；

（二）其他依照本法享有著作权的自然人、法人或者非法人组织。

第十条　著作权包括下列人身权和财产权：

（一）发表权，即决定作品是否公之于众的权利；

（二）署名权，即表明作者身份，在作品上署名的权利；

（三）修改权，即修改或者授权他人修改作品的权利；

（四）保护作品完整权，即保护作品不受歪曲、篡改的权利；

（五）复制权，即以印刷、复印、拓印、录音、录像、翻录、翻拍、数字化等方式将作品制作一份或者多份的权利；

（六）发行权，即以出售或者赠与方式向公众提供作品的原件或者复制件的权利；

（七）出租权，即有偿许可他人临时使用视听作品、计算机软件的原件或者复制件的权利，计算机软件不是出租的主要标的的除外；

（八）展览权，即公开陈列美术作品、摄影作品的原件或者复制件的权利；

（九）表演权，即公开表演作品，以及用各种手段公开播送作品的表演的权利；

（十）放映权，即通过放映机、幻灯机等技术设备公开再现美术、摄影、视听作品等的权利；

（十一）广播权，即以有线或者无线方式公开传播或者转播作品，以及通过扩音器或者其他传送符号、声音、图像的类似工具向公众传播广播的作品的权利，但不包括本款第十二项规定的权利；

（十二）信息网络传播权，即以有线或者无线方式向公众提供，使公众可以在其选定的时间和地点获得作品的权利；

（十三）摄制权，即以摄制视听作品的方法将作品固定在载体上的权利；

（十四）改编权，即改变作品，创作出具有独创性的新作品的权利；

（十五）翻译权，即将作品从一种语言文字转换成另一种语言文字的权利；

（十六）汇编权，即将作品或者作品的片段通过选择或者编排，汇集成新作品的权利；

（十七）应当由著作权人享有的其他权利。

著作权人可以许可他人行使前款第五项至第十七项规定的权利，并依照约定或者本法有关规定获得报酬。

著作权人可以全部或者部分转让本条第一款第五项至第十七项规定的权利，并依照约定或者本法有关规定获得报酬。

一般考点2

著作权归属的有关规定

第十一条　著作权属于作者，本法另有规定的除外。

创作作品的自然人是作者。

由法人或者非法人组织主持，代表法人或者非法人组织意志创作，并由法人或者非法人组织承担责任的作品，法人或者非法人组织视为作者。

第十二条　在作品上署名的自然人、法人或者非法人组织为作者，且该作品上存在相应权利，但有相反证明的除外。

作者等著作权人可以向国家著作权主管部门认定的登记机构办理作品登记。

与著作权有关的权利参照适用前两款规定。

第十三条　改编、翻译、注释、整理已有作品而产生的作品，其著作权由改编、翻译、注释、整理人享有，但行使著作权时不得侵犯原作品的著作权。

第十四条　两人以上合作创作的作品，著作权由合作作者共同享有。没有参加创作的人，不能成为合作作者。

合作作品的著作权由合作作者通过协商一致行使；不能协商一致，又无正当理由的，任何一方不得阻止他方行使除转让、许可他人专有使用、出质以外的其他权利，但是所得收益应当合理分配给所有合作作者。

考试笔记

合作作品可以分割使用的，作者对各自创作的部分可以单独享有著作权，但行使著作权时不得侵犯合作作品整体的著作权。

第十五条　汇编若干作品、作品的片段或者不构成作品的数据或者其他材料，对其内容的选择或者编排体现独创性的作品，为汇编作品，其著作权由汇编人享有，但行使著作权时，不得侵犯原作品的著作权。

第十六条　使用改编、翻译、注释、整理、汇编已有作品而产生的作品进行出版、演出和制作录音录像制品，应当取得该作品的著作权人和原作品的著作权人许可，并支付报酬。

第十七条　视听作品中的电影作品、电视剧作品的著作权由制作者享有，但编剧、导演、摄影、作词、作曲等作者享有署名权，并有权按照与制作者签订的合同获得报酬。

前款规定以外的视听作品的著作权归属由当事人约定；没有约定或者约定不明确的，由制作者享有，但作者享有署名权和获得报酬的权利。

视听作品中的剧本、音乐等可以单独使用的作品的作者有权单独行使其著作权。

第十八条　自然人为完成法人或者非法人组织工作任务所创作的作品是职务作品，除本条第二款的规定以外，著作权由作者享有，但法人或者非法人组织有权在其业务范围内优先使用。作品完成两年内，未经单位同意，作者不得许可第三人以与单位使用的相同方式使用该作品。

有下列情形之一的职务作品，作者享有署名权，著作权的其他权利由法人或者非法人组织享有，法人或者非法人组织可以给予作者奖励：

（一）主要是利用法人或者非法人组织的物质技术条件创作，并由法人或者非法人组织承担责任的工程设计图、产品设计图、地图、示意图、计算机软件等职务作品；

（二）报社、期刊社、通讯社、广播电台、电视台的工作人员创作的职务作品；

（三）法律、行政法规规定或者合同约定著作权由法人或者非法人组织享有的职务作品。

考试笔记

第十九条　受委托创作的作品，著作权的归属由委托人和受托人通过合同约定。合同未作明确约定或者没有订立合同的，著作权属于受托人。

第二十条　作品原件所有权的转移，不改变作品著作权的归属，但美术、摄影作品原件的展览权由原件所有人享有。

作者将未发表的美术、摄影作品的原件所有权转让给他人，受让人展览该原件不构成对作者发表权的侵犯。

第二十一条　著作权属于自然人的，自然人死亡后，其本法第十条第一款第五项至第十七项规定的权利在本法规定的保护期内，依法转移。

著作权属于法人或者非法人组织的，法人或者非法人组织变更、终止后，其本法第十条第一款第五项至第十七项规定的权利在本法规定的保护期内，由承受其权利义务的法人或者非法人组织享有；没有承受其权利义务的法人或者非法人组织的，由国家享有。

一般考点 3

著作权合理使用的有关规定

第二十四条　在下列情况下使用作品，可以不经著作权人许可，不向其支付报酬，但应当指明作者姓名或者名称、作品名称，并且不得影响该作品的正常使用，也不得不合理地损害著作权人的合法权益：

（一）为个人学习、研究或者欣赏，使用他人已经发表的作品；

（二）为介绍、评论某一作品或者说明某一问题，在作品中适当引用他人已经发表的作品；

（三）为报道新闻，在报纸、期刊、广播电台、电视台等媒体中不可避免地再现或者引用已经发表的作品；

（四）报纸、期刊、广播电台、电视台等媒体刊登或者播放其他报纸、期刊、广播电台、电视台等媒体已经发表的关于政治、经济、宗教问题的时事性文章，但著作权人声明不许刊登、播放的除外；

考试笔记

（五）报纸、期刊、广播电台、电视台等媒体刊登或者播放在公众集会上发表的讲话，但作者声明不许刊登、播放的除外；

（六）为学校课堂教学或者科学研究，改编、汇编、播放或者少量复制已经发表的作品，供教学或者科研人员使用，但不得出版发行；

（七）国家机关为执行公务在合理范围内使用已经发表的作品；

（八）图书馆、档案馆、纪念馆、博物馆、文化馆等为陈列或者保存版本的需要，复制本馆收藏的作品；

（九）免费表演已经发表的作品，该表演未向公众收取费用，也未向表演者支付报酬且不以营利为目的；

（十）对设置或者陈列在公共场所的艺术作品进行临摹、绘画、摄影、录像；

（十一）将中国公民、法人或者非法人组织已经发表的以国家通用语言文字创作的作品翻译成少数民族语言文字作品在国内出版发行；

（十二）以阅读障碍者能够感知的无障碍方式向其提供已经发表的作品；

（十三）法律、行政法规规定的其他情形。

前款规定适用于对与著作权有关的权利的限制。

第二十五条　为实施义务教育和国家教育规划而编写出版教科书，可以不经著作权人许可，在教科书中汇编已经发表的作品片段或者短小的文字作品、音乐作品或者单幅的美术作品、摄影作品、图形作品，但应当按照规定向著作权人支付报酬，指明作者姓名或者名称、作品名称，并且不得侵犯著作权人依照本法享有的其他权利。

前款规定适用于对与著作权有关的权利的限制。

一般考点4

表演者使用他人作品演出时对作品著作权人应尽义务的有关规定

第三十八条　使用他人作品演出，表演者应当取得著作权人许可，并支付报酬。演出组织者组织演出，由该组织者取得著作权人许可，并支付报酬。

考试笔记

一般考点5

表演者对其表演享有的权利的有关规定

第三十九条　表演者对其表演享有下列权利：

（一）表明表演者身份；

（二）保护表演形象不受歪曲；

（三）许可他人从现场直播和公开传送其现场表演，并获得报酬；

（四）许可他人录音录像，并获得报酬；

（五）许可他人复制、发行、出租录有其表演的录音录像制品，并获得报酬；

（六）许可他人通过信息网络向公众传播其表演，并获得报酬。

被许可人以前款第三项至第六项规定的方式使用作品，还应当取得著作权人许可，并支付报酬。

一般考点6

职务表演的权利归属的有关规定

第四十条　演员为完成本演出单位的演出任务进行的表演为职务表演，演员享有表明身份和保护表演形象不受歪曲的权利，其他权利归属由当事人约定。当事人没有约定或者约定不明确的，职务表演的权利由演出单位享有。

职务表演的权利由演员享有的，演出单位可以在其业务范围内免费使用该表演。

考试笔记

第七章 外国人在中国就业法律制度

第一节 出境入境管理法

一般考点1

外国人入境出境的有关规定

签证

第十五条 外国人入境，应当向驻外签证机关申请办理签证，但是本法另有规定的除外。

第十六条 签证分为外交签证、礼遇签证、公务签证、普通签证。

对因外交、公务事由入境的外国人，签发外交、公务签证；对因身份特殊需要给予礼遇的外国人，签发礼遇签证。外交签证、礼遇签证、公务签证的签发范围和签发办法由外交部规定。

对因工作、学习、探亲、旅游、商务活动、人才引进等非外交、公务事由入境的外国人，签发相应类别的普通签证。普通签证的类别和签发办法由国务院规定。

第十七条 签证的登记项目包括：签证种类，持有人姓名、性别、出生日期、入境次数、入境有效期、停留期限，签发日期、地点，护照或者其他国际旅行证件号码等。

第十八条 外国人申请办理签证，应当向驻外签证机关提交本人的护照或者其他国际旅行证件，以及申请事由的相关材料，按照驻外签证机关的要求办理相关手续、接受面谈。

考试笔记

第十九条 外国人申请办理签证需要提供中国境内的单位或者个人出具的邀请函件的，申请人应当按照驻外签证机关的要求提供。出具邀请函件的单位或者个人应当对邀请内容的真实性负责。

第二十条 出于人道原因需要紧急入境，应邀入境从事紧急商务、工程抢修或者具有其他紧急入境需要并持有有关主管部门同意在口岸申办签证的证明材料的外国人，可以在国务院批准办理口岸签证业务的口岸，向公安部委托的口岸签证机关（以下简称口岸签证机关）申请办理口岸签证。

旅行社按照国家有关规定组织入境旅游的，可以向口岸签证机关申请办理团体旅游签证。

外国人向口岸签证机关申请办理签证，应当提交本人的护照或者其他国际旅行证件，以及申请事由的相关材料，按照口岸签证机关的要求办理相关手续，并从申请签证的口岸入境。

口岸签证机关签发的签证一次入境有效，签证注明的停留期限不得超过三十日。

第二十一条 外国人有下列情形之一的，不予签发签证：

（一）被处驱逐出境或者被决定遣送出境，未满不准入境规定年限的；

（二）患有严重精神障碍、传染性肺结核病或者有可能对公共卫生造成重大危害的其他传染病的；

（三）可能危害中国国家安全和利益、破坏社会公共秩序或者从事其他违法犯罪活动的；

（四）在申请签证过程中弄虚作假或者不能保障在中国境内期间所需费用的；

（五）不能提交签证机关要求提交的相关材料的；

（六）签证机关认为不宜签发签证的其他情形。

对不予签发签证的，签证机关可以不说明理由。

第二十二条 外国人有下列情形之一的，可以免办签证：

（一）根据中国政府与其他国家政府签订的互免签证协议，属于免办签证人员的；

（二）持有效的外国人居留证件的；

考试笔记

（三）持联程客票搭乘国际航行的航空器、船舶、列车从中国过境前往第三国或者地区，在中国境内停留不超过二十四小时且不离开口岸，或者在国务院批准的特定区域内停留不超过规定时限的；

（四）国务院规定的可以免办签证的其他情形。

第二十三条　有下列情形之一的外国人需要临时入境的，应当向出入境边防检查机关申请办理临时入境手续：

（一）外国船员及其随行家属登陆港口所在城市的；

（二）本法第二十二条第三项规定的人员需要离开口岸的；

（三）因不可抗力或者其他紧急原因需要临时入境的。

临时入境的期限不得超过十五日。

对申请办理临时入境手续的外国人，出入境边防检查机关可以要求外国人本人、载运其入境的交通运输工具的负责人或者交通运输工具出境入境业务代理单位提供必要的保证措施。

入境出境

第二十四条　外国人入境，应当向出入境边防检查机关交验本人的护照或者其他国际旅行证件、签证或者其他入境许可证明，履行规定的手续，经查验准许，方可入境。

第二十五条　外国人有下列情形之一的，不准入境：

（一）未持有效出境入境证件或者拒绝、逃避接受边防检查的；

（二）具有本法第二十一条第一款第一项至第四项规定情形的；

（三）入境后可能从事与签证种类不符的活动的；

（四）法律、行政法规规定不准入境的其他情形。

对不准入境的，出入境边防检查机关可以不说明理由。

第二十六条　对未被准许入境的外国人，出入境边防检查机关应当责令其返回；对拒不返回的，强制其返回。外国人等待返回期间，不得离开限定的区域。

第二十七条　外国人出境，应当向出入境边防检查机关交验本人的护照或者其他国际旅行证件等出境入境证件，履行规定的手续，经查验准许，方可出境。

第二十八条　外国人有下列情形之一的，不准出境：

考试
笔记

（一）被判处刑罚尚未执行完毕或者属于刑事案件被告人、犯罪嫌疑人的，但是按照中国与外国签订的有关协议，移管被判刑人的除外；

（二）有未了结的民事案件，人民法院决定不准出境的；

（三）拖欠劳动者的劳动报酬，经国务院有关部门或者省、自治区、直辖市人民政府决定不准出境的；

（四）法律、行政法规规定不准出境的其他情形。

一般考点2

外国人停留居留的有关规定

停留居留

第二十九条　外国人所持签证注明的停留期限不超过一百八十日的，持证人凭签证并按照签证注明的停留期限在中国境内停留。

需要延长签证停留期限的，应当在签证注明的停留期限届满七日前向停留地县级以上地方人民政府公安机关出入境管理机构申请，按照要求提交申请事由的相关材料。经审查，延期理由合理、充分的，准予延长停留期限；不予延长停留期限的，应当按期离境。

延长签证停留期限，累计不得超过签证原注明的停留期限。

第三十条　外国人所持签证注明入境后需要办理居留证件的，应当自入境之日起三十日内，向拟居留地县级以上地方人民政府公安机关出入境管理机构申请办理外国人居留证件。

申请办理外国人居留证件，应当提交本人的护照或者其他国际旅行证件，以及申请事由的相关材料，并留存指纹等人体生物识别信息。公安机关出入境管理机构应当自收到申请材料之日起十五日内进行审查并作出审查决定，根据居留事由签发相应类别和期限的外国人居留证件。

外国人工作类居留证件的有效期最短为九十日，最长为五年；非工作类居留证件的有效期最短为一百八十日，最长为五年。

考试笔记

第三十一条　外国人有下列情形之一的，不予签发外国人居留证件：

（一）所持签证类别属于不应办理外国人居留证件的；

（二）在申请过程中弄虚作假的；

（三）不能按照规定提供相关证明材料的；

（四）违反中国有关法律、行政法规，不适合在中国境内居留的；

（五）签发机关认为不宜签发外国人居留证件的其他情形。

符合国家规定的专门人才、投资者或者出于人道等原因确需由停留变更为居留的外国人，经设区的市级以上地方人民政府公安机关出入境管理机构批准可以办理外国人居留证件。

第三十二条　在中国境内居留的外国人申请延长居留期限的，应当在居留证件有效期限届满三十日前向居留地县级以上地方人民政府公安机关出入境管理机构提出申请，按照要求提交申请事由的相关材料。经审查，延期理由合理、充分的，准予延长居留期限；不予延长居留期限的，应当按期离境。

第三十三条　外国人居留证件的登记项目包括：持有人姓名、性别、出生日期、居留事由、居留期限，签发日期、地点，护照或者其他国际旅行证件号码等。

外国人居留证件登记事项发生变更的，持证件人应当自登记事项发生变更之日起十日内向居留地县级以上地方人民政府公安机关出入境管理机构申请办理变更。

第三十四条　免办签证入境的外国人需要超过免签期限在中国境内停留的，外国船员及其随行家属在中国境内停留需要离开港口所在城市，或者具有需要办理外国人停留证件其他情形的，应当按照规定办理外国人停留证件。

外国人停留证件的有效期最长为一百八十日。

第三十五条　外国人入境后，所持的普通签证、停留居留证件损毁、遗失、被盗抢或者有符合国家规定的事由需要换发、补发的，应当按照规定向停留居留地县级以上地方人民政府公安机关出入境管理机构提出申请。

第三十六条　公安机关出入境管理机构作出的不予办理普通签证

延期、换发、补发，不予办理外国人停留居留证件、不予延长居留期限的决定为最终决定。

第三十七条 外国人在中国境内停留居留，不得从事与停留居留事由不相符的活动，并应当在规定的停留居留期限届满前离境。

第三十八条 年满十六周岁的外国人在中国境内停留居留，应当随身携带本人的护照或者其他国际旅行证件，或者外国人停留居留证件，接受公安机关的查验。

在中国境内居留的外国人，应当在规定的时间内到居留地县级以上地方人民政府公安机关交验外国人居留证件。

第三十九条 外国人在中国境内旅馆住宿的，旅馆应当按照旅馆业治安管理的有关规定为其办理住宿登记，并向所在地公安机关报送外国人住宿登记信息。

外国人在旅馆以外的其他住所居住或者住宿的，应当在入住后二十四小时内由本人或者留宿人，向居住地的公安机关办理登记。

第四十条 在中国境内出生的外国婴儿，其父母或者代理人应当在婴儿出生六十日内，持该婴儿的出生证明到父母停留居留地县级以上地方人民政府公安机关出入境管理机构为其办理停留或者居留登记。

外国人在中国境内死亡的，其家属、监护人或者代理人，应当按照规定，持该外国人的死亡证明向县级以上地方人民政府公安机关出入境管理机构申报，注销外国人停留居留证件。

第四十一条 外国人在中国境内工作，应当按照规定取得工作许可和工作类居留证件。任何单位和个人不得聘用未取得工作许可和工作类居留证件的外国人。

外国人在中国境内工作管理办法由国务院规定。

第四十二条 国务院人力资源社会保障主管部门、外国专家主管部门会同国务院有关部门根据经济社会发展需要和人力资源供求状况制定并定期调整外国人在中国境内工作指导目录。

国务院教育主管部门会同国务院有关部门建立外国留学生勤工助学管理制度，对外国留学生勤工助学的岗位范围和时限作出规定。

第四十三条 外国人有下列行为之一的，属于非法就业：

（一）未按照规定取得工作许可和工作类居留证件在中国境内工

考试笔记

作的；

（二）超出工作许可限定范围在中国境内工作的；

（三）外国留学生违反勤工助学管理规定，超出规定的岗位范围或者时限在中国境内工作的。

第四十四条　根据维护国家安全、公共安全的需要，公安机关、国家安全机关可以限制外国人、外国机构在某些地区设立居住或者办公场所；对已经设立的，可以限期迁离。

未经批准，外国人不得进入限制外国人进入的区域。

第四十五条　聘用外国人工作或者招收外国留学生的单位，应当按照规定向所在地公安机关报告有关信息。

公民、法人或者其他组织发现外国人有非法入境、非法居留、非法就业情形的，应当及时向所在地公安机关报告。

第四十六条　申请难民地位的外国人，在难民地位甄别期间，可以凭公安机关签发的临时身份证明在中国境内停留；被认定为难民的外国人，可以凭公安机关签发的难民身份证件在中国境内停留居留。

永久居留

第四十七条　对中国经济社会发展作出突出贡献或者符合其他在中国境内永久居留条件的外国人，经本人申请和公安部批准，取得永久居留资格。

外国人在中国境内永久居留的审批管理办法由公安部、外交部会同国务院有关部门规定。

第四十八条　取得永久居留资格的外国人，凭永久居留证件在中国境内居留和工作，凭本人的护照和永久居留证件出境入境。

第四十九条　外国人有下列情形之一的，由公安部决定取消其在中国境内永久居留资格：

（一）对中国国家安全和利益造成危害的；

（二）被处驱逐出境的；

（三）弄虚作假骗取在中国境内永久居留资格的；

（四）在中国境内居留未达到规定时限的；

（五）不适宜在中国境内永久居留的其他情形。

一般考点3

考试笔记

外国人调查和遣返的有关规定

第五十八条　本章规定的当场盘问、继续盘问、拘留审查、限制活动范围、遣送出境措施，由县级以上地方人民政府公安机关或者出入境边防检查机关实施。

第五十九条　对涉嫌违反出境入境管理的人员，可以当场盘问；经当场盘问，有下列情形之一的，可以依法继续盘问：

（一）有非法出境入境嫌疑的；

（二）有协助他人非法出境入境嫌疑的；

（三）外国人有非法居留、非法就业嫌疑的；

（四）有危害国家安全和利益，破坏社会公共秩序或者从事其他违法犯罪活动嫌疑的。

当场盘问和继续盘问应当依据《中华人民共和国人民警察法》规定的程序进行。

县级以上地方人民政府公安机关或者出入境边防检查机关需要传唤涉嫌违反出境入境管理的人员的，依照《中华人民共和国治安管理处罚法》的有关规定执行。

第六十条　外国人有本法第五十九条第一款规定情形之一的，经当场盘问或者继续盘问后仍不能排除嫌疑，需要作进一步调查的，可以拘留审查。

实施拘留审查，应当出示拘留审查决定书，并在二十四小时内进行询问。发现不应当拘留审查的，应当立即解除拘留审查。

拘留审查的期限不得超过三十日；案情复杂的，经上一级地方人民政府公安机关或者出入境边防检查机关批准可以延长至六十日。对国籍、身份不明的外国人，拘留审查期限自查清其国籍、身份之日起计算。

第六十一条　外国人有下列情形之一的，不适用拘留审查，可以限制其活动范围：

（一）患有严重疾病的；

考试笔记

（二）怀孕或者哺乳自己不满一周岁婴儿的；

（三）未满十六周岁或者已满七十周岁的；

（四）不宜适用拘留审查的其他情形。

被限制活动范围的外国人，应当按照要求接受审查，未经公安机关批准，不得离开限定的区域。限制活动范围的期限不得超过六十日。对国籍、身份不明的外国人，限制活动范围期限自查清其国籍、身份之日起计算。

第六十二条　外国人有下列情形之一的，可以遣送出境：

（一）被处限期出境，未在规定期限内离境的；

（二）有不准入境情形的；

（三）非法居留、非法就业的；

（四）违反本法或者其他法律、行政法规需要遣送出境的。

其他境外人员有前款所列情形之一的，可以依法遣送出境。

被遣送出境的人员，自被遣送出境之日起一至五年内不准入境。

第六十三条　被拘留审查或者被决定遣送出境但不能立即执行的人员，应当羁押在拘留所或者遣返场所。

第六十四条　外国人对依照本法规定对其实施的继续盘问、拘留审查、限制活动范围、遣送出境措施不服的，可以依法申请行政复议，该行政复议决定为最终决定。

其他境外人员对依照本法规定对其实施的遣送出境措施不服，申请行政复议的，适用前款规定。

第六十五条　对依法决定不准出境或者不准入境的人员，决定机关应当按照规定及时通知出入境边防检查机关；不准出境、入境情形消失的，决定机关应当及时撤销不准出境、入境决定，并通知出入境边防检查机关。

第六十六条　根据维护国家安全和出境入境管理秩序的需要，必要时，出入境边防检查机关可以对出境入境的人员进行人身检查。人身检查应当由两名与受检查人同性别的边防检查人员进行。

第六十七条　签证、外国人停留居留证件等出境入境证件发生损毁、遗失、被盗抢或者签发后发现持证人不符合签发条件等情形的，由签发机关宣布该出境入境证件作废。

伪造、变造、骗取或者被证件签发机关宣布作废的出境入境证件无效。

公安机关可以对前款规定的或被他人冒用的出境入境证件予以注销或者收缴。

第六十八条 对用于组织、运送、协助他人非法出境入境的交通运输工具，以及需要作为办案证据的物品，公安机关可以扣押。

对查获的违禁物品，涉及国家秘密的文件、资料以及用于实施违反出境入境管理活动的工具等，公安机关应当予以扣押，并依照相关法律、行政法规规定处理。

第六十九条 出境入境证件的真伪由签发机关、出入境边防检查机关或者公安机关出入境管理机构认定。

第二节 外国人入境出境管理条例

一般考点1

外国人停留居留的有关规定

第十条 外国人持签证入境后，按照国家规定可以变更停留事由、给予入境便利的，或者因使用新护照、持团体签证入境后由于客观原因需要分团停留的，可以向停留地县级以上地方人民政府公安机关出入境管理机构申请换发签证。

第十一条 在中国境内的外国人所持签证遗失、损毁、被盗抢的，应当及时向停留地县级以上地方人民政府公安机关出入境管理机构申请补发签证。

第十二条 外国人申请签证的延期、换发、补发和申请办理停留证件，应当填写申请表，提交本人的护照或者其他国际旅行证件以及符合规定的照片和申请事由的相关材料。

第十三条 外国人申请签证延期、换发、补发和申请办理停留证

考试笔记

件符合受理规定的，公安机关出入境管理机构应当出具有效期不超过7日的受理回执，并在受理回执有效期内作出是否签发的决定。

外国人申请签证延期、换发、补发和申请办理停留证件的手续或者材料不符合规定的，公安机关出入境管理机构应当一次性告知申请人需要履行的手续和补正的申请材料。

申请人所持护照或者其他国际旅行证件因办理证件被收存期间，可以凭受理回执在中国境内合法停留。

第十四条　公安机关出入境管理机构作出的延长签证停留期限决定，仅对本次入境有效，不影响签证的入境次数和入境有效期，并且累计延长的停留期限不得超过原签证注明的停留期限。

签证停留期限延长后，外国人应当按照原签证规定的事由和延长的期限停留。

第十五条　居留证件分为以下种类：

（一）工作类居留证件，发给在中国境内工作的人员；

（二）学习类居留证件，发给在中国境内长期学习的人员；

（三）记者类居留证件，发给外国常驻中国新闻机构的外国常驻记者；

（四）团聚类居留证件，发给因家庭团聚需要在中国境内居留的中国公民的家庭成员和具有中国永久居留资格的外国人的家庭成员，以及因寄养等原因需要在中国境内居留的人员；

（五）私人事务类居留证件，发给入境长期探亲的因工作、学习等事由在中国境内居留的外国人的配偶、父母、未满18周岁的子女、配偶的父母，以及因其他私人事务需要在中国境内居留的人员。

第十六条　外国人申请办理外国人居留证件，应当提交本人护照或者其他国际旅行证件以及符合规定的照片和申请事由的相关材料，本人到居留地县级以上地方人民政府公安机关出入境管理机构办理相关手续，并留存指纹等人体生物识别信息。

（一）工作类居留证件，应当提交工作许可等证明材料；属于国家需要的外国高层次人才和急需紧缺专门人才的，应当按照规定提交有关证明材料。

（二）学习类居留证件，应当按照规定提交招收单位出具的注明学习期限的函件等证明材料。

（三）记者类居留证件，应当提交有关主管部门出具的函件和核发的记者证。

（四）团聚类居留证件，因家庭团聚需要在中国境内居留的，应当提交家庭成员关系证明和与申请事由相关的证明材料；因寄养等原因需要在中国境内居留的，应当提交委托书等证明材料。

（五）私人事务类居留证件，长期探亲的，应当按照要求提交亲属关系证明、被探望人的居留证件等证明材料；入境处理私人事务的，应当提交因处理私人事务需要在中国境内居留的相关证明材料。

外国人申请有效期 1 年以上的居留证件的，应当按照规定提交健康证明。健康证明自开具之日起 6 个月内有效。

第十七条　外国人申请办理居留证件的延期、换发、补发，应当填写申请表，提交本人的护照或者其他国际旅行证件以及符合规定的照片和申请事由的相关材料。

第十八条　外国人申请居留证件或者申请居留证件的延期、换发、补发符合受理规定的，公安机关出入境管理机构应当出具有效期不超过 15 日的受理回执，并在受理回执有效期内作出是否签发的决定。

外国人申请居留证件或者申请居留证件的延期、换发、补发的手续或者材料不符合规定的，公安机关出入境管理机构应当一次性告知申请人需要履行的手续和补正的申请材料。

申请人所持护照或者其他国际旅行证件因办理证件被收存期间，可以凭受理回执在中国境内合法居留。

第十九条　外国人申请签证和居留证件的延期、换发、补发，申请办理停留证件，有下列情形之一的，可以由邀请单位或者个人、申请人的亲属、有关专门服务机构代为申请：

（一）未满 16 周岁或者已满 60 周岁以及因疾病等原因行动不便的；

（二）非首次入境且在中国境内停留居留记录良好的；

（三）邀请单位或者个人对外国人在中国境内期间所需费用提供保证措施的。

外国人申请居留证件，属于国家需要的外国高层次人才和急需紧

考试笔记

缺专门人才以及前款第一项规定情形的，可以由邀请单位或者个人、申请人的亲属、有关专门服务机构代为申请。

第二十条　公安机关出入境管理机构可以通过面谈、电话询问、实地调查等方式核实申请事由的真实性，申请人以及出具邀请函件、证明材料的单位或者个人应当予以配合。

第二十一条　公安机关出入境管理机构对有下列情形之一的外国人，不予批准签证和居留证件的延期、换发、补发，不予签发停留证件：

(一) 不能按照规定提供申请材料的；

(二) 在申请过程中弄虚作假的；

(三) 违反中国有关法律、行政法规规定，不适合在中国境内停留居留的；

(四) 不宜批准签证和居留证件的延期、换发、补发或者签发停留证件的其他情形。

第二十二条　持学习类居留证件的外国人需要在校外勤工助学或者实习的，应当经所在学校同意后，向公安机关出入境管理机构申请居留证件加注勤工助学或者实习地点、期限等信息。

持学习类居留证件的外国人所持居留证件未加注前款规定信息的，不得在校外勤工助学或者实习。

第二十三条　在中国境内的外国人因证件遗失、损毁、被盗抢等原因未持有效护照或者国际旅行证件，无法在本国驻中国有关机构补办的，可以向停留居留地县级以上地方人民政府公安机关出入境管理机构申请办理出境手续。

第二十四条　所持出境入境证件注明停留区域的外国人、出入境边防检查机关批准临时入境且限定停留区域的外国人，应当在限定的区域内停留。

第二十五条　外国人在中国境内有下列情形之一的，属于非法居留：

(一) 超过签证、停留居留证件规定的停留居留期限停留居留的；

(二) 免办签证入境的外国人超过免签期限停留且未办理停留居

考试笔记

留证件的；

（三）外国人超出限定的停留居留区域活动的；

（四）其他非法居留的情形。

第二十六条　聘用外国人工作或者招收外国留学生的单位，发现有下列情形之一的，应当及时向所在地县级以上地方人民政府公安机关出入境管理机构报告：

（一）聘用的外国人离职或者变更工作地域的；

（二）招收的外国留学生毕业、结业、肄业、退学，离开原招收单位的；

（三）聘用的外国人、招收的外国留学生违反出境入境管理规定的；

（四）聘用的外国人、招收的外国留学生出现死亡、失踪等情形的。

第二十七条　金融、教育、医疗、电信等单位在办理业务时需要核实外国人身份信息的，可以向公安机关出入境管理机构申请核实。

第二十八条　外国人因外交、公务事由在中国境内停留居留证件的签发管理，按照外交部的规定执行。

一般考点2

外国人调查和遣返的有关规定

第二十九条　公安机关根据实际需要可以设置遣返场所。

依照出境入境管理法第六十条的规定对外国人实施拘留审查的，应当在 24 小时内将被拘留审查的外国人送到拘留所或者遣返场所。

由于天气、当事人健康状况等原因无法立即执行遣送出境、驱逐出境的，应当凭相关法律文书将外国人羁押在拘留所或者遣返场所。

第三十条　依照出境入境管理法第六十一条的规定，对外国人限制活动范围的，应当出具限制活动范围决定书。被限制活动范围的外国人，应当在指定的时间到公安机关报到；未经决定机关批准，不得

考试笔记

变更生活居所或者离开限定的区域。

第三十一条　依照出境入境管理法第六十二条的规定，对外国人实施遣送出境的，作出遣送出境决定的机关应当依法确定被遣送出境的外国人不准入境的具体期限。

第三十二条　外国人被遣送出境所需的费用由本人承担。本人无力承担的，属于非法就业的，由非法聘用的单位、个人承担；属于其他情形的，由对外国人在中国境内停留居留提供保证措施的单位或者个人承担。

遣送外国人出境，由县级以上地方人民政府公安机关或者出入境边防检查机关实施。

第三十三条　外国人被决定限期出境的，作出决定的机关应当在注销或者收缴其原出境入境证件后，为其补办停留手续并限定出境的期限。限定出境期限最长不得超过 15 日。

第三十四条　外国人有下列情形之一的，其所持签证、停留居留证件由签发机关宣布作废：

(一)签证、停留居留证件损毁、遗失、被盗抢的；

(二)被决定限期出境、遣送出境、驱逐出境，其所持签证、停留居留证件未被收缴或者注销的；

(三)原居留事由变更，未在规定期限内向公安机关出入境管理机构申报，经公安机关公告后仍未申报的；

(四)有出境入境管理法第二十一条、第三十一条规定的不予签发签证、居留证件情形的。

签发机关对签证、停留居留证件依法宣布作废的，可以当场宣布作废或者公告宣布作废。

第三十五条　外国人所持签证、停留居留证件有下列情形之一的，由公安机关注销或者收缴：

(一)被签发机关宣布作废或者被他人冒用的；

(二)通过伪造、变造、骗取或者其他方式非法获取的；

(三)持有人被决定限期出境、遣送出境、驱逐出境的。

作出注销或者收缴决定的机关应当及时通知签发机关。

考试笔记

第三节　外国人在中国就业管理规定

一般考点1

外国人及外国人在中国就业的定义

第二条　本规定所称外国人，指依照《中华人民共和国国籍法》规定不具有中国国籍的人员。本规定所称外国人在中国就业，指没有取得定居权的外国人在中国境内依法从事社会劳动并获取劳动报酬的行为。

第三条　本规定适用于在中国境内就业的外国人和聘用外国人的用人单位。本规定不适用于外国驻华使、领馆和联合国驻华代表机构、其他国际组织中享有外交特权与豁免的人员。

一般考点2

外国人就业许可申请与审批的有关规定

第五条　用人单位聘用外国人须为该外国人申请就业许可，经获准并取得《中华人民共和国外国人就业许可证书》（以下简称许可证书）后方可聘用。

第六条　用人单位聘用外国人从事的岗位应是有特殊需要，国内暂缺适当人选，且不违反国家有关规定的岗位。用人单位不得聘用外国人从事营业性文艺演出，但符合本规定第九条第三项规定的人员除外。

第七条　外国人在中国就业须具备下列条件：

（一）年满 18 周岁，身体健康；

（二）具有从事其工作所必须的专业技能和相应的工作经历；

（三）无犯罪记录；

考试笔记

（四）有确定的聘用单位；

（五）持有有效护照或能代替护照的其他国际旅行证件（以下简称代替护照的证件）。

第八条　在中国就业的外国人应持Z字签证入境（有互免签证协议的，按协议办理），入境后取得《外国人就业证》（以下简称就业证）和外国人居留证件，方可在中国境内就业。未取得居留证件的外国人（即持F、L、C、G字签证者）、在中国留学、实习的外国人及持职业签证外国人的随行家属不得在中国就业。特殊情况，应由用人单位按本规定规定的审批程序申领许可证书，被聘用的外国人凭许可证书到公安机关改变身份，办理就业证、居留证后方可就业。外国驻中国使、领馆和联合国系统、其他国际组织驻中国代表机构人员的配偶在中国就业，应按《中华人民共和国外交部关于外国驻中国使领馆和联合国系统组织驻中国代表机构人员的配偶在中国任职的规定》执行，并按本条第二款规定的审批程序办理有关手续。许可证书和就业证由劳动部统一制作。

第九条　凡符合下列条件之一的外国人可免办就业许可和就业证：

（一）由我国政府直接出资聘请的外籍专业技术和管理人员，或由国家机关和事业单位出资聘请，具有本国或国际权威技术管理部门或行业协会确认的高级技术职称或特殊技能资格证书的外籍专业技术和管理人员，并持有外国专家局签发的《外国专家证》的外国人；

（二）持有《外国人在中华人民共和国从事海上石油作业工作准证》从事海上石油作业、不需登陆、有特殊技能的外籍劳务人员；

（三）经文化部批准持《临时营业演出许可证》进行营业性文艺演出的外国人。

第十条　凡符合下列条件之一的外国人可免办许可证书，入境后凭Z字签证及有关证明直接办理就业证：

（一）按照我国与外国政府间、国际组织间协议、协定，执行中外合作交流项目受聘来中国工作的外国人；

（二）外国企业常驻中国代表机构中的首席代表、代表。

第十一条　用人单位聘用外国人，须填写《聘用外国人就业申请表》（以下简称申请表），向其与劳动行政主管部门同级的行业主管部门（以下简称行业主管部门）提出申请，并提供下列有效文件：

（一）拟聘用外国人履历证明；

（二）聘用意向书；

（三）拟聘用外国人原因的报告；

（四）拟聘用的外国人从事该项工作的资格证明；

（五）拟聘用的外国人健康状况证明；

（六）法律、法规规定的其他文件。行业主管部门应按照本规定第六条、第七条及有关法律、法规的规定进行审批。

第十二条　经行业主管部门批准后，用人单位应持申请表到本单位所在地区的省、自治区、直辖市劳动行政部门或其授权的地市级劳动行政部门办理核准手续。省、自治区、直辖市劳动行政部门或授权的地市级劳动行政部门应指定专门机构（以下简称发证机关）具体负责签发许可证书工作。发证机关应根据行业主管部门的意见和劳动力市场的需求状况进行核准，并在核准后向用人单位签发许可证书。

第十三条　中央级用人单位、无行业主管部门的用人单位聘用外国人，可直接到劳动行政部门发证机关提出申请和办理就业许可手续。外商投资企业聘雇外国人，无须行业主管部门审批，可凭合同、章程、批准证书、营业执照和本规定第十一条所规定的文件直接到劳动行政部门发证机关申领许可证书。

第十四条　获准来中国工作的外国人，应凭许可证书及本国有效护照或能代替护照的证件，到中国驻外使、领馆、处申请 Z 字签证。凡符合第九条第二项规定的人员，应凭中国海洋石油总公司签发的通知函电申请 Z 字签证；凡符合第九条第三项规定的人员，应凭文化部的批件申请 Z 字签证。凡符合本规定第十条第一款规定的人员，应凭合作交流项目书申请 Z 字签证；凡符合第十条第二项规定的人员，应凭工商行政管理部门的登记证明申请 Z 字签证。

第十五条　用人单位应在被聘用的外国人入境后 15 日内，持许可证书、与被聘用的外国人签订的劳动合同及其有效护照或能代替护照的证件到原发证机关为外国人办理就业证，并填写《外国人就业登记表》。就业证只在发证机关规定的区域内有效。

第十六条　已办理就业证的外国人，应在入境后 30 日内，持就

考试笔记

业证到公安机关申请办理居留证。居留证件的有效期限可根据就业证的有效期确定。

一般考点3

外国人劳动管理的有关规定

第十七条 用人单位与被聘用的外国人应依法订立劳动合同。劳动合同的期限最长不得超过五年。劳动合同期限届满即行终止，但按本规定第十八条的规定履行审批手续后可以续订。

第十八条 被聘用的外国人与用人单位签订的劳动合同期满时，其就业证即行失效。如需续订，该用人单位应在原合同期满前 30 日内，向劳动行政部门提出延长聘用时间的申请，经批准并办理就业证延期手续。

第十九条 外国人被批准延长在中国就业期限或变更就业区域、单位后，应在 10 日内到当地公安机关办理居留证件延期或变更手续。

第二十条 被聘用的外国人与用人单位的劳动合同被解除后，该用人单位应及时报告劳动、公安部门，交还该外国人的就业证和居留证件，并到公安机关办理出境手续。

第二十一条 用人单位支付所聘用外国人的工资不得低于当地最低工资标准。

第二十二条 在中国就业的外国人的工作时间、休息、休假劳动安全卫生以及社会保险按国家有关规定执行。

第二十三条 外国人在中国就业的用人单位必须与其就业证所注明的单位相一致。外国人在发证机关规定的区域内变更用人单位但仍从事原职业的，须经原发证机关批准，并办理就业证变更手续。外国人离开发证机关规定的区域就业或在原规定的区域内变更用人单位且从事不同职业的，须重新办理就业许可手续。

第二十四条 因违反中国法律被中国公安机关取消居留资格的外国人，用人单位应解除劳动合同，劳动部门应吊销就业证。

第二十五条　用人单位与被聘用的外国人发生劳动争议，应按照《中华人民共和国劳动法》和《中华人民共和国企业劳动争议调解仲裁法》处理。

第二十六条　劳动行政部门对就业证实行年检。用人单位聘用外国人就业每满1年，应在期满前30日内到劳动行政部门发证机关为被聘用的外国人办理就业证年检手续。逾期未办的，就业证自行失效。外国人在中国就业期间遗失或损坏其就业证的，应立即到原发证机关办理挂失、补办或换证手续。

考试笔记

第八章　未成年人保护法律制度

第一节　鼓励创作、出版、制作和传播有利于未成年人健康成长的作品

重要考点

关于鼓励创作、出版、制作和传播有利于未成年人健康成长的作品的规定

第四十八条　国家鼓励创作、出版、制作和传播有利于未成年人健康成长的图书、报刊、电影、广播电视节目、舞台艺术作品、音像制品、电子出版物和网络信息等。

第四十九条　新闻媒体应当加强未成年人保护方面的宣传，对侵犯未成年人合法权益的行为进行舆论监督。新闻媒体采访报道涉及未成年人事件应当客观、审慎和适度，不得侵犯未成年人的名誉、隐私和其他合法权益。

考试笔记

第二节 禁止制作、复制、出版、发布、传播危害未成年人身心健康内容的作品

重要考点

关于禁止制作、复制、出版、发布、传播危害未成年人身心健康内容的作品，作品包含可能影响未成年人身心健康内容的分类提示的规定

第五十条　禁止制作、复制、出版、发布、传播含有宣扬淫秽、色情、暴力、邪教、迷信、赌博、引诱自杀、恐怖主义、分裂主义、极端主义等危害未成年人身心健康内容的图书、报刊、电影、广播电视节目、舞台艺术作品、音像制品、电子出版物和网络信息等。

第五十一条　任何组织或者个人出版、发布、传播的图书、报刊、电影、广播电视节目、舞台艺术作品、音像制品、电子出版物或者网络信息，包含可能影响未成年人身心健康内容的，应当以显著方式作出提示。

第五十二条　禁止制作、复制、发布、传播或者持有有关未成年人的淫秽色情物品和网络信息。

第五十三条　任何组织或者个人不得刊登、播放、张贴或者散发含有危害未成年人身心健康内容的广告；不得在学校、幼儿园播放、张贴或者散发商业广告；不得利用校服、教材等发布或者变相发布商业广告。

考试笔记

第三节　禁止招用童工和对未成年工进行特殊保护的规定

重要考点1

《未成年人保护法》中禁止招用童工和对未成年工进行特殊保护的有关规定

第六十一条　任何组织或者个人不得招用未满十六周岁未成年人，国家另有规定的除外。

营业性娱乐场所、酒吧、互联网上网服务营业场所等不适宜未成年人活动的场所不得招用已满十六周岁的未成年人。

招用已满十六周岁未成年人的单位和个人应当执行国家在工种、劳动时间、劳动强度和保护措施等方面的规定，不得安排其从事过重、有毒、有害等危害未成年人身心健康的劳动或者危险作业。

任何组织或者个人不得组织未成年人进行危害其身心健康的表演等活动。经未成年人的父母或者其他监护人同意，未成年人参与演出、节目制作等活动，活动组织方应当根据国家有关规定，保障未成年人合法权益。

第六十二条　密切接触未成年人的单位招聘工作人员时，应当向公安机关、人民检察院查询应聘者是否具有性侵害、虐待、拐卖、暴力伤害等违法犯罪记录；发现其具有前述行为记录的，不得录用。

密切接触未成年人的单位应当每年定期对工作人员是否具有上述违法犯罪记录进行查询。通过查询或者其他方式发现其工作人员具有上述行为的，应当及时解聘。

考试笔记

重要考点2

《禁止使用童工规定》中禁止招用童工和对未成年工进行特殊保护的有关规定

第二条　国家机关、社会团体、企业事业单位、民办非企业单位或者个体工商户（以下统称用人单位）均不得招用不满16周岁的未成年人（招用不满16周岁的未成年人，以下统称使用童工）。

禁止任何单位或者个人为不满16周岁的未成年人介绍就业。

禁止不满16周岁的未成年人开业从事个体经营活动。

第三条　不满16周岁的未成年人的父母或者其他监护人应当保护其身心健康，保障其接受义务教育的权利，不得允许其被用人单位非法招用。

不满16周岁的未成年人的父母或者其他监护人允许其被用人单位非法招用的，所在地的乡（镇）人民政府、城市街道办事处以及村民委员会、居民委员会应当给予批评教育。

第四条　用人单位招用人员时，必须核查被招用人员的身份证；对不满16周岁的未成年人，一律不得录用。用人单位录用人员的录用登记、核查材料应当妥善保管。

第十条　童工患病或者受伤的，用人单位应当负责送到医疗机构治疗，并负担治疗期间的全部医疗和生活费用。

童工伤残或者死亡的，用人单位由工商行政管理部门吊销营业执照或者由民政部门撤销民办非企业单位登记；用人单位是国家机关、事业单位的，由有关单位依法对直接负责的主管人员和其他直接责任人员给予降级或者撤职的行政处分或者纪律处分；用人单位还应当一次性地对伤残的童工、死亡童工的直系亲属给予赔偿，赔偿金额按照国家工伤保险的有关规定计算。

第十一条　拐骗童工，强迫童工劳动，使用童工从事高空、井下、放射性、高毒、易燃易爆以及国家规定的第四级体力劳动强度的劳动，使用不满14周岁的童工，或者造成童工死亡或者严重伤残的，依照

考试笔记

刑法关于拐卖儿童罪、强迫劳动罪或者其他罪的规定，依法追究刑事责任。

第十三条　文艺、体育单位经未成年人的父母或者其他监护人同意，可以招用不满 16 周岁的专业文艺工作者、运动员。用人单位应当保障被招用的不满 16 周岁的未成年人的身心健康，保障其接受义务教育的权利。文艺、体育单位招用不满 16 周岁的专业文艺工作者、运动员的办法，由国务院劳动保障行政部门会同国务院文化、体育行政部门制定。

学校、其他教育机构以及职业培训机构按照国家有关规定组织不满 16 周岁的未成年人进行不影响其人身安全和身心健康的教育实践劳动、职业技能培训劳动，不属于使用童工。

考试笔记

第九章　其他相关法律制度

第一节　英雄烈士保护法

重要考点1

关于烈士的历史功勋，弘扬传承英雄烈士精神的规定

第二条　国家和人民永远尊崇、铭记英雄烈士为国家、人民和民族作出的牺牲和贡献。

近代以来，为了争取民族独立和人民解放，实现国家富强和人民幸福，促进世界和平和人类进步而毕生奋斗、英勇献身的英雄烈士，功勋彪炳史册，精神永垂不朽。

第三条　英雄烈士事迹和精神是中华民族的共同历史记忆和社会主义核心价值观的重要体现。

国家保护英雄烈士，对英雄烈士予以褒扬、纪念，加强对英雄烈士事迹和精神的宣传、教育，维护英雄烈士尊严和合法权益。

全社会都应当崇尚、学习、捍卫英雄烈士。

重要考点2

关于英雄烈士名誉荣誉法律保护的规定

第二十二条　禁止歪曲、丑化、亵渎、否定英雄烈士事迹和精神。

考试笔记

英雄烈士的姓名、肖像、名誉、荣誉受法律保护。任何组织和个人不得在公共场所、互联网或者利用广播电视、电影、出版物等，以侮辱、诽谤或者其他方式侵害英雄烈士的姓名、肖像、名誉、荣誉。任何组织和个人不得将英雄烈士的姓名、肖像用于或者变相用于商标、商业广告，损害英雄烈士的名誉、荣誉。

公安、文化、新闻出版、广播电视、电影、网信、市场监督管理、负责英雄烈士保护工作的部门发现前款规定行为的，应当依法及时处理。

第二十三条　网信和电信、公安等有关部门在对网络信息进行依法监督管理工作中，发现发布或者传输以侮辱、诽谤或者其他方式侵害英雄烈士的姓名、肖像、名誉、荣誉的信息的，应当要求网络运营者停止传输，采取消除等处置措施和其他必要措施；对来源于中华人民共和国境外的上述信息，应当通知有关机构采取技术措施和其他必要措施阻断传播。

网络运营者发现其用户发布前款规定的信息的，应当立即停止传输该信息，采取消除等处置措施，防止信息扩散，保存有关记录，并向有关主管部门报告。网络运营者未采取停止传输、消除等处置措施的，依照《中华人民共和国网络安全法》的规定处罚。

第二十四条　任何组织和个人有权对侵害英雄烈士合法权益和其他违反本法规定的行为，向负责英雄烈士保护工作的部门、网信、公安等有关部门举报，接到举报的部门应当依法及时处理。

第二十五条　对侵害英雄烈士的姓名、肖像、名誉、荣誉的行为，英雄烈士的近亲属可以依法向人民法院提起诉讼。

英雄烈士没有近亲属或者近亲属不提起诉讼的，检察机关依法对侵害英雄烈士的姓名、肖像、名誉、荣誉，损害社会公共利益的行为向人民法院提起诉讼。

负责英雄烈士保护工作的部门和其他有关部门在履行职责过程中发现第一款规定的行为，需要检察机关提起诉讼的，应当向检察机关报告。

英雄烈士近亲属依照第一款规定提起诉讼的，法律援助机构应当依法提供法律援助服务。

考试笔记

第二十六条 以侮辱、诽谤或者其他方式侵害英雄烈士的姓名、肖像、名誉、荣誉，损害社会公共利益的，依法承担民事责任；构成违反治安管理行为的，由公安机关依法给予治安管理处罚；构成犯罪的，依法追究刑事责任。

第二十七条 在英雄烈士纪念设施保护范围内从事有损纪念英雄烈士环境和氛围的活动的，纪念设施保护单位应当及时劝阻；不听劝阻的，由县级以上地方人民政府负责英雄烈士保护工作的部门、文物主管部门按照职责规定给予批评教育，责令改正；构成违反治安管理行为的，由公安机关依法给予治安管理处罚。

亵渎、否定英雄烈士事迹和精神，宣扬、美化侵略战争和侵略行为，寻衅滋事，扰乱公共秩序，构成违反治安管理行为的，由公安机关依法给予治安管理处罚；构成犯罪的，依法追究刑事责任。

第二节 广告法

重要考点1

关于广告主对广告内容的真实性负责，广告表述应当准确、清楚、明白的规定

第三条 广告应当真实、合法，以健康的表现形式表达广告内容，符合社会主义精神文明建设和弘扬中华民族优秀传统文化的要求。

第四条 广告不得含有虚假或者引人误解的内容，不得欺骗、误导消费者。

广告主应当对广告内容的真实性负责。

第五条 广告主、广告经营者、广告发布者从事广告活动，应当遵守法律、法规，诚实信用，公平竞争。

第八条 广告中对商品的性能、功能、产地、用途、质量、成分、价格、生产者、有效期限、允诺等或者对服务的内容、提供者、

考试笔记

形式、质量、价格、允诺等有表示的，应当准确、清楚、明白。

广告中表明推销的商品或者服务附带赠送的，应当明示所附带赠送商品或者服务的品种、规格、数量、期限和方式。

法律、行政法规规定广告中应当明示的内容，应当显著、清晰表示。

重要考点2

广告内容的禁止性情形

第九条　广告不得有下列情形：

（一）使用或者变相使用中华人民共和国的国旗、国歌、国徽，军旗、军歌、军徽；

（二）使用或者变相使用国家机关、国家机关工作人员的名义或者形象；

（三）使用“国家级”“最高级”“最佳”等用语；

（四）损害国家的尊严或者利益，泄露国家秘密；

（五）妨碍社会安定，损害社会公共利益；

（六）危害人身、财产安全，泄露个人隐私；

（七）妨碍社会公共秩序或者违背社会良好风尚；

（八）含有淫秽、色情、赌博、迷信、恐怖、暴力的内容；

（九）含有民族、种族、宗教、性别歧视的内容；

（十）妨碍环境、自然资源或者文化遗产保护；

（十一）法律、行政法规规定禁止的其他情形。

第十条　广告不得损害未成年人和残疾人的身心健康。

第十一条　广告内容涉及的事项需要取得行政许可的，应当与许可的内容相符合。

广告使用数据、统计资料、调查结果、文摘、引用语等引证内容的，应当真实、准确，并表明出处。引证内容有适用范围和有效期限的，应当明确表示。

考试笔记

第二十二条 禁止在大众传播媒介或者公共场所、公共交通工具、户外发布烟草广告。禁止向未成年人发送任何形式的烟草广告。

禁止利用其他商品或者服务的广告、公益广告，宣传烟草制品名称、商标、包装、装潢以及类似内容。

烟草制品生产者或者销售者发布的迁址、更名、招聘等启事中，不得含有烟草制品名称、商标、包装、装潢以及类似内容。

重要考点3

关于虚假广告的规定

第二十八条 广告以虚假或者引人误解的内容欺骗、误导消费者的，构成虚假广告。

广告有下列情形之一的，为虚假广告：

（一）商品或者服务不存在的；

（二）商品的性能、功能、产地、用途、质量、规格、成分、价格、生产者、有效期限、销售状况、曾获荣誉等信息，或者服务的内容、提供者、形式、质量、价格、销售状况、曾获荣誉等信息，以及与商品或者服务有关的允诺等信息与实际情况不符，对购买行为有实质性影响的；

（三）使用虚构、伪造或者无法验证的科研成果、统计资料、调查结果、文摘、引用语等信息作证明材料的；

（四）虚构使用商品或者接受服务的效果的；

（五）以虚假或者引人误解的内容欺骗、误导消费者的其他情形。

第三十八条 广告代言人在广告中对商品、服务作推荐、证明，应当依据事实，符合本法和有关法律、行政法规规定，并不得为其未使用过的商品或者未接受过的服务作推荐、证明。

不得利用不满十周岁的未成年人作为广告代言人。

对在虚假广告中作推荐、证明受到行政处罚未满三年的自然人、法人或者其他组织，不得利用其作为广告代言人。

考试笔记

第三十九条 不得在中小学校、幼儿园内开展广告活动，不得利用中小学生和幼儿的教材、教辅材料、练习册、文具、教具、校服、校车等发布或者变相发布广告，但公益广告除外。

第四十条 在针对未成年人的大众传播媒介上不得发布医疗、药品、保健食品、医疗器械、化妆品、酒类、美容广告，以及不利于未成年人身心健康的网络游戏广告。

针对不满十四周岁的未成年人的商品或者服务的广告不得含有下列内容：

（一）劝诱其要求家长购买广告商品或者服务；

（二）可能引发其模仿不安全行为。

第五十五条 违反本法规定，发布虚假广告的，由市场监督管理部门责令停止发布广告，责令广告主在相应范围内消除影响，处广告费用三倍以上五倍以下的罚款，广告费用无法计算或者明显偏低的，处二十万元以上一百万元以下的罚款；两年内有三次以上违法行为或者有其他严重情节的，处广告费用五倍以上十倍以下的罚款，广告费用无法计算或者明显偏低的，处一百万元以上二百万元以下的罚款，可以吊销营业执照，并由广告审查机关撤销广告审查批准文件、一年内不受理其广告审查申请。

医疗机构有前款规定违法行为，情节严重的，除由市场监督管理部门依照本法处罚外，卫生行政部门可以吊销诊疗科目或者吊销医疗机构执业许可证。

广告经营者、广告发布者明知或者应知广告虚假仍设计、制作、代理、发布的，由市场监督管理部门没收广告费用，并处广告费用三倍以上五倍以下的罚款，广告费用无法计算或者明显偏低的，处二十万元以上一百万元以下的罚款；两年内有三次以上违法行为或者有其他严重情节的，处广告费用五倍以上十倍以下的罚款，广告费用无法计算或者明显偏低的，处一百万元以上二百万元以下的罚款，并可以由有关部门暂停广告发布业务、吊销营业执照。

广告主、广告经营者、广告发布者有本条第一款、第三款规定行为，构成犯罪的，依法追究刑事责任。

第五十六条 违反本法规定，发布虚假广告，欺骗、误导消费

考试笔记

者，使购买商品或者接受服务的消费者的合法权益受到损害的，由广告主依法承担民事责任。广告经营者、广告发布者不能提供广告主的真实名称、地址和有效联系方式的，消费者可以要求广告经营者、广告发布者先行赔偿。

关系消费者生命健康的商品或者服务的虚假广告，造成消费者损害的，其广告经营者、广告发布者、广告代言人应当与广告主承担连带责任。

前款规定以外的商品或者服务的虚假广告，造成消费者损害的，其广告经营者、广告发布者、广告代言人，明知或者应知广告虚假仍设计、制作、代理、发布或者作推荐、证明的，应当与广告主承担连带责任。

重要考点4

广告在未成年人和残疾人保护方面的特殊要求的规定

第五十七条　有下列行为之一的，由市场监督管理部门责令停止发布广告，对广告主处二十万元以上一百万元以下的罚款，情节严重的，并可以吊销营业执照，由广告审查机关撤销广告审查批准文件、一年内不受理其广告审查申请；对广告经营者、广告发布者，由市场监督管理部门没收广告费用，处二十万元以上一百万元以下的罚款，情节严重的，并可以吊销营业执照：

（一）发布有本法第九条、第十条规定的禁止情形的广告的；

（二）违反本法第十五条规定发布处方药广告、药品类易制毒化学品广告、戒毒治疗的医疗器械和治疗方法广告的；

（三）违反本法第二十条规定，发布声称全部或者部分替代母乳的婴儿乳制品、饮料和其他食品广告的；

（四）违反本法第二十二条规定发布烟草广告的；

（五）违反本法第三十七条规定，利用广告推销禁止生产、销售的产品或者提供的服务，或者禁止发布广告的商品或者服务的；

考试笔记

（六）违反本法第四十条第一款规定，在针对未成年人的大众传播媒介上发布医疗、药品、保健食品、医疗器械、化妆品、酒类、美容广告，以及不利于未成年人身心健康的网络游戏广告的。

第五十八条　有下列行为之一的，由市场监督管理部门责令停止发布广告，责令广告主在相应范围内消除影响，处广告费用一倍以上三倍以下的罚款，广告费用无法计算或者明显偏低的，处十万元以上二十万元以下的罚款；情节严重的，处广告费用三倍以上五倍以下的罚款，广告费用无法计算或者明显偏低的，处二十万元以上一百万元以下的罚款，可以吊销营业执照，并由广告审查机关撤销广告审查批准文件、一年内不受理其广告审查申请：

（一）违反本法第十六条规定发布医疗、药品、医疗器械广告的；

（二）违反本法第十七条规定，在广告中涉及疾病治疗功能，以及使用医疗用语或者易使推销的商品与药品、医疗器械相混淆的用语的；

（三）违反本法第十八条规定发布保健食品广告的；

（四）违反本法第二十一条规定发布农药、兽药、饲料和饲料添加剂广告的；

（五）违反本法第二十三条规定发布酒类广告的；

（六）违反本法第二十四条规定发布教育、培训广告的；

（七）违反本法第二十五条规定发布招商等有投资回报预期的商品或者服务广告的；

（八）违反本法第二十六条规定发布房地产广告的；

（九）违反本法第二十七条规定发布农作物种子、林木种子、草种子、种畜禽、水产苗种和种养殖广告的；

（十）违反本法第三十八条第二款规定，利用不满十周岁的未成年人作为广告代言人的；

（十一）违反本法第三十八条第三款规定，利用自然人、法人或者其他组织作为广告代言人的；

（十二）违反本法第三十九条规定，在中小学校、幼儿园内或者利用与中小学生、幼儿有关的物品发布广告的；

（十三）违反本法第四十条第二款规定，发布针对不满十四周岁的未成年人的商品或者服务的广告的；

考试
笔记

（十四）违反本法第四十六条规定，未经审查发布广告的。

医疗机构有前款规定违法行为，情节严重的，除由市场监督管理部门依照本法处罚外，卫生行政部门可以吊销诊疗科目或者吊销医疗机构执业许可证。

广告经营者、广告发布者明知或者应知有本条第一款规定违法行为仍设计、制作、代理、发布的，由市场监督管理部门没收广告费用，并处广告费用一倍以上三倍以下的罚款，广告费用无法计算或者明显偏低的，处十万元以上二十万元以下的罚款；情节严重的，处广告费用三倍以上五倍以下的罚款，广告费用无法计算或者明显偏低的，处二十万元以上一百万元以下的罚款，并可以由有关部门暂停广告发布业务、吊销营业执照。

第六十八条　广告主、广告经营者、广告发布者违反本法规定，有下列侵权行为之一的，依法承担民事责任：

（一）在广告中损害未成年人或者残疾人的身心健康的；

（二）假冒他人专利的；

（三）贬低其他生产经营者的商品、服务的；

（四）在广告中未经同意使用他人名义或者形象的；

（五）其他侵犯他人合法民事权益的。

第三节　消费者权益保护法

重要考点1

经营者与消费者交易遵循的原则

第四条　经营者与消费者进行交易，应当遵循自愿、平等、公平、诚实信用的原则。

考试笔记

重要考点2

经营者的义务

第十六条　经营者向消费者提供商品或者服务，应当依照本法和其他有关法律、法规的规定履行义务。

经营者和消费者有约定的，应当按照约定履行义务，但双方的约定不得违背法律、法规的规定。

经营者向消费者提供商品或者服务，应当恪守社会公德，诚信经营，保障消费者的合法权益；不得设定不公平、不合理的交易条件，不得强制交易。

第十七条　经营者应当听取消费者对其提供的商品或者服务的意见，接受消费者的监督。

第十八条　经营者应当保证其提供的商品或者服务符合保障人身、财产安全的要求。对可能危及人身、财产安全的商品和服务，应当向消费者作出真实的说明和明确的警示，并说明和标明正确使用商品或者接受服务的方法以及防止危害发生的方法。

宾馆、商场、餐馆、银行、机场、车站、港口、影剧院等经营场所的经营者，应当对消费者尽到安全保障义务。

第十九条　经营者发现其提供的商品或者服务存在缺陷，有危及人身、财产安全危险的，应当立即向有关行政部门报告和告知消费者，并采取停止销售、警示、召回、无害化处理、销毁、停止生产或者服务等措施。采取召回措施的，经营者应当承担消费者因商品被召回支出的必要费用。

第二十条　经营者向消费者提供有关商品或者服务的质量、性能、用途、有效期限等信息，应当真实、全面，不得作虚假或者引人误解的宣传。

经营者对消费者就其提供的商品或者服务的质量和使用方法等问题提出的询问，应当作出真实、明确的答复。

经营者提供商品或者服务应当明码标价。

第二十一条　经营者应当标明其真实名称和标记。

租赁他人柜台或者场地的经营者，应当标明其真实名称和标记。

第二十二条　经营者提供商品或者服务，应当按照国家有关规定或者商业惯例向消费者出具发票等购货凭证或者服务单据；消费者索要发票等购货凭证或者服务单据的，经营者必须出具。

第二十三条　经营者应当保证在正常使用商品或者接受服务的情况下其提供的商品或者服务应当具有的质量、性能、用途和有效期限；但消费者在购买该商品或者接受该服务前已经知道其存在瑕疵，且存在该瑕疵不违反法律强制性规定的除外。

经营者以广告、产品说明、实物样品或者其他方式表明商品或者服务的质量状况的，应当保证其提供的商品或者服务的实际质量与表明的质量状况相符。

经营者提供的机动车、计算机、电视机、电冰箱、空调器、洗衣机等耐用商品或者装饰装修等服务，消费者自接受商品或者服务之日起六个月内发现瑕疵，发生争议的，由经营者承担有关瑕疵的举证责任。

第二十四条　经营者提供的商品或者服务不符合质量要求的，消费者可以依照国家规定、当事人约定退货，或者要求经营者履行更换、修理等义务。没有国家规定和当事人约定的，消费者可以自收到商品之日起七日内退货；七日后符合法定解除合同条件的，消费者可以及时退货，不符合法定解除合同条件的，可以要求经营者履行更换、修理等义务。

依照前款规定进行退货、更换、修理的，经营者应当承担运输等必要费用。

第二十五条　经营者采用网络、电视、电话、邮购等方式销售商品，消费者有权自收到商品之日起七日内退货，且无需说明理由，但下列商品除外：

（一）消费者定作的；

（二）鲜活易腐的；

（三）在线下载或者消费者拆封的音像制品、计算机软件等数字化商品；

考试笔记

（四）交付的报纸、期刊。

除前款所列商品外，其他根据商品性质并经消费者在购买时确认不宜退货的商品，不适用无理由退货。

消费者退货的商品应当完好。经营者应当自收到退回商品之日起七日内返还消费者支付的商品价款。退回商品的运费由消费者承担；经营者和消费者另有约定的，按照约定。

第二十六条　经营者在经营活动中使用格式条款的，应当以显著方式提请消费者注意商品或者服务的数量和质量、价款或者费用、履行期限和方式、安全注意事项和风险警示、售后服务、民事责任等与消费者有重大利害关系的内容，并按照消费者的要求予以说明。

经营者不得以格式条款、通知、声明、店堂告示等方式，作出排除或者限制消费者权利、减轻或者免除经营者责任、加重消费者责任等对消费者不公平、不合理的规定，不得利用格式条款并借助技术手段强制交易。

格式条款、通知、声明、店堂告示等含有前款所列内容的，其内容无效。

第二十七条　经营者不得对消费者进行侮辱、诽谤，不得搜查消费者的身体及其携带的物品，不得侵犯消费者的人身自由。

第二十八条　采用网络、电视、电话、邮购等方式提供商品或者服务的经营者，以及提供证券、保险、银行等金融服务的经营者，应当向消费者提供经营地址、联系方式、商品或者服务的数量和质量、价款或者费用、履行期限和方式、安全注意事项和风险警示、售后服务、民事责任等信息。

第二十九条　经营者收集、使用消费者个人信息，应当遵循合法、正当、必要的原则，明示收集、使用信息的目的、方式和范围，并经消费者同意。经营者收集、使用消费者个人信息，应当公开其收集、使用规则，不得违反法律、法规的规定和双方的约定收集、使用信息。

经营者及其工作人员对收集的消费者个人信息必须严格保密，不得泄露、出售或者非法向他人提供。经营者应当采取技术措施和其他必要措施，确保信息安全，防止消费者个人信息泄露、丢失。在发生或者可能发生信息泄露、丢失的情况时，应当立即采取补救措施。

经营者未经消费者同意或者请求，或者消费者明确表示拒绝的，不得向其发送商业性信息。

考试笔记

重要考点3

经营者使用格式条款所承担的义务的规定

第二十六条　经营者在经营活动中使用格式条款的，应当以显著方式提请消费者注意商品或者服务的数量和质量、价款或者费用、履行期限和方式、安全注意事项和风险警示、售后服务、民事责任等与消费者有重大利害关系的内容，并按照消费者的要求予以说明。

经营者不得以格式条款、通知、声明、店堂告示等方式，作出排除或者限制消费者权利、减轻或者免除经营者责任、加重消费者责任等对消费者不公平、不合理的规定，不得利用格式条款并借助技术手段强制交易。

格式条款、通知、声明、店堂告示等含有前款所列内容的，其内容无效。

第四节　宗教事务条例

重要考点

关于不得利用宗教损害国家利益、社会公共利益和公民合法权益等的规定

第四条　国家依法保护正常的宗教活动，积极引导宗教与社会主义社会相适应，维护宗教团体、宗教院校、宗教活动场所和信教公民

考试笔记

的合法权益。

宗教团体、宗教院校、宗教活动场所和信教公民应当遵守宪法、法律、法规和规章，践行社会主义核心价值观，维护国家统一、民族团结、宗教和睦与社会稳定。

任何组织或者个人不得利用宗教进行危害国家安全、破坏社会秩序、损害公民身体健康、妨碍国家教育制度，以及其他损害国家利益、社会公共利益和公民合法权益等违法活动。

任何组织或者个人不得在不同宗教之间、同一宗教内部以及信教公民与不信教公民之间制造矛盾与冲突，不得宣扬、支持、资助宗教极端主义，不得利用宗教破坏民族团结、分裂国家和进行恐怖活动。

第六十三条　宣扬、支持、资助宗教极端主义，或者利用宗教进行危害国家安全、公共安全，破坏民族团结、分裂国家和恐怖活动，侵犯公民人身权利、民主权利，妨害社会管理秩序，侵犯公私财产等违法活动，构成犯罪的，依法追究刑事责任；尚不构成犯罪的，由有关部门依法给予行政处罚；对公民、法人或者其他组织造成损失的，依法承担民事责任。

宗教团体、宗教院校或者宗教活动场所有前款行为，情节严重的，有关部门应当采取必要的措施对其进行整顿，拒不接受整顿的，由登记管理机关或者批准设立机关依法吊销其登记证书或者设立许可。

第六十四条　大型宗教活动过程中发生危害国家安全、公共安全或者严重破坏社会秩序情况的，由有关部门依照法律、法规进行处置和处罚；主办的宗教团体、寺观教堂负有责任的，由登记管理机关责令其撤换主要负责人，情节严重的，由登记管理机关吊销其登记证书。

擅自举行大型宗教活动的，由宗教事务部门会同有关部门责令停止活动，可以并处 10 万元以上 30 万元以下的罚款；有违法所得、非法财物的，没收违法所得和非法财物。其中，大型宗教活动是宗教团体、宗教活动场所擅自举办的，登记管理机关还可以责令该宗教团体、宗教活动场所撤换直接负责的主管人员。

第七十三条　宗教教职人员有下列行为之一的，由宗教事务部门给予警告，没收违法所得和非法财物；情节严重的，由宗教事务部门建议有关宗教团体、宗教院校或者宗教活动场所暂停其主持教务活动

考试笔记

或者取消其宗教教职人员身份，并追究有关宗教团体、宗教院校或者宗教活动场所负责人的责任；有违反治安管理行为的，依法给予治安管理处罚；构成犯罪的，依法追究刑事责任：

（一）宣扬、支持、资助宗教极端主义，破坏民族团结、分裂国家和进行恐怖活动或者参与相关活动的；

（二）受境外势力支配，擅自接受境外宗教团体或者机构委任教职，以及其他违背宗教的独立自主自办原则的；

（三）违反国家有关规定接受境内外捐赠的；

（四）组织、主持未经批准的在宗教活动场所外举行的宗教活动的；

（五）其他违反法律、法规、规章的行为。

第七十四条　假冒宗教教职人员进行宗教活动或者骗取钱财等违法活动的，由宗教事务部门责令停止活动；有违法所得、非法财物的，没收违法所得和非法财物，并处 1 万元以下的罚款；有违反治安管理行为的，依法给予治安管理处罚；构成犯罪的，依法追究刑事责任。

项目策划：段向民
责任编辑：张芸艳
责任印制：孙颖慧
封面设计：武爱听

图书在版编目（CIP）数据

思想政治与法律基础 / 全国演出经纪人员资格认定专家编写组编 . -- 北京 : 中国旅游出版社 , 2022.6
全国演出经纪人员资格认定考试教材
ISBN 978-7-5032-6962-2

Ⅰ . ①思… Ⅱ . ①全… Ⅲ . ①文娱活动－经纪人－中国－资格考试－教材②思想修养－教材③法律－中国－教材 Ⅳ . ① G124 ② B825 ③ D92

中国版本图书馆 CIP 数据核字 (2022) 第 085075 号

书　　名：思想政治与法律基础

作　　者：全国演出经纪人员资格认定专家编写组
出版发行：中国旅游出版社
（北京静安东里 6 号　邮编：100028）
http://www.cttp.net.cn　E-mail:cttp @ mct.gov.cn
营销中心电话：010-57377108，010-57377109
读者服务部电话：010-57377151
排　　版：小武工作室
经　　销：全国各地新华书店
印　　刷：三河市灵山芝兰印刷有限公司
版　　次：2022 年 6 月第 1 版　2022 年 6 月第 1 次印刷
开　　本：720 毫米 × 970 毫米　1/16
印　　张：21
字　　数：310 千
定　　价：58.00 元
ISBN　978-7-5032-6962-2